BUCHREIHE BALLSCHULE

HERAUSGEBER
PROF. DR. KLAUS ROTH

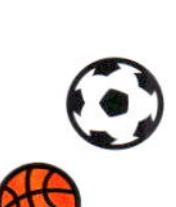
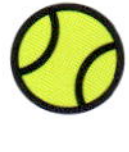
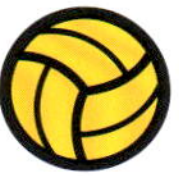

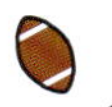

Ballschule

powered by
Ballschule Heidelberg

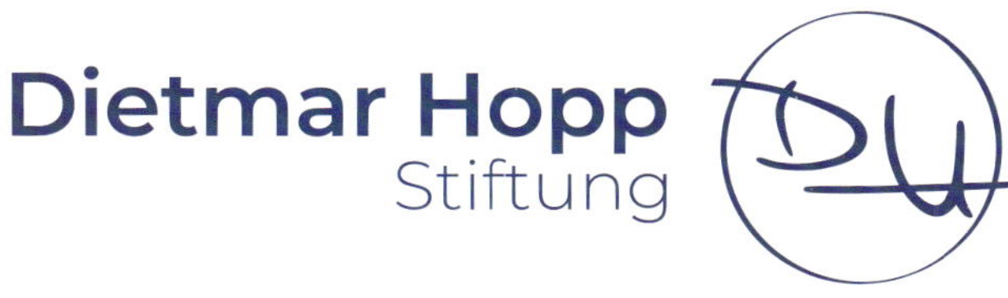

Bibliografische Information der Deutschen Nationalbibliothek
Die Deutsche Nationalbibliothek verzeichnet diese Publikation in der Deutschen Nationalbibliografie; detaillierte bibliografische Daten sind im Internet über http://dnb.d-nb.de abrufbar.

Bestellnummer 8080

www.hofmann-verlag.de

Fotos: Benjamin Moser

Druck: Druck- und Kalender-Marketing Sosset GmbH, Kißlegg

Printed in Germany
ISBN 978-3-7780-8080-1

INHALT

HINWEIS

Aus Gründen der besseren Lesbarkeit wird die männliche Form verwendet, gemeint sind immer Personen aller Geschlechter

VORWORT

Die Ballschule Heidelberg wurde 1998 von Prof. Dr. Klaus Roth gegründet. Die Idee hat von Beginn an eingeschlagen wie ein „unhaltbarer Torschuss". Heute kommen die verschiedenen sportspielübergreifenden und sportspielgerichteten Ballschulprogramme weltweit und mit großem Erfolg in Kindergärten, Grundschulen und Sportvereinen zum Einsatz.

Das Gesamtpaket der Ballschule wendet sich an Kinder im Alter von 18 Monaten bis zum Ende des Grundschulalters. In diesen Phasen der Kindheit werden entscheidende Weichen dafür gestellt, inwieweit die Heranwachsenden ihre Anlagen nutzen, ob und wie sie mit Neugier und Bewegungsdrang ihre Umwelt erobern und ihr Leben meistern. Die Kinder gestalten dabei – wie Maria Montessori (1870 – 1952) es ausgedrückt hat – „als Baumeister ihrer selbst" die Lernprozesse aktiv mit. Das gilt auch für das Spielen und Üben in der Ballschule. Sie trägt das Gütesiegel der Plattform für Ernährung und Bewegung (peb) und wurde im Jahr 2009 als ausgewählter Ort im Innovationswettbewerb „Deutschland – Land der Ideen" ausgezeichnet.

Die Herausgabe einer eigenständigen Buchreihe markiert einen weiteren Meilenstein in der Geschichte der Ballschule. Mit ihr werden zwei zentrale Ziele verfolgt:

1. Die bereits veröffentlichten Lehrpläne zur Ballschule werden für die Reihe inhaltlich aktualisiert und erhalten ein einheitliches Erscheinungsbild. Der Schwerpunkt der Bücher liegt auf der praktischen Umsetzung der Ballschulangebote. Für sportwissenschaftlich interessierte Leser besteht die Möglichkeit, den ausführlichen Theorieteil der 5. Auflage der Ballschule für Grundschulkinder (Band 1 der Reihe PRAXISideen) kostenfrei unter **www.sportfachbuch.de/m/F95DEF** abzurufen.
2. Die Reihe wird mit noch fehlenden Ballschulbüchern angereichert. Mit ihnen wird die Ballschule nach und nach zu einem Kindersportprogramm für Alle. Ihre angezielte Bandbreite reicht von der Grundausbildung talentierter Ballkünstler bis hin zur Frühförderung von Kindern mit Entwicklungsdefiziten. In diesem Sinne werden einerseits Konzepte erarbeitet, mit denen die sportspielübergreifende Ballschul-Philosophie in die Anfängermethodik der Großen Sportspiele eingebunden wird. Andererseits wird es Lehrpläne zu inklusiven Angebotsformen und zu Kombinationen der Ballschulpro-

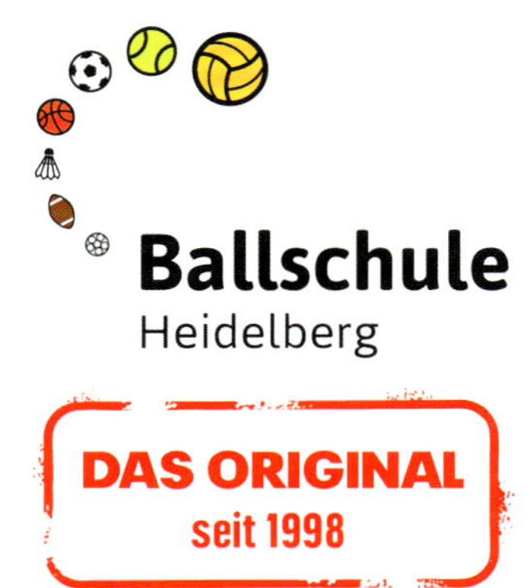

gramme mit Fördermaßnahmen in anderen Feldern der kindlichen Persönlichkeitsentwicklung (z. B. der Sprachkompetenzen oder der Exekutiven Funktionen) geben.

Der vorliegende Band 8 gehört zur ersten Gruppe der neuen Ballschulbücher. Er enthält im Kern eine Symbiose der Ballschul-Philosophie mit der bewährten Praxis des Bambini-, F- und E-Jugendtrainings im Fußball. Ganz in diesem Sinne wird die Ballschule Fußball im **Kapitel 2** als letzte Treppenstufe der allgemeinen Ballschulausbildung und als erste Stufe der Anfängermethodik bzw. der Grundausbildung im Sportspiel Fußball eingeordnet. Die **Kapitel 3** und **4** beinhalten eine Darstellung der Ziele, Inhalte und Methoden der Ballschule Fußball. In die Auswahl der Ziele fließen dabei gleichberechtigt die Prinzipien der Ballschule, ein altersgerechtes Modell der Spielphasen im Kinderfußball und die Resultate der Expertenbefragungen von Haverkamp und Roth (2006), Uhlig (2007) und Maurer (2020) ein. Die Inhalte und Methoden ergeben sich dann aus einer Verschmelzung der Ballschul-Merksätze „Spielen macht den Meister!" (Freudbetontheit) und „Probieren geht über Studieren!" (implizites Lernen) mit zunehmend auch übungsbezogenen, expliziten Vermittlungsprozessen.

Das Herzstück des Buches bildet der umfangreiche Praxisteil in den **Kapiteln 5** bis **9**. Nach einer allgemeinen Beschreibung der Gliederungssystematik, der benötigten Spielmaterialien und der Darstellungsform der Praxisbeispiele (Kap. 5) wird den im Kapitel 3 formulierten Zielbereichen entsprechend den drei Ballschul-Säulen **Koordination** (Säule A; Kap. 6), **Taktik/Technik** (Säule B; Kap. 7) und **Technik/Taktik** (Säule C; Kap. 8) jeweils ein eigenes Kapitel gewidmet. Dieses ABC der Ballschule Fußball soll den Spielanfängern genauso vertraut werden wie das normale ABC. Ähnlich wie Buchstaben das Baumaterial für Wörter und Sätze bilden, setzt sich das ABC des Kinderfußballs aus einzelnen Kompetenzbausteinen zusammen, aus denen sich (aufaddiert) die fußballspezifische Spielfähigkeit der Kinder formiert. Der Praxisteil endet im Kapitel 9 mit kindgerechten Trainingsformen zum Torwartspiel, mit denen so etwas wie positionsspezifische Kompetenzen aus den Säulen B und C gesondert herausgegriffen und geschult werden.

Zur **Zielgruppe** der Ballschule Fußball gehören die vielen engagierten Übungsleiter, die in der Grundlagenausbildung im Fußball und in Ballschulgruppen tätig sind, sowie in gleicher Weise die Sportlehrer der Klassenstufen 1 bis 6. Der Ballschul-Blick – über den Tellerrand des Fußballpiels hinaus – liefert vielfältige Anregungen und Hilfen dafür, die früheren informellen, alltäglichen Spielerfahrungen in das Vereinstraining bzw. den Schulsport hinein zu holen. Wichtig ist, dass die Beispielsammlungen zu den Spielen und Übungen in den Kapiteln 6 bis 9 nicht als Kochbücher mit vorgefertigten Patentrezepten verstanden werden. Sie lassen sich vielmehr als Ideengeneratoren für die Erprobung eigener, kreativer Trainings-/Unterrichtsformen nutzen. Schließlich ist nicht nur der Fußball, sondern auch der Kopf rund, damit wir in alle Richtungen denken können.

Prof Dr. Klaus Roth
Initiator der Ballschule und Herausgeber der Buchreihe zur Ballschule

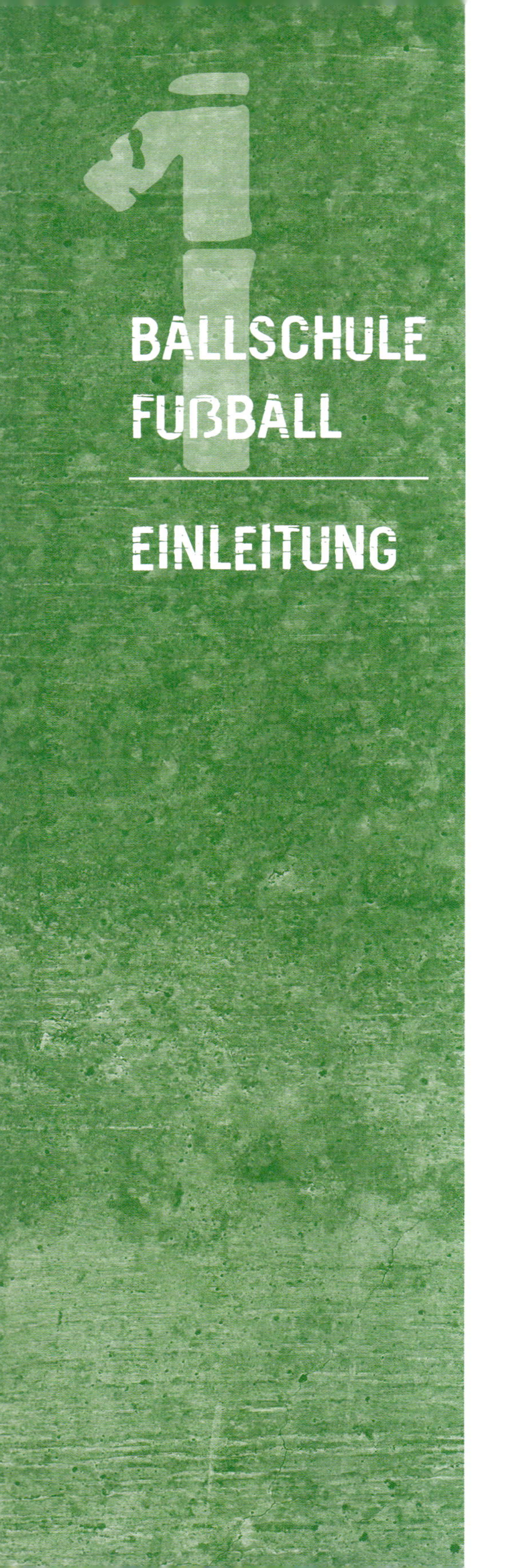

1

BALLSCHULE FUßBALL

EINLEITUNG

Mehmet Scholl (Fußballspieler, Interview am 2. Februar 1998):

„Ich war immer ein bewegliches Kind, und wenn ein Ball dabei war, egal was für einer, war ich glücklich. Mittags bin ich aus dem Haus und abends heim, ob Regen oder Schnee war nebensächlich. Ich habe einfach gespielt, wie ich Spaß hatte: mal Tischtennis, dann Basketball oder Handball, also alles, was mit Bällen zu tun hatte ..."

Olaf Thon (Fußballspieler, Interview am 27. Januar 1998):

„Auf den Kinderbildern bin ich schon immer mit einem Ball zu sehen. Ich bin mit dem Ball umgegangen, seit ich laufen konnte. Ich hatte fortwährend Lust zu spielen, ganz viel Fußball, aber auch andere Spiele haben mich fasziniert ..."

Der entscheidende Motor für die Entstehung der Ballschulidee im Jahr 1998 waren Beobachtungen zu Veränderungen in der Lebenswelt unserer Kinder. Vor nicht allzu langer Zeit waren die Straßen, Parks, Schulhöfe und Bolzplätze die spielerischen Kinderstuben unserer Heranwachsenden. Fertigkeiten wie Passen, Dribbeln, Stoppen, Fangen, Werfen oder Schießen gehörten zur Alltagsmotorik und waren auf selbstverständliche Weise in den Alltag eingebunden. Gespielt wurde jeden Tag, die Mädchen und Jungen sind mit dem Ball groß geworden, egal mit welchem. In anderen Ländern und Kulturen ist das zum Teil heute noch so. Von Kindern in Nigeria und Kamerun heißt es, dass sie mit einem Ball an den Füßen geboren werden, und die brasilianischen Jugendlichen spielen immer und überall: ihre erste Liebe ist rund. An den 8000 km „Seitenaus Atlantik" sind keine taktischen Winkelzüge gefragt, sondern Flexibilität, Intuition und auch Eigensinn. Es gilt der Leitsatz: dribbeln und dribbeln lassen!

In Deutschland und anderen (Industrie-)Nationen ist die **Straßenspielkultur**, das Spielen an der frischen Luft, aus dem Tagesablauf so gut wie verschwunden. Das hat viele Ursachen. Sie reichen von den Einschränkungen natürlicher Bewegungsräume und der Zunahme des Autoverkehrs (≈ 500 % in den letzten drei Dekaden; vgl. Schmidt, 2015, S. 203) über die verringerten Zeitbudgets der Kinder durch die exponentiell angewachsenen wöchentlichen Zeiten der Mediennutzung (2003 = 19.5 Std.; 2016 = 42.5 Std.) bis hin zu dem, was Erziehungswissenschaftler als Verpädagogisierung der Kindheit bezeichnen. Für die heranwachsende Generation sind frühe Einbindungen in institutionelle Erziehungs- und sportliche Ausbildungsangebote typisch. Etwa 90 % der deutschen Kinder im Alter von 3 bis 6 Jahren besuchen eine Kindertageseinrichtung und mehr als 25 % sind – laut einer Bestandserhebung des DOSB aus dem Jahr 2020 – bereits Mitglied in einem Sportverein. Über die gesamte Kindheit und Jugend hinweg betrachtet addiert sich die Zahl der Vereinsmitgliedschaften sogar auf „sagenhafte" 80 %.

Nun könnte man fragen: Na und? Sind mit diesen Veränderungen in der Bewegungswelt unserer Kinder überhaupt irgendwelche negativen Konsequenzen verbunden?. Die Antwort lautet leider: Ja! Begründet wird das einerseits mit dem zunehmenden Bewegungsmangel bei einer immer größer werdenden Zahl von Kindern und andererseits mit einem Phänomen, das in der Sportwissenschaft als **Frühspezialisierung** bezeichnet wird. Die mit ihr verbundenen Nachteile liegen auf der Hand. Die in Vereinskontexten häufig frühe „single sport participation" (Baker, Cobley & Fraser-Thomas, 2009; O'Sullivan, 2019) kann motorische Entwicklungsdisharmonien, Verletzungsanfälligkeiten und Motivationsverluste zur Folge haben, die auch bei sportlich begabten Kindern als Risikofaktoren für einen vorzeitigen Sportausstieg anzusehen sind. Die kindlichen Karrieren im organisierten Sport sind tatsächlich von eher kurzer Dauer. Auch der Fußball – die Sportart Nummer 1 bei den Heranwachsenden in Deutschland und in vielen weiteren Ländern der Welt – scheint von dieser **Drop-Out-Problematik** betroffen zu sein. Am 9. April 2020 titelte der kicker: „Beim DFB herrscht Alarm: Immer mehr Kinder hören auf mit Fußball! Gleichzeitig boomen Fitnessstudios oder Musikschulen, obwohl sie viel teurer sind, aber als moderner und cooler wahrgenommen werden."

Das Sportmagazin beruft sich bei seinen Einschätzungen auf Daten und Statistiken, die u. a. aufzeigen, dass:

- immer mehr Mädchen und Jungs aussteigen, die meisten ab der B-Jugend (20 %), nicht wenige schon davor
- der DFB von 2009 bis 2019 18 Prozent seiner Nachwuchsmannschaften und neun Prozent seiner jugendlichen Mitglieder verloren hat und
- 2019 in Deutschland 3450 Jugendteams weniger gemeldet wurden als 2018 (https://www.dfb.de/fileadmin/_dfbdam/202541-bestandserhebung.pdf)

Unabhängig von diesem Trend zum Mitgliederschwund im Verlauf des Kindes- und Jugendalters stellt die frühe Konzentration auf eine Sportart aus trainingsmethodischer Sicht alles andere als einen geeigneten Nährboden für die Talententwicklung dar. Die Frage „Is it Wise to Specialize?" wird in der Fachliteratur mehrheitlich mit einem klaren „Nein!" beantwortet. Die aktuellen Talentmodelle unterstützen die Philosophie

„Sie kommen, immer noch, sehr gerne sogar. Begeistert, motiviert, mit einem Leuchten in den Augen und vielen Träumen im Kopf. Sie wollen kicken, dribbeln, passen, tricksen, tunneln, schießen, unbedingt, schießen! So viele Tore, wie es nur geht. Sie wollen rennen, lernen, grätschen, lachen, gewinnen, Pokale und Meisterschaften, mit ihren Freunden, mit ihrem Team. Das Problem ist nur: Sie bleiben nicht mehr. Sie hören auf, früher oder später, immer öfter früher als später, frustriert, gestresst, abgelenkt. Sie haben keinen Bock mehr oder keine Zeit oder beides. In einem Satz zusammengefasst: Die Kids lieben den Fußball, doch der Fußball ist dabei, sie zu verlieren (https://www.kicker.de/772569/artikel/warum_immer_weniger_kinder_fussball_spielen#fbshare; Zugriff am 8. Mai, 2020).

des weltweit verbreiteten **Long Term Athletic Development Model** (LTAD) (Balyi, Way & Higgs, 2013). Nach ihm beginnt die Nachwuchsschulung in den Phasen **Active Start, FUNdamentals** und **Learn to Train** mit der spielerisch-freudvollen Entwicklung einer sportartübergreifenden Physical Literacy – wir würden sagen: der umfassenden Ausbildung einer ausgewogenen Allgemeinmotorik (Overall Athleticism).

Empirische Bestätigungen der positiven Auswirkungen von vielseitigen sportlichen Grundlagenausbildungen kommen u. a. aus der **Expertiseforschung**. Ihre Hauptmethode sind rückblickende (retrospektive) Befragungen zu den sportlichen Werdegängen internationaler Spitzenathleten. Nachdem aus den Resultaten dieser Studien – vor allem aus der 10.000 Stunden-Regel von Ericsson, Krampe & Tesch-Romer (1993) – zunächst Argumente für einen frühzeitigen Trainingsbeginn in der gewählten Zielsportart abgeleitet wurden, legen neuere Analysen der Biografien von Weltklasseathleten gegenteilige Schlüsse nahe (vgl. z. B. Lloyd et al., 2015). Vereinfacht und gemittelt betrachtet haben die untersuchten Ausnahmekönner – über alle olympischen Disziplinen hinweg betrachtet – später mit dem spezifischen Training begonnen, mehr Sportarten betrieben, mehr freie, unangeleitete Lernerfahrungen gesammelt und waren häufiger Quereinsteiger als „nur" national erfolgreiche Sportler. Exemplarisch kann hier auf die Ergebnisse der Forschergruppen um Coté (2003, 2009) sowie Güllich und Emrich (2014, 2017) verwiesen werden (vgl. zusammenfassend Barth & Emrich, 2020).

Es gibt also gute Gründe, der Frühspezialisierung in der langfristigen Leistungsentwicklung von kleinen (Fuß-) Ballkünstlern entgegenzuwirken.

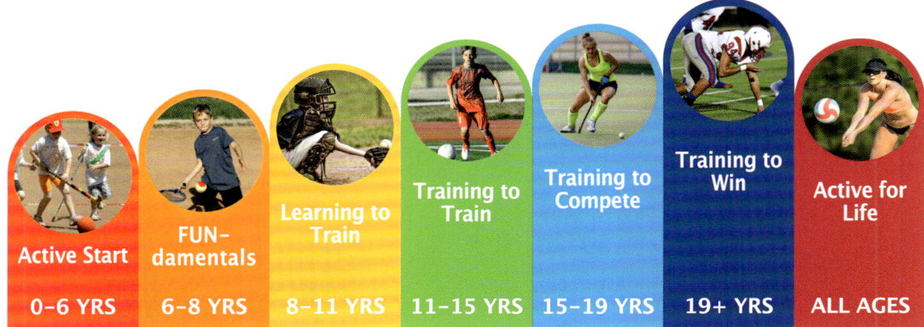

Abb. 1: Talentförderung nach dem LTAD (Sean Cochran Sports Performance, 2020; https://seancochran.com/early-sports-specialization/; Zugriff am 15. September 2021)

2

BALLSCHULE FUßBALL

GRUND-PHILOSOPHIE

EINORDNUNG

Ein wichtiges (Alleinstellungs-)Merkmal der Ballschulprogramme ist darin zu sehen, dass sich ihre Leitlinien am Vorbild der früheren Straßenspielkultur orientieren. Die natürliche Ballschule soll wieder zurück in die Übungsstunden im Verein und im Schulsport gebracht werden. Das ist – alleine schon wegen des Zeitfaktors – nicht „eins zu eins“ möglich, denn früher wurde täglich, z. T. mehrere Stunden gespielt. Aber es ist auch nicht gänzlich unmöglich. Der hohe Umfang ist durch intensivere Erfahrungssammlungen in kürzeren Zeiten zu ersetzen. Es gilt das Motto: Qualität statt Quantität!

Die Abbildung 2 vermittelt einen Gesamtüberblick über die alters- und niveaubezogenen Programme der Ballschule Heidelberg. Danach ist die Ballschule Fußball auf der fünften und letzten Ausbildungsstufe anzusiedeln. Diese ballschulinterne Reihungslogik darf nicht missverstanden werden. Der idealtypische Ablauf mit zunächst sportspielübergreifenden, dann sportspielgerichteten und schließlich sportspielspezifischen Erfahrungssammlungen ist zwar ausgesprochen sinnvoll, muss und kann in der Praxis aber nur selten in dieser Form umgesetzt werden. Daher sind alle Ballschulprogramme – und damit auch die Ballschule Fußball – so konzipiert, dass sie eigenständig, je für sich durchführbar sind. Mit anderen Worten: Ein Kind kann z. B. mit Gewinn die Ballschule für Grundschulkinder besuchen, ohne an der Mini- und/oder der U3-Ballschule teilgenommen zu haben und in Vereinen müssen in der Ballschule Fußball nicht zwingend vorherige Ballschulerfahrungen aus den Stufen 1 bis 4 vorausgesetzt werden. Dennoch wäre es sehr vorteilhaft, wenn sich mehr Fußballvereine dafür entscheiden würden, auch reine Ballschul-Gruppen für Kindergarten- und Grundschulkinder anzubieten.

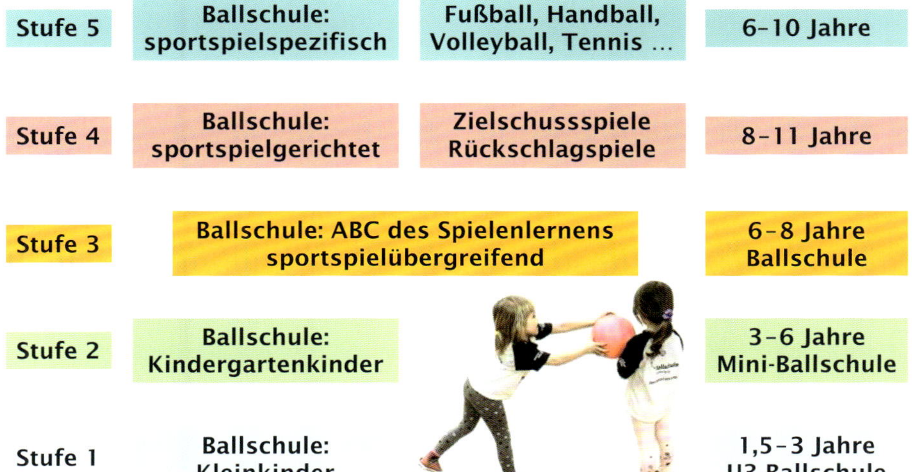

Abb. 2: Programme der Ballschule Heidelberg

Aus Sicht des **Schulsports** lässt sich die Ballschule Fußball als ein Einführungsprogramm zur altersgerechten Vermittlung der fußballbezogenen Spielfähigkeit kennzeichnen. Sie entspricht in besonderer Weise den kompetenzorientiert formulierten Vorgaben in den Sportlehrplänen für die Grundschulen und die Sekundarstufe 1. Zudem enthält das Konzept vielfältige Anregungen für die bestehenden Kooperationen zwischen Schulen und (Fußball-)Vereinen, die bundesweit unter dem Dach der DFB-Initiativen „Gemeinsam am Ball" und „Doppelpass 2020" stattfinden. Diese umfassen vor allem Maßnahmen zu fußballbezogenen Sportaktivitäten, die über die offiziellen Stundentafeln hinausgehen. Hierzu gehören u. a. Schulsport AGs, die Organisation von Grundschulfesten (Sepp-Herberger-Tagen) und Abnahmen des DFB-Fußballabzeichens (vgl. https://www.dfb.de/schulfussball/gemeinsam-am-ball/; https://www.dfb.de/schulfussball/doppelpass-2020/; Zugriff am 23.10.2021).

Eine Einordnung der Ballschule Fußball in die **sportartspezifische Fachliteratur** führt einerseits zu der naheliegenden Erkenntnis, dass mit ihr die Grundlagenausbildung nicht neu „erfunden" wird. Es gibt andere, durchaus bewährte Programme. Eine einfache Amazon-Recherche zu Fachbüchern für das Bambini-, F- und E-Jugendtraining erbringt alleine für den deutschsprachigen Raum mehr als 30 Treffer. Die veröffentlichten Lehrpläne sind zumeist sehr praxisnah geschrieben und beinhalten zusammengenommen ein großes Repertoire an Spiel- und Übungsbeispielen sowie Muster für komplette Trainings-/Unterrichtseinheiten.

Andererseits werden mit der Ballschule Fußball auch eigene Akzente gesetzt. Diese betreffen **erstens** die konsequente Umsetzung des LTAD-Modells mit seiner Orientierung an den Ausbildungsphasen Active Start, FUNdamentals und Learn to Train. In der Ballschule Fußball werden parallel und mit vergleichbarer Gewichtung sportspielübergreifende, fußballgerichtete und fußballspezifische Förderziele verfolgt. **Zweitens** folgt die Ballschule Fußball konsequent einem kompetenzorientierten Zugang. Die Kinder lernen von Beginn an die verschiedenen Phasen des Fußballspiels kennen, die Situationen richtig zu „lesen" und angemessene Handlungsentscheidungen zu treffen. Dementsprechend werden die Basistechniken und –taktiken des Spiels nicht als separierbare motorische Ablaufformen oder kognitive Prozesse interpretiert, sondern als ganzheitliche, funktionale Lösungskompetenzen für die Aufgabenstellungen des Kinderfußballs.

PRINZIPIEN: STUFEN 1 BIS 4

Das frühere Spielen auf der Straße wurde von den Kindern selbst an ihren Könnens-/Entwicklungsstand angepasst, war in mehrfacher Hinsicht vielseitig (Spielform, Spielerzahl, Regeln, Spielmaterialien usw.), sollte vor allem Spaß machen und es gab Niemanden, der ständig instruiert oder korrigiert hätte. Die sich hieraus ergebenden Leitsätze bilden vor allem auf den Ballschul-Stufen 1 bis 4 (vgl. Abb. 2) die Grundlage für die Beantwortung der drei klassischen, didaktisch-methodischen Vermittlungsfragen: den Fragen nach dem **Wozu?** (Ziele), dem **Was?** (Inhalte) und dem **Wie?** (Methoden).

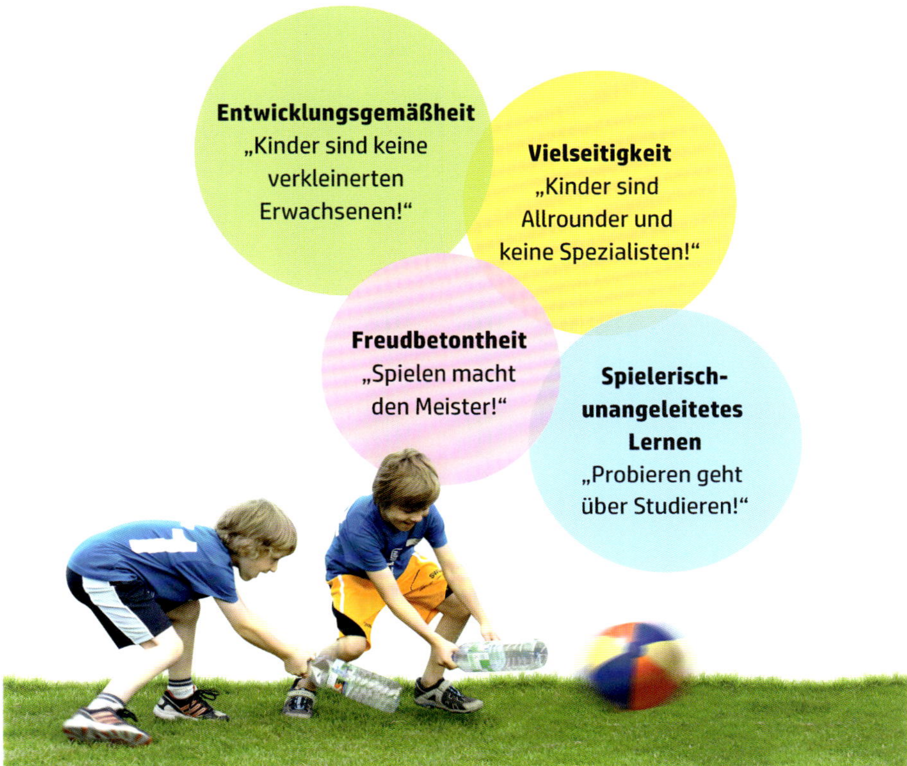

Abb. 3: Prinzipien der Ballschule Heidelberg

Mit den Ballschul-Prinzipien wird – über die Vermeidung einer allzu frühen Spezialisierung hinaus – eine weitere Zielstellung verbunden. Sie leitet sich aus der Überzeugung ab, dass mit der Umsetzung der in Abbildung 3 illustrierten Leitsätze die spielerische Kreativität der Kinder gefördert werden kann. Das Alter zwischen 6 und 11 Jahren stellt eine sensible Phase für die Entfaltung und Ausdifferenzierung von Aufmerksamkeits- und komplexen Informationsverarbeitungsfähigkeiten dar, die als eine wesentliche Basis für die Kreativitätsentwicklung anzusehen sind. Was ist damit gemeint?

Der Begriff „Kreativität“ ist seit langem Bestandteil unserer Umgangssprache. Dort wird er mehr oder weniger synonym zu Begriffen wie schöpferisch, originell, produktiv, gestaltend, künstlerisch, erfinderisch, innovativ, ideenreich oder phantasievoll verwendet. Die Bedeutung des kreativen oder – wie man in der Psychologie auch sagt – divergenten Denkens für die Bewältigung von Spielaufgaben steht außer Frage.

Wem nur wenige und über verschiedene Spielsituationen hinweg kaum variierende Handlungsoptionen einfallen, der wird auf Dauer kaum erfolgreich sein. Zu fördern sind Kompetenzen, die flüssige (fluide), originelle und flexible Lösungshandlungen ermöglichen. Damit sind die drei wichtigsten allgemeinen Kriterien für die Beschreibung kreativer Produkte und gleichzeitig die Ziele der spielerischen Kreativitätsentwicklung für Fußballanfänger genannt:

1. **Flüssigkeit:** das Kind entwickelt für typische, wiederkehrende Spielsituationen verschiedene angemessene Handlungsideen
2. **Originalität:** dem Kind fallen auch ungewöhnliche und seltene Lösungen ein
3. **Flexibilität:** das Kind probiert insgesamt, d. h. über verschiedene Situationen hinweg, verschiedene Lösungen aus

Die Abbildung 4 zeigt die vermuteten Zusammenhänge zwischen den Ballschulprinzipien und der Kreativitätsentwicklung der Kinder. Die Pfeile mit den Nummern (1) bis (4) stehen für Wirkungsrichtungen, die sowohl durch Befunde aus der allgemeinen Kreativitätsforschung (vgl. Runco, 2007; Sternberg, 1999) als auch durch Studien aus der Sportspielforschung (Roth, Raab & Greco, 2000; Côté, Baker & Abernethy, 2003; Memmert & Roth, 2007; zusammenfassend: Memmert, 2007) hinreichend belegt zu sein scheinen. Ausführlichere Erläuterungen zu den Ursache-Wirkungs-Beziehungen in Abbildung 4 finden sich in dem „alten" Band 1 zur Ballschule (Roth & Kröger, 2015) dessen Theorieteil unter **www.sportfachbuch.de/m/F95DEF** kostenfrei abgerufen werden kann.

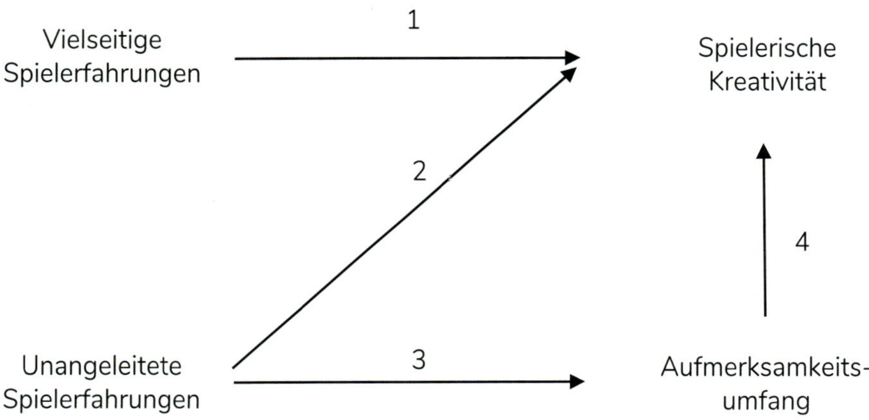

Abb. 4: Kreativitätsförderung in der Ballschule

PRINZIPIEN: STUFE 5

Die Ballschul-Prinzipien der Entwicklungsgemäßheit, der Vielseitigkeit, der Freudbetontheit und des spielerisch-impliziten Lernens gelten wie selbstverständlich auch für die Ballschule Fußball. Allerdings sind sie in der Überschrift des vorangegangenen Abschnitts zunächst nur auf die Stufen 1 bis 4 bezogen worden. Das hat einen guten Grund. Die Leitsätze verlieren im Laufe der Ballschulzeit allmählich etwas an Gewicht und Exklusivkraft. Für die Stufe 5 lassen sie sich zutreffender über „Von (Vom) ... zu (zum) ...!"-Regeln kennzeichnen. Wie die Regeln aus Tabelle 1 zu interpretieren und umzusetzen sind, wird in den nachfolgenden Kapiteln zu den Zielen (Entwicklungsgemäßheit & Vielseitigkeit), Inhalten (Freudbetontheit) und Methoden (spielerisch-implizites Lernen) der Ballschule Fußball kurz beschrieben.

Tab. 1: Die Prinzipien der Ballschule Fußball

Prinzip der Entwicklungsgemäßheit (Regel 1) **Prinzip der Vielseitigkeit (Regel 2)**	**W-Fragen**
„Von der sportspielübergreifenden Ausbildung zu fußballgerichteten und fußballspezifischen Schwerpunktsetzungen!" „Vom Spielen mit Fuß, Hand und Schlägern zum Spielen/Üben mit dem Fuß!"	Wozu? Ziele
Prinzip der Freudbetontheit (Regel 3)	
„Vom Spielen zum Spielen und Üben!"	Was? Inhalte
Prinzip des spielerisch-implizites Lernen (Regel 4)	
„Vom unangeleiteten Spielen zum instruierten Spielen und Üben!"	Wie? Methoden

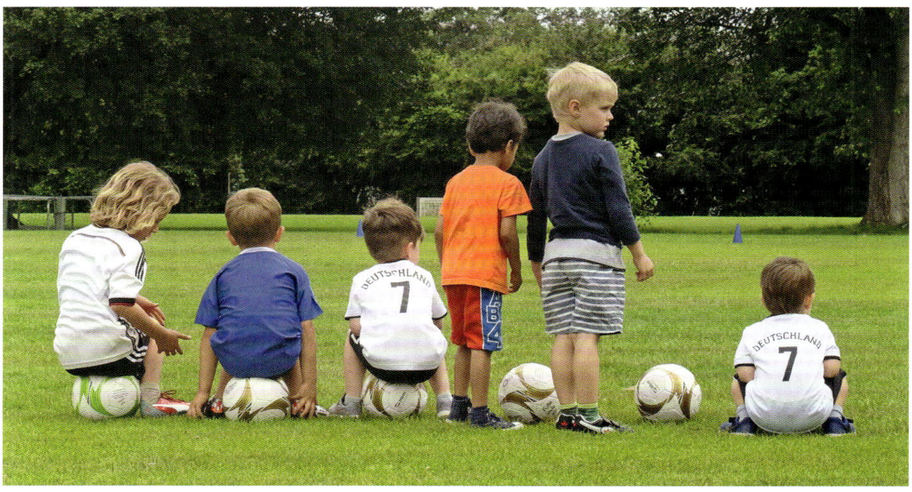

3

BALLSCHULE FUßBALL

ZIELE

SPIELERISCHE BASIS-KOMPETENZEN

DAS ABC FÜR FUßBALLANFÄNGER

Der Lehrplan zur Ballschule Fußball konzentriert sich auf die Vermittlung von spielerischen **Basiskompetenzen**. Kompetenzen beziehen sich – ganz allgemein betrachtet – auf Handlungsanforderungen, die sich aus den Aufgaben in einem Lernbereich ergeben. Auf die Anfängerausbildung im Fußball übertragen bedeutet dies, dass die Ziele der Ballschule vor allem darauf gerichtet sind, den Heranwachsenden Lösungskompetenzen für typische, häufig wiederkehrende Situationen im Kinderfußball zu vermitteln. Für diese Basiskompetenzen wird in der Ballschule auch der Begriff **(Spiel-)Bausteine** verwendet.

Wie kann man nun die wichtigsten Basiskompetenzen für Spielanfänger ermitteln? Das ist alles andere als eine einfache Frage. Für ihre Beantwortung wird in der Ballschule Fußball auf die beiden ersten Ballschul-

Tab. 2: Ziele – Das ABC der Ballschule Fußball

A **Koordinative Basiskompetenzen** *sportspielübergreifend*	**B** **Taktisch-technische Basiskompetenzen** *fußballgerichtet*	**C** **Technisch-taktische Basiskompetenzen** *fußballspezifisch*
Zeitdruck **Reaktion & Antritt**	**Spielaufbau**	
Zeitdruck **Ablauf**	**Anbieten & Orientieren** **Ballbesitz sichern**	**Dribbeln raumorientiert** **Passen** **Ballannahme/-mitnahme**
	Torannäherung	
Präzisionsdruck **Ergebnis**	**Räumlichen Vorteil herausspielen**	**Dribbeln gegnerorientiert** **Direktspiel** **Torvorlage**
Präzisionsdruck **Ablauf**	**Torabschluss**	
	Lücke erkennen **Abschlussmöglichkeit nutzen**	**Torschuss**
Variabilitätsdruck **Zeit**	**Ballbesitzwechsel**	
Kompexitätsdruck **Zeit**	**Räumliche Positionsverteilung erkennen**	**Umschalten**
	Torabschluss verhindern	
Organisationsdruck **Zeit**	**Räume verdichten** **Kooperativ verteidigen**	**Zweikämpfe führen**
	Torwartspiel	
Laufkoordination	**Zielverteidigung Raumverteidigung**	**Offensivspiel**

Prinzipien, auf eigene empirische Studien und auf praktisches Erfahrungswissen zurückgegriffen. Das Gesamtergebnis der Suche nach den zentralen Zielsetzungen wird mit der Tabelle 2 vorweggenommen. In der Ballschule Fußball werden 28 Basiskompetenzen verbessert – nicht mehr und nicht weniger.

Ballschul-Prinzipien: Differenzierung zwischen den Zielbereichen A, B und C

Die Abgrenzung der drei (dunkelgrün unterlegten) Zielbereiche in der Kopfzeile der Tabelle 2 resultiert direkt aus den Prinzipien der Ballschule. Die Wissensbestände zum Könnensstand und zur motorischen Lernfähigkeit/Trainierbarkeit von Grundschulkindern **(Prinzip der Entwicklungsgemäßheit)** lenken hier den Fokus auf koordinative (A), taktisch-technische (B) und technisch-taktische Basiskompetenzen (C). Die kursiv geschriebenen Charakterisierungen zum Allgemeinheitsgrad der drei Säulen (sportspielübergreifend vs. fußballgerichtet vs. fußballspezifisch) korrespondieren mit den Regeln 1 und 2 aus Tabelle 1 **(Prinzip der Vielseitigkeit)**.

Praktisches Erfahrungswissen: Bestimmung der Einzelbausteine

Bei der Auswahl der insgesamt 28 Einzelkompetenzen in Tabelle 2 wird auf die Resultate der Expertenbefragungen von Haverkamp und Roth (2006: Sportlehrer) sowie Uhlig (2007) und Maurer (2020: erfahrene Fußballtrainer) zurückgegriffen. Die genannten Studien verweisen auf eine Bedeutungs-Rangfolge, nach der die Wichtigkeit der Säulen von A über B nach C tendenziell zunimmt. Die endgültigen Festlegungen und Definitionen der Einzelbausteine erfolgten über mehrere Auswertungsschritte nach dem so genannten Prototypenmodell (vgl. Haverkamp & Roth, 2006). Anzumerken ist, dass mit der Auflistung der koordinativen, taktisch-technischen und technisch-taktischen Basiskompetenzen in keiner Weise ein Anspruch auf Vollständigkeit erhoben wird. Der Baustein-Pool kann auf der Grundlage neuer theoretischer oder praktischer Einsichten jederzeit überarbeitet, ergänzt oder verkürzt werden.

A KOORDINATIVE BASISKOMPETENZEN SPORTSPIELÜBERGREIFEND

Im Bereich der Koordinationsbausteine haben die Befragungen von Haverkamp und Roth (2006) sowie Maurer (2020) eine hohe Passung zu der im deutschsprachigen Raum gebräuchlichsten Systematik koordinativer Kompetenzen erbracht. Sie gründet auf Vorarbeiten von Roth, der 1982 erstmals den Begriff **Druckbedingungen** zur Kennzeichnung typischer allgemeiner Anforderungen an Steuerungs- und Regelungsprozesse im Sport verwendet hat. Seine theoretischen Überlegungen und Untersuchungen führten auf der obersten Ebene zu einer Einteilung der koordinativen Kompetenzen in zwei Kategorien: in die **Fähigkeit zur Koordination unter Zeitdruck** und die **Fähigkeit zur Koordination unter Präzisionsdruck**. Weitere sportartübergreifende Druckbedingungen sind dieser Unterscheidung unterzuordnen. Sie betreffen nach Neumaier und Mechling (1995; modifiziert nach Roth, 2014) die klassischen Kriterien für Koordinationsleistungen: **Variabilität, Komplexität** und **Organisation**.

In der Tabelle 3 sind die Definitionen der acht aus Expertensicht wichtigsten koordinativen Basiskompetenzen für Fußballanfänger zusammengefasst. Sie können grundsätzlich sportspielübergreifend – also auch in Spielen/Übungen mit der Hand und/oder mit Schlägern – verbessert werden. Im Praxisteil dieses Bandes liegt der Fokus allerdings eindeutig auf einem ballbezogenen Koordinationstraining mit dem Fuß.

Tab. 3: Definition der Koordinationsbausteine

Zeitdruck – Reaktion & Antritt: bezieht sich auf die koordinative Basiskompetenz, motorische Handlungen in kürzester Zeit zu initiieren und mit hoher Geschwindigkeit zu starten
Zeitdruck – Ablauf: bezieht sich auf die koordinative Basiskompetenz, motorische Handlungen mit hoher Geschwindigkeit auszuführen
Präzisionsdruck – Ergebnis: bezieht sich auf die koordinative Basiskompetenz, motorische Handlungen mit hoher Ziel-/Treffgenauigkeit auszuführen
Präzisionsdruck – Ablauf: bezieht sich auf die koordinative Basiskompetenz, motorische Handlungen mit hoher Ausführungsgenauigkeit auszuführen
Variabilitätsdruck – Zeit: bezieht sich auf die koordinative Basiskompetenz, motorische Handlungen schnell zu variieren und an wechselnde Umgebungs- bzw. Situationsbedingungen anzupassen
Komplexitätsdruck – Zeit: bezieht sich auf die koordinative Basiskompetenz, nacheinander ablaufende motorische (Teil-)Handlungen schnell miteinander zu verkoppeln
Organisationsdruck – Zeit: bezieht sich auf die koordinative Basiskompetenz, gleichzeitig ablaufende motorische (Teil-)Handlungen schnell miteinander zu verkoppeln
Laufkoordination: bezieht sich auf die koordinative Basiskompetenz, spieltypische Laufbewegungen (vorwärts, seitwärts, rückwärts) schnell, präzise und variabel zu gestalten

B TAKTISCH-TECHNISCHE BASISKOMPETENZEN FUßBALLGERICHTET

Die Säule B der Ballschule Fußball beinhaltet taktische und taktisch-technische Basiskompetenzen, die in gedankenverwandter Form auch für andere Zielschussspiele (vgl. Band 9 dieser Buchreihe) wie Handball, Basketball oder Hockey von Bedeutung sind. Die Reihung der sieben Basiskompetenzen in Tabelle 4 orientiert sich an der üblichen Struktur bzw. Sequenzierung der Angriffs-/Abwehrphasen in den Zielschussspielen/dem Fußball. Individualtaktisch betrachtet, verlaufen **Offensivaktionen** vom Anbieten & Orientieren über die individuelle Sicherung des Ballbesitzes (Spielaufbau) und das Herausspielen einer Überzahl (Torannäherung) hin zum Erkennen von Lücken mit ihrer Nutzung für den Abschluss (Torabschlussaktionen). Mannschaftsbezogen schließt sich an das Anbieten & Orientieren, die kooperative Ballsicherung, das kooperative Herausspielen einer Überzahl sowie wiederum das Wahrnehmen und Ausnutzen von Abschlussmöglichkeiten an. Quasi im Umkehrschluss werden nach Ballverlust die komplementären **Defensivbausteine** Räumliche Positionsverteilung erkennen (Umschalten nach Ballverlust), Räume verdichten und Kooperativ verteidigen (Torabschluss verhindern) mitgeschult.

Tab. 4: Definitionen der Taktik-/Technikbausteine

Anbieten & Orientieren: bezieht sich auf die taktische Basiskompetenz, Räume zu erkennen und zum richtigen Zeitpunkt eine optimale Position auf dem Spielfeld einzunehmen (Freilaufen/Raumaufteilung)
Ballbesitz sichern: bezieht sich auf die taktisch-technische Basiskompetenz in „1 gegen 1"-Situationen oder im Zusammenspiel mit Mitspielern, den Ballbesitz zu behaupten und Angriffsaktionen einzuleiten
Räumlichen Vorteil herausspielen: bezieht sich auf die taktisch-technische Basiskompetenz, sich durch ein „Umgehen" von Gegnerbehinderungen in „1 gegen 1"-Situationen oder im Zusammenspiel mit Mitspielern einen Freiraum für die Spielfortsetzung zu verschaffen
Lücke erkennen: bezieht sich auf die taktische Basiskompetenz, sich ergebende Freiräume für einen Durchbruch, ein Abspiel oder einen direkten Tor-/Punktgewinn zu erkennen
Abschlussmöglichkeit nutzen: bezieht sich auf die taktisch-technische Basiskompetenz, zum richtigen Zeitpunkt und von einer optimalen Position auf dem Spielfeld die Chance für einen Zielpass/Zielschuss/Zielwurf oder das Erreichen einer Zielzone zu nutzen
Räumliche Positionsverteilung erkennen: bezieht sich auf die taktische Basiskompetenz, nach Ballbesitzwechsel strategisch wichtige Räume zu erkennen, die sich aufgrund der eigenen und gegnerischen Spielerpositionen ergeben – mit dem Ziel, diese Räume offensiv mit Lauf- und/oder Passwegen zu bedienen (bei Ballgewinn) bzw. defensiv für den Gegenangriff einzunehmen und zu schließen (bei Ballverlust)
Räume verdichten: bezieht sich auf die taktische Basiskompetenz, nach Ballverlust bzw. während des gegnerischen Angriffs die Positionen und Laufwege der Gegenspieler zu erfassen sowie entsprechende Defensivaktionen einzuleiten, um torgefährliche Räume bzw. deren Entstehung zu unterbinden
Kooperativ verteidigen: bezieht sich auf die taktisch-technische Basiskompetenz der abwehrenden Spieler, ihre individuellen Abwehrhandlungen und die kollektiven Aufgaben-/Rollenverteilungen aufeinander abzustimmen, um gemeinsam eine Torannäherung bzw. einen Torabschluss der angreifenden Spieler zu erschweren/erschweren

C TECHNISCH-TAKTISCHE BASISKOMPETENZEN FUSSBALLSPEZIFISCH

Mit der Säule C werden technische und technisch-taktische Basiskompetenzen in die Ballschule Fußball einbezogen. Mit ihr ist die Ballschule (spätestens) an der Schnittstelle zwischen den ersten drei Phasen des LTAD und der spezifischen Nachwuchsförderung im Fußball angekommen. Inhaltlich buchstabiert sich die – ebenfalls nach den fünf Spielphasen geordnete – Bausteinliste in Tabelle 5 geradezu selbst. Sie umfasst die elementaren Grundtechniken des Fußballspiels, die in der Ballschule Fußball zu erlernen, zu festigen (überlernen), zu einem gewissen Grad zu automatisieren und taktisch-situationsangemessen zu variieren sind.

Auf die Einbeziehung einer Basiskompetenz zum **Kopfballspiel** und eng damit verbunden zum **Flanken** wird in der Ballschule Fußball verzichtet. Das bedeutet nicht, dass diese Grundtechniken bei den Spielen und

Tab. 5: Definitionen der Technik-/Taktikbausteine

Dribbeln raumorientiert: bezieht sich auf die technische Basiskompetenz, mit dem Ball am Fuß freie Spiel-/Angriffsräume ohne Gegnerbehinderung schnell und zielgenau zu überwinden
Passen: bezieht sich auf die technische Basiskompetenz, den Ball mit einer fußballspezifischen Technik einem Mitspieler zuzuspielen bzw. in den Lauf zu passen
Ballannahme/-mitnahme: bezieht sich auf die technische Basiskompetenz, einen zugespielten Ball im Stand oder im Lauf unter Kontrolle zu bringen und flüssig mit in die Bewegung zu nehmen
Dribbeln gegnerorientiert: bezieht sich auf die technische Basiskompetenz, den Ballbesitz durch Tempo- und Richtungswechsel bzw. in einer „1 gegen 1"-Situation zu behaupten oder einen Gegenspieler zu überwinden
Direktspiel: bezieht sich auf die technische Basiskompetenz, einen zugespielten Ball ohne einen Zwischenkontakt, also ohne Ballannahme/-mitnahme, direkt einem Mitspieler weiterzupassen
Torvorlage: bezieht sich auf die technisch-taktische Basiskompetenz, den Ball mit einer fußballspezifischen Technik einem aussichtsreich positionierten Mitspieler so zuzuspielen, dass dieser den Angriff abschließen kann
Torschuss: bezieht sich auf die technische Basiskompetenz, den Ball in einer Abschlusssituation mit einer fußballspezifischen Technik präzise (Winkel steuern) und mit optimaler Schusshärte (Krafteinsatz steuern) aufs gegnerische Tor zu schießen
Umschalten: bezieht sich auf die technisch-taktische Basiskompetenz, nach Ballbesitzwechsel schnellstmöglich und zielgerichtet offensive Angriffs- oder defensive Abwehraktionen einzuleiten
Zweikämpfe führen: bezieht sich auf die technisch-taktische Basiskompetenz, im Spiel „1 gegen 1" den ballbesitzenden Gegenspieler an seiner Abschlussaktion (Abspiel oder Torschuss) zu hindern und gegebenenfalls vom Ball zu trennen bzw. selbst den Ball zu erobern

Übungen in den Praxiskapiteln 6 bis 9 gänzlich unberücksichtigt bleiben. Wenn sie dort – zumeist in Variationen der Trainings-/Unterrichtsformen zum Einsatz kommen – ist darauf zu achten, dass mit leichten Bällen (Softbällen, Luftballons usw.) und ohne unmittelbare Gegnerbehinderung gespielt bzw. geübt wird.

Die Frage, ob und in welcher Form die Schulung des Kopfballspiels in die Anschlusskonzepte zur Ballschule Fußball einzubeziehen ist, wird derzeit vor allem vor dem Hintergrund der Studien der Arbeitsgruppe des Bewegungsneurowissenschaftlers Reinsberger (2020) kontrovers diskutiert. Aus Sicht der Ballschule mit ihrer funktionalen, kompetenzorientierten Denkweise erscheint es dabei eher nicht sinnvoll, das Erlernen der Kopfballtechnik im Kindesalter dauerhaft auszuklammern. Die Befunde der allgemeinen Unfallforschung legen vielmehr nahe – wie bei der Verkehrserziehung – nicht auf eine komplette Vermeidungsstrategie, sondern auf einen entwicklungsgemäßen Aufbau entsprechender Risikokompetenzen zu setzen.

BASISKOMPETENZEN TORWARTSPIEL (B UND C) FUßBALLGERICHTET UND FUßBALLSPEZIFISCH

Die zusätzliche Berücksichtigung von drei Basiskompetenzen zum Torwartspiel darf nicht als Ballschul-Plädoyer für frühzeitige positionsbezogene Spezialisierungen interpretiert werden. Das Gegenteil ist der Fall. Mit den Spielen und Übungen zur Zielverteidigung, Raumverteidigung und zum Offensivspiel (Spieleröffnung) soll sichergestellt werden, dass alle Kinder das Fußballspiel auch aus der Perspektive der Anforderungen an einen Fußballtorhüter kennen lernen.

Die Bausteine zum Torwartspiel bilden in der Ballschule Fußball keine eigenständige Säule. Sie werden in Tabelle 2 – mit leicht unterschiedlichen Akzentuierungen – den Zielbereichen B und C zugeordnet. Während sich die Trainings-/Unterrichtsformen zur Zielverteidigung partiell auch (sportspielgerichtet) für andere Zielschussspiele (z. B. Handball, Hockey) eignen, tragen die Spiele und Übungen zur Raumverteilung und zum Offensivspiel zunehmend fußballspezifischen Charakter.

Tab. 6: Definitionen der Bausteine des Torwartspiels

Zielverteidigung: bezieht sich auf die technisch-taktische Basiskompetenz, durch eine torwarttypische Aktion den auf das Tor kommenden Ball mit der Hand, dem Fuß oder einem anderen Körperteil abzuwehren bzw. idealerweise festzuhalten
Raumverteidigung: bezieht sich auf die taktisch-technische Basiskompetenz, durch eine torwarttypische Aktion – z. B. durch Herauslaufen aus dem Tor (Schusswinkel verkürzen) oder das Abfangen/Wegfausten des Balles – eine Torannäherung bzw. einen erfolgreichen Torabschluss zu erschweren bzw. zu verhindern
Offensivspiel: bezieht sich auf die taktisch-technische Basiskompetenz, mit einer torwarttypischen Aktion – z. B. mit einem Abstoß/Abschlag, Kurzpass, Abwurf oder mit dem Zurollen des Balles zu einem Mitspieler – das Spiel zu eröffnen bzw. eine Offensivaktion einzuleiten

4 BALLSCHULE FUßBALL

INHALTE UND METHODEN

INHALTE: SPIELE UND ÜBUNGEN

In der Ballschule Fußball wird gespielt und geübt. Das liegt in der Natur der Sache. Dabei behält ein wichtiges Konstruktionsmerkmal für die Inhalte der vorangegangenen sportspielübergreifenden/-gerichteten Ballschul-Stufen unverändert Gültigkeit: Der Spaßfaktor ist für Kinder und Jugendliche das wichtigste Motiv, Fußball zu spielen!

Unerwartete Erfolgserlebnisse und Lernen

Mit dem **Prinzip der Freudbetontheit** wird eine seit Beginn des vergangenen Jahrhunderts bekannte, empirisch vielfach bestätigte Erkenntnis aus der **Motivationspsychologie** in die Ballschulprogramme eingebracht. Sie besagt, dass Erfolgserlebnissen eine Schlüsselrolle beim Lernen zukommt. Diese Annahme wird durch aktuelle Befunde aus der Gehirnforschung zusätzlich untermauert. Die neurowissenschaftlichen Argumentationen gründen auf den Eigenschaften und Funktionen eines Botenstoffes in unserem Gehirn. Er heißt **Dopamin**. Welcher Zusammenhang zwischen ihm und dem Prinzip der Freudbetontheit besteht, bedarf einer Erklärung, die hier nur sehr vereinfacht wiedergegeben werden (vgl. Beck & Beckmann, 2010; Beck, 2013).

Dopaminausschüttungen verursachen Glücksgefühle und fördern (motorische) Aneignungsprozesse. Das ist ausgesprochen praktisch. Freude und Motivation beim Spielen oder Üben stehen offenkundig in engem Zusammenhang mit dem Lernfortschritt. Wie aber kommt es zu solchen segensreichen Ausschüttungen des Neurotransmitters? Die Hirnforscher geben auf diese Frage eine interessante Antwort. Der Dopaminspiegel wird erhöht, wenn nach einer Handlung das Ergebnis besser ausfällt als das Kind gedacht hat. Unerwartet gute Ausführungen bringen also Spaß und werden gelernt. Misslungene, die zu keinem Anstieg führen, sinnvoller Weise nicht. So schnappt sich unser Gehirn über Dopamin nur die richtigen Handlungs- bzw. Bewegungsmuster – getreu nach dem Motto: „die Guten ins Töpfchen ...!" (Beck, 2013, S. 12 – 13).

Die Spiele und Übungen in der Ballschule Fußball müssen demzufolge vor allem eins mit sich bringen: **unerwartete Erfolgserlebnisse**. Das Belohnungssystem Dopamin schafft dann Motivation und macht den Kindern Lust auf mehr. Die Zauberformel lautet:

Üben, Spielen mit unerwarteten Lernerfolgen → Dopamin → Freude → Motivation zum Weiterlernen!

Das klappt besonders gut bei Kindern, weil sie mehr Dopaminrezeptoren haben als Erwachsene. Spielen und Üben mit Erfolgserlebnissen kann für Kinder zu einem wahren „Baden im Dopamin" werden (Beck, 2013).

An dieser Stelle kommt wieder das **Prinzip der Vielseitigkeit** ins „Spiel". Wenn Ballschulstunden möglichst viele unerwartete Erfolgserlebnisse mit sich bringen sollen, dann funktioniert das nahe liegender Weise nicht mit häufigen oder gar ständigen Wiederholungen der gleichen Inhalte. Je mehr verschiedene Aufgaben und Situationen zu bewältigen sind, umso größer ist das Potenzial für neue, noch nie gezeigte Lösungshandlungen mit freudvollen, positiven Einschätzungen der eigenen Leistungen.

Baustein-Spiele und Baustein-Übungen

In der Ballschule Fußball kommen ausschließlich so genannte Baustein-Spiele und Baustein-Übungen zum Einsatz. Diese stehen jeweils für sich selbst, tragen also eigenständigen Charakter. Damit grenzt sich das Spielen und Üben in der Ballschule Fußball deutlich von den Anfängerkonzepten ab, die im Kern auf einer zumeist kombinierten Vorgabe von methodischen Spiel-, Situations- oder Übungsreihen beruhen.

Kennzeichnend für die Baustein-Spiele und Baustein-Übungen in der Ballschule Fußball ist, dass sie auf das Erlernen bzw. die Optimierung von einzelnen oder einer Kombination von Basiskompetenzen aus den Säulen A, B und C gerichtet sind. Die jeweils zu schulenden Bausteine werden – eingebunden in kindgerechte, fußballtypische Anforderungssituationen – immer wieder, in hoher zeitlicher Dichte gefordert und verbessert. Dabei gilt, dass – vor allem mit Blick auf das Training divergenter Denkprozesse – das Spielen und Üben langfristig angelegt sein muss. Die Entwicklung der 28 Basiskompetenzen aus Tabelle 2 setzt kontinuierliche „Spielviren" voraus, die erst nach längeren Inkubationszeiten zum „Kreativitätsausbruch" führen.

Die Mehrzahl der Baustein-Spiele und Baustein-Übungen im Praxisteil dieses Bandes wurden für die Ballschule Fußball neu konzipiert und erprobt. Sie heißen z. B. Mikado-Rennen (Kapitel 6), Schrumpfende Tore (Kapitel 7), Fehlpass-Alarm (Kapitel 8) oder Magisches Dreieck (Kapitel 9).

METHODEN: PROBIEREN UND STUDIEREN

Das freie Spielen und das Üben ohne ständige Korrekturen stehen in den Ballschulstufen 1 bis 4 eindeutig im Vordergrund. Hier lautet das Motto „Probieren geht vor (über) Studieren", wobei die Präposition „vor" ausdrücklich zeitlich zu verstehen ist. Im Rahmen der Hinführungen zu den einzelnen Sportspielen auf der Stufe 5 gewinnen Übungsleiter-/Lehrerinstruktionen und Reflexionen der Kinder zunehmend an Bedeutung. Die Methodik-Medaille der Ballschule Fußball hat daher zwei gleichberechtigte Seiten. Sie werden in der Fachliteratur mit den Begriffen des impliziten und expliziten Lernens überschrieben.

Lernen kann man, indem man angeleitet wird und sich bewusst anstrengt. Das kennen wir aus der Schule, etwa beim Auswendiglernen von Vokabeln oder von mathematischen Formeln. Psychologen bezeichnen das als intentionales oder **explizites** Lernen. Wir können uns aber auch nebenbei Wissen oder Können aneignen. Dann spricht man von **implizitem** Lernen. Z. B. erwerben wir die Grammatiken von Sprachen vorwiegend implizit. Durch ständiges Sprechen beherrschen wir irgendwann die wesentlichen Regeln, ohne dass uns das klar sein muss und ohne dass es uns möglich wäre, diese vollständig zu benennen. Warum und wie dieses freie, erfahrungsgeleitete Lernen funktioniert, erklärt Hoffmann (1993) mit seinem klassischen Modell der Antizipativen Verhaltenskontrolle (vgl. Roth, 2015).

In der Ballschule Fußball kommt es aus methodischer Sicht darauf an, die richtige Mixtur zwischen impliziten und expliziten Vermittlungsprozessen zu finden. Ganz generell empfiehlt es sich, bei den ein- und mehrdimensionalen Baustein-Spielen und Baustein-Übungen zur Säule A mit einem Minimum an Informationsvorgaben und -rückmeldungen zu operieren und bei den Säulen B und C ein ausgewogenes Verhältnis zwischen impliziten und expliziten Lehrmethoden anzustreben. Dabei will das richtige Instruieren/Korrigieren gelernt sein. Die Ergebnisse der traditionsreichen sportwissenschaftlichen Forschung zum (senso-)motorischen Lernen (vgl. u. a. Daugs, Blischke, Olivier & Marschall, 1988) legen u. a. nahe, dass

- das Vormachen bzw. Demonstrieren durch den Übungsleiter/Lehrer oder durch andere Kinder wirksamer ist als „tausend Worte" (**Art** der Information),
- „Weniger mehr ist"! Nicht jede Handlung darf kommentiert werden. Am Anfang von Lernprozessen häufiger, dann zunehmend weniger (Fading; **Frequenz** der Information),
- die Aufmerksamkeit der Kinder auf höchstens zwei Ausführungsmerkmale gelenkt werden sollte (**Menge** der Information) und
- Korrekturen zeitnah erfolgen müssen. Am besten innerhalb von wenigen Sekunden nach den Bewegungshandlungen (**Zeitpunkt** der Information).

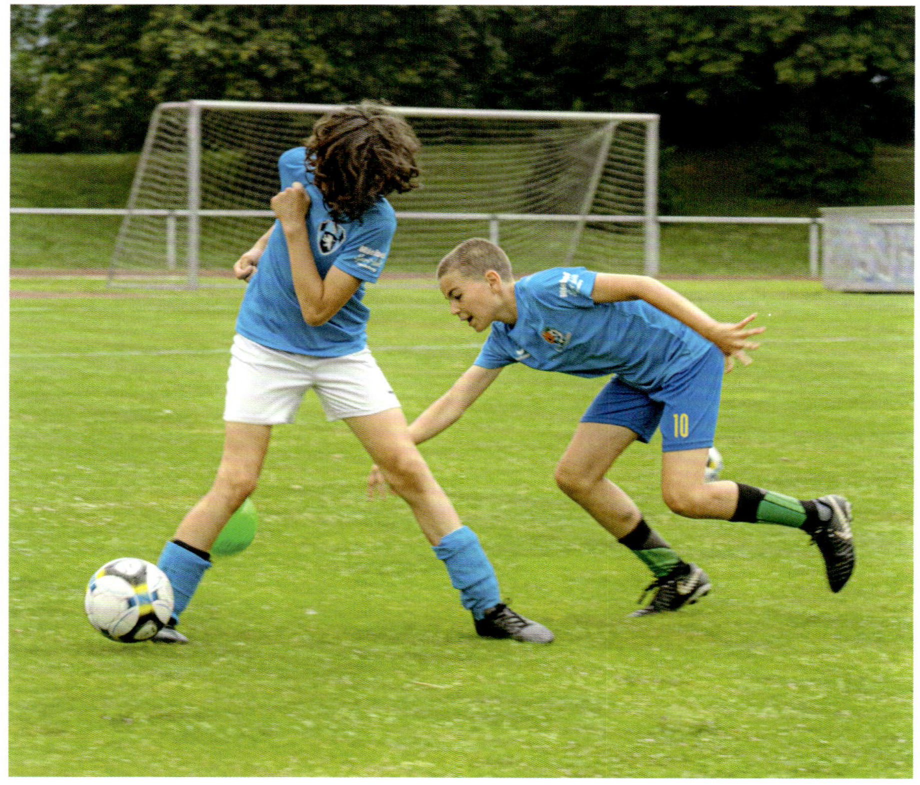

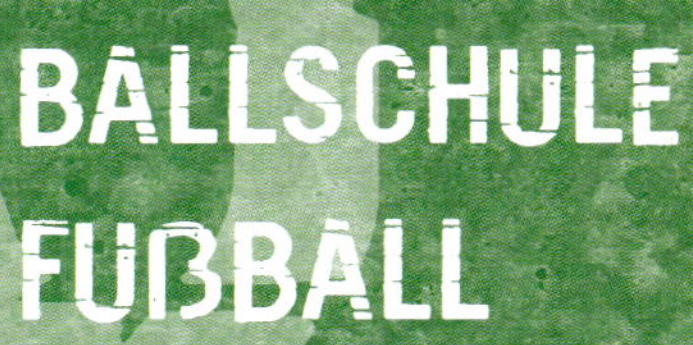

BALLSCHULE FUßBALL

PRAKTISCHE BEISPIEL-SAMMLUNG: EINFÜHRUNG

GLIEDERUNG UND ORDNUNGSKRITERIEN

Die Ziele, Inhalte und Methoden der Ballschule Fußball wurden in den Kapiteln 3 und 4 dargestellt. Im Folgenden geht es um Beispielsammlungen für die Trainings- und Unterrichtspraxis. Die Abfolge der Kapitel 6 bis 8 orientiert sich am ABC der Ballschule Fußball. Das Kapitel 6 enthält Baustein-Spiele und Baustein-Übungen zum Zielbereich A (Koordination). In den Kapiteln 7 und 8 werden Trainingsformen zu den Bereichen Taktik und Technik (Säulen B und C) präsentiert. Innerhalb der einzelnen Kapitel sind die Spiel- und Übungsvorschläge nach der Reihung der Basiskompetenzen in den drei Spalten der Tabelle 2 (erstes Ordnungskriterium) und nach ihrer jeweiligen Aufgabenschwierigkeit (Komplexität; zweites Ordnungskriterium) geordnet. Das Kapitel 7 beginnt z. B. mit Spielen/Übungen zum **Anbieten & Orientieren** und endet mit entsprechenden Praxisbeispielen zum Baustein **Kooperativ verteidigen**. Mit dem Kapitel 9 wird schließlich der Sonderrolle des Torwartspiels im Fußball Rechnung getragen.

SPIELMATERIALIEN

Es gibt kaum Sportgeräte die Kinder so faszinieren wie Bälle. Die vergleichsweise günstigen Anschaffungspreise und die unzähligen Möglichkeiten ihres Einsatzes lassen sie zu einem unverzichtbaren Bestandteil der Ausstattung von Vereins- und Schulsportstätten werden. Für die Umsetzung der Ballschule Fußball ist es wichtig, dass

Tab. 7: Spielmaterialien für die Ballschule Fußball

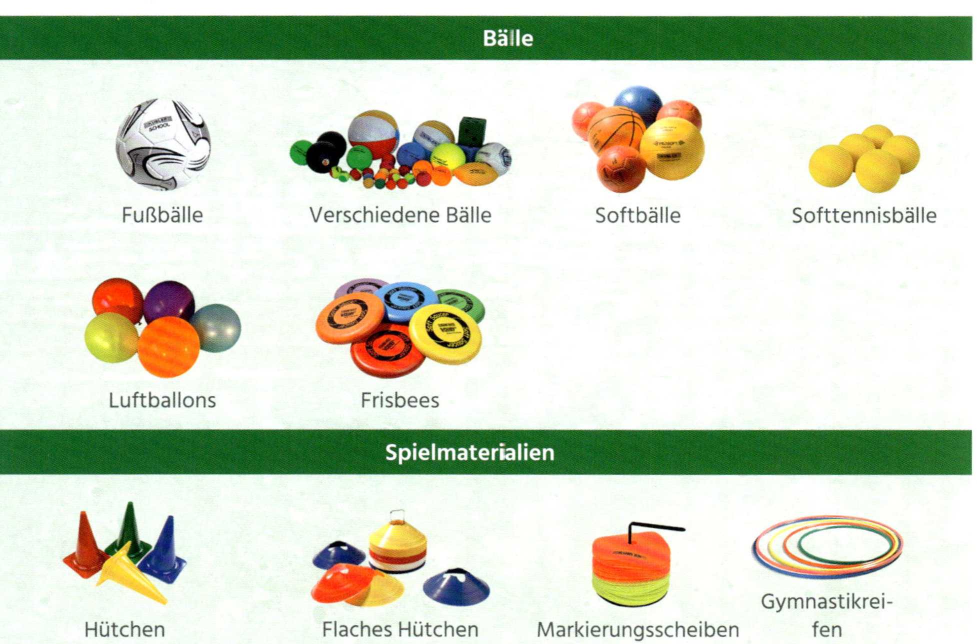

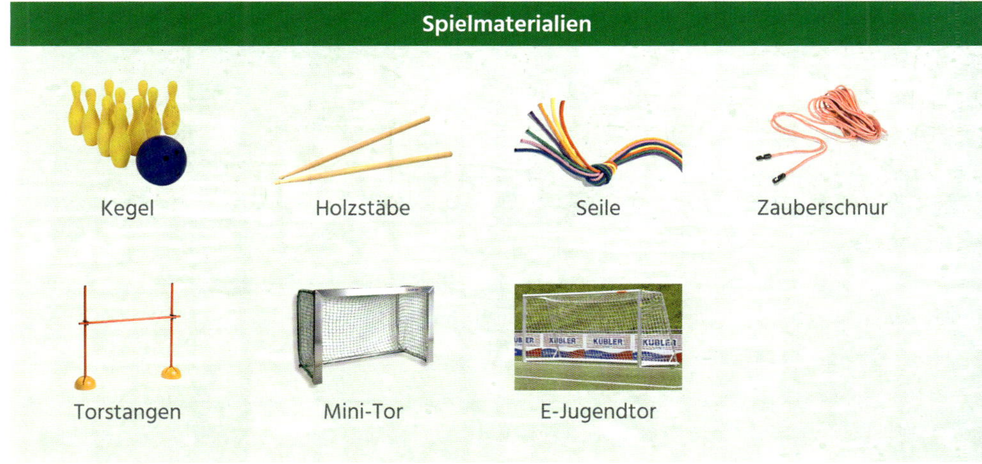

auf ein ausreichendes Repertoire an Bällen und sonstigen Spielmaterialien zurückgegriffen werden kann. Die Tabelle 7 gibt einen Überblick über die Materialien, die bei einer Durchführung der Ballschule Fußball vorhanden sein sollten.

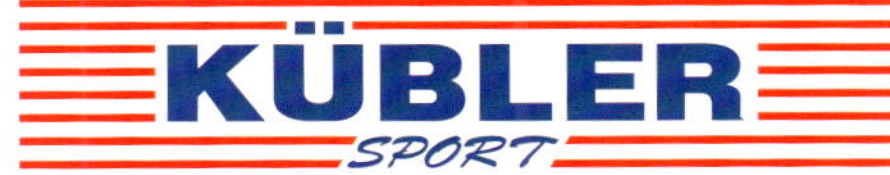

Für die Kooperationspartner der Ballschule Heidelberg hat die Firma Kübler ein rabattiertes Basispaket zur Ballschule Fußball zusammengestellt.
https://www.kuebler-sport.de/ballschule

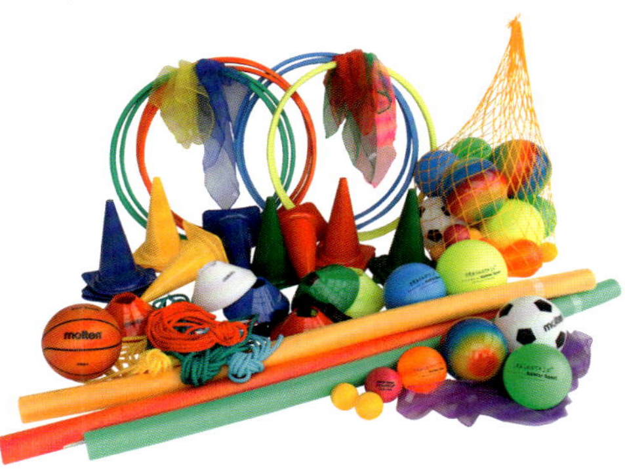

DARSTELLUNGSFORM

Die Beschreibungen der Spiele und Übungen in den Kapiteln 6 bis 9 sind einheitlich gestaltet und nehmen jeweils genau eine Buchseite ein. Ihre Darstellungen beginnen mit drei Kopfzeilen. In der obersten Zeile steht der Name des Spiels/der Übung. Darunter – in der mittleren Zeile – finden sich Fotos der benötigten Materialien. Die untere Zeile startet mit der Angabe derjenigen Basiskompetenz aus Tabelle 2, die in dem Spiel/der Übung mit höchster Priorität verbessert werden soll. Daran schließen sich maximal zwei weitere Bausteine an, die zusätzlich mitgeschult werden können. Je dunkler der Grundton der grünen Unterlegungen ist, umso bedeutsamer sind die markierten Basiskompetenzen für die Bewältigung der Spiel-/Übungsaufgabe. Am Ende der dritten Kopfzeile wird der Schwierigkeits-/Komplexitätsgrad eingeschätzt: Stufe I = gering, II = mittel, III = hoch. Aufgaben der Stufe I sind für Kinder bis 7 Jahre bzw. für ältere Kinder mit wenig motorischen Vorerfahrungen geeignet. Die Stufen II und III richten sich an Heranwachsende im Alter von 8 bis 11 Jahren. Diese Zuordnungen stellen allerdings nur Orientierungshilfen dar. Wie kompliziert das Spiel/die Übung für eine konkrete Gruppe oder Klasse ist, hängt vom jeweiligen Lern- und Entwicklungsstand ab.

Unter den Kopfzeilen werden die Spiele/Übungen über Grafiken veranschaulicht und verständlich erklärt (Spielidee/Übungsablauf). Den Abschluss bilden Beispiele für sinnvolle Variationen sowie organisatorische Hinweise. Bei den Variationen werden erneut die – u. U. veränderten – Aufgabenschwierigkeiten angegeben.

SPIEL-/ÜBUNGSNAME

Spielmaterialien

Wichtigster Baustein	Weitere Bausteine	Weitere Bausteine	I–III

Grafik der Spiel-/Übungsform

SPIELIDEE / ÜBUNGSABLAUF

Text zur Erklärung der Spielidee oder des Übungsablaufs

VARIATIONEN

ORGANISATORISCHE HINWEISE

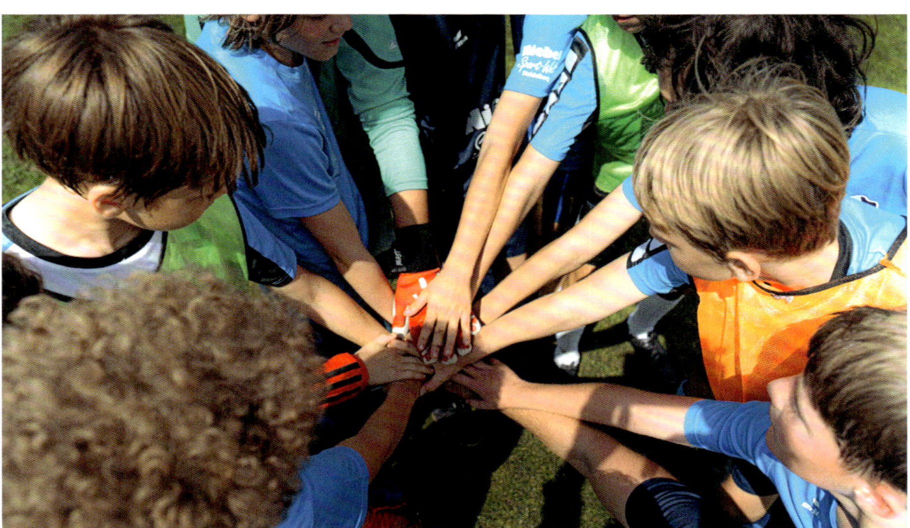

BALLSCHULE FUßBALL

KOORDINATIVE BASIS-KOMPETENZEN

SPORTSPIEL-ÜBERGREIFEND

Thorsten Damm & Maurice Müller

REGISTER

Name	Komplexität	Variation	Seite
Komplexitätsdruck – Zeit			
Teufelskreis	I	II	54
Balljagd	I	II III	56
Triangel	I	II III	57
Organisationsdruck – Zeit			
Dinofußball 2.0	I	II III	58
Drehwurm	II	I III	59
Zwillingsfußball	II	II	60
Laufkoordination			
Reissverschluss	I	II III	61
Formationstanz	I	II III	62
Lokomotive	I	II III	63

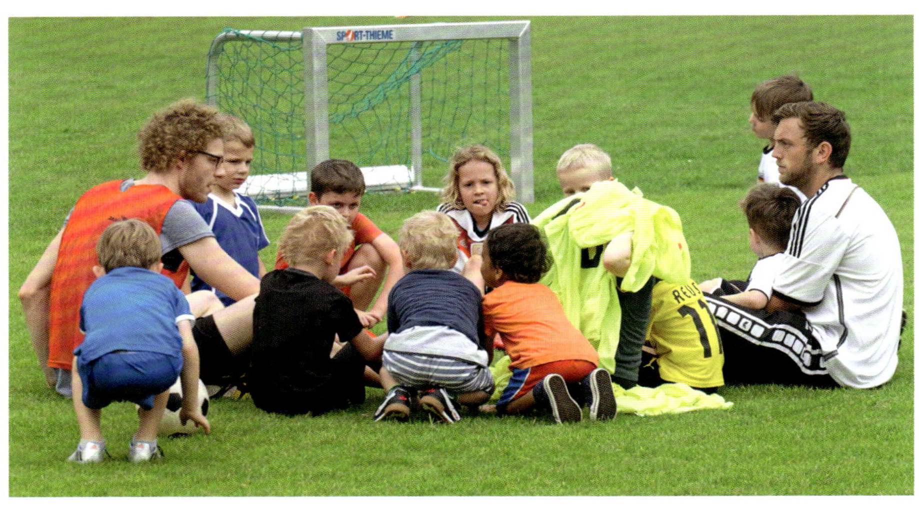

FANG DEN HUT

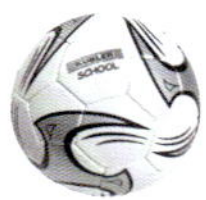
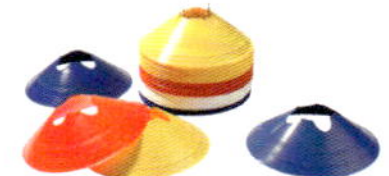
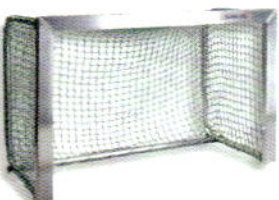

Zeitdruck Reaktion	Zeitdruck Antritt		I

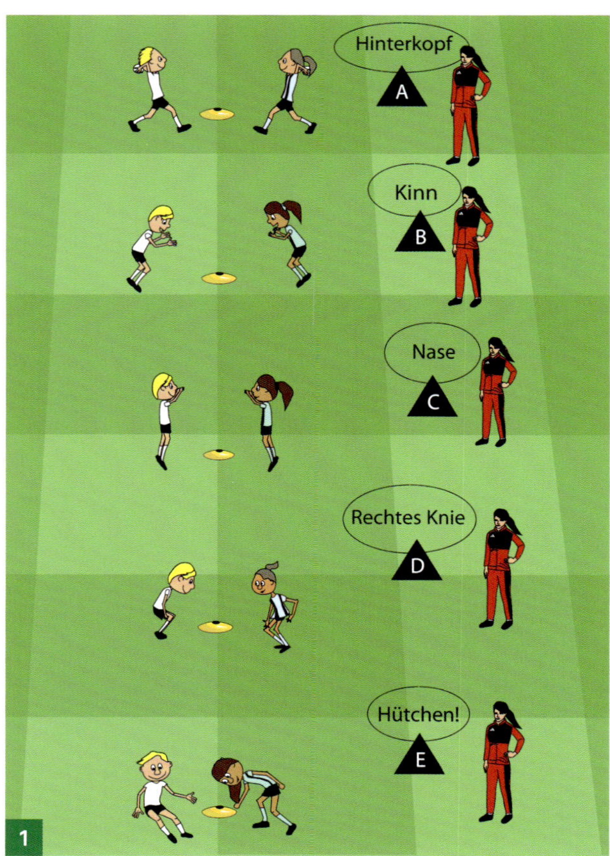

SPIELIDEE / ÜBUNGSLAUF

Zwei Spieler stehen sich im Abstand von 1 bis 2 Meter gegenüber. Zwischen ihnen liegt ein umgedrehtes flaches Hütchen. Der Trainer gibt vor, an welchen Stellen sich die Spieler mit den Händen berühren und dort verharren sollen, z. B. an der Wade (rechte Hand an die rechte Wade, linke Hand an die linke Wade) bzw. der rechten Wade (beide Hände an die rechte Wade). Wenn der Trainer „Hut" ruft, versuchen beide Kinder, sich das Hütchen zu schnappen. Wer das zuerst dreimal schafft, gewinnt das Duell. Nach drei Durchgängen werden neue Zweierpaare gebildet **(Grafik 1)**.

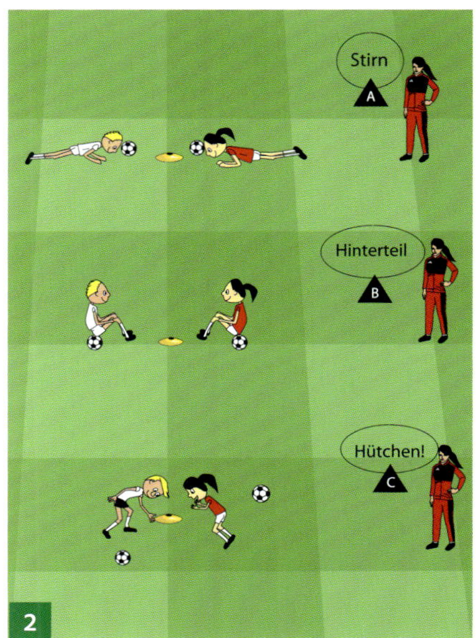

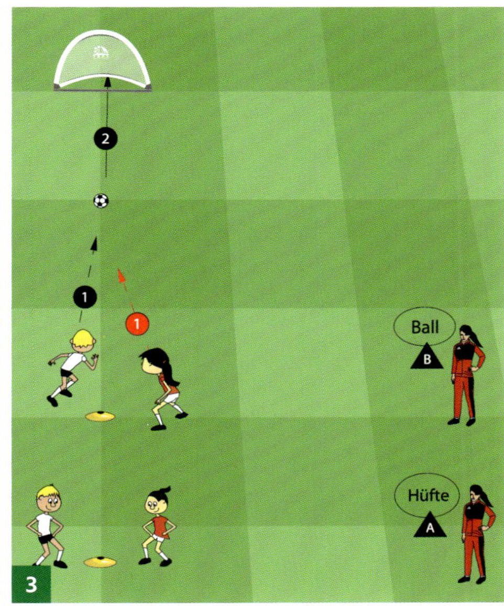

VARIATIONEN

II Vor den Spielern liegt ein Ball, den sie gemäß Vorgabe berühren (z. B. Stirn, Hinterteil) und in dieser Position bis zum nächsten Kommando verharren. Irgendwann kommt das Kommando „Hut" **(Grafik 2)**

III Zusätzlich zum Hütchen wird ein Ball in 6 Meter Entfernung platziert. Nach dem Kommando „Ball" findet ein Wettrennen zum Ball statt – gegebenenfalls mit Pass ins Mini-Tor nach Dribbling oder Zweikampf. Bei Doppelkommandos, z. B. „rot, Ball", soll zuerst das rote Hütchen berührt und dann zum Ball gesprintet werden **(Grafik 3)**

HINWEISE

- Durch das umgedrehte Hütchen ist es leichter zu schnappen. Kegel eignen sich ebenfalls als „Hut"
- Der Trainer kann zusätzliche Kommandos verwenden wie „Nicht der Hut" oder dem Hut einen anderen Namen geben (z. B. Apfel) und dann bewusst andere Begriffe einstreuen (z. B. Birne)
- Die Spieler können relativ nahe oder etwas weiter voneinander entfernt stehen, um neben der Reaktion auch noch den Antritt zu trainieren

ZAHLENCHAOS

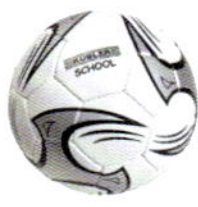
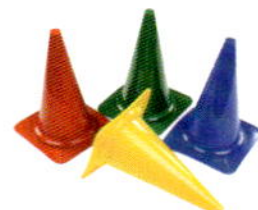

Zeitdruck Reaktion & Antritt	Zeitdruck Ablauf	Dribbeln raumorientiert	I

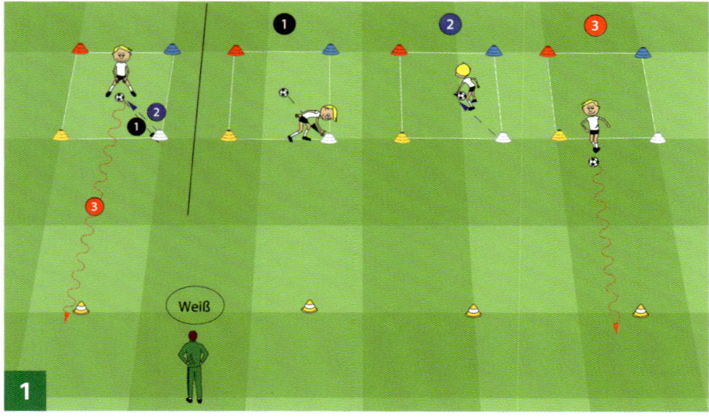

SPIELIDEE / ÜBUNGSLAUF

Der Übungsleiter baut mit jeweils vier Hütchen in unterschiedlichen Farben Quadrate mit einer Seitenlänge von 1 bis 2 Metern auf. In ca. 10 Meter Entfernung steht ein Zielhütchen. Ein Spieler steht in der Mitte des Hütchenquadrats mit einem Ball am Fuß. Der Trainer ruft eine Farbe, zu der der Spieler hinläuft, das entsprechende Hütchen mit der Hand berührt und mit dem in der Mitte liegenden Ball zum Zielhütchen dribbelt. Wer ist Erster? Die Anzahl der vom Trainer genannten Farben kann schnell auf zwei bzw. drei Zahlen erhöht werden.

HINWEISE

- Mehrere Hütchenquadrate aufbauen, so dass immer mehrere Kinder gleichzeitig aktiv sind, für die alle das gleiche Kommando gilt
- Zu Beginn können zur Orientierung nur die Hütchen in der genannten Reihenfolge berührt werden, ohne Sprint zum Zielhütchen
- Die Kommandos können auch gemischt werden (z. B. 1-blau-2)

VARIATIONEN

I Der Trainer ersetzt die Farben durch Zahlen und ändert das Kommando auf z. B. 2 bis 4

II Der Spieler dribbelt mit Ball am Fuß zur ersten Zahl, legt den Ball dort ab und sprintet zur zweiten Zahl ohne Ball. Danach sprintet er zurück zum Ball und macht ein Tempodribbling zum Zielhütchen

III Der Spieler absolviert den kompletten Ablauf mit Ball am Fuß

BEAT THE BALL

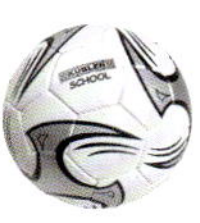 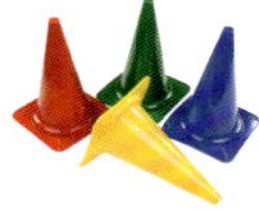 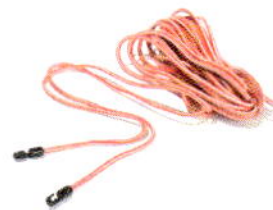

Zeitdruck Antritt	Zeitdruck Ablauf	Ballannahme/ -mitnahme	I

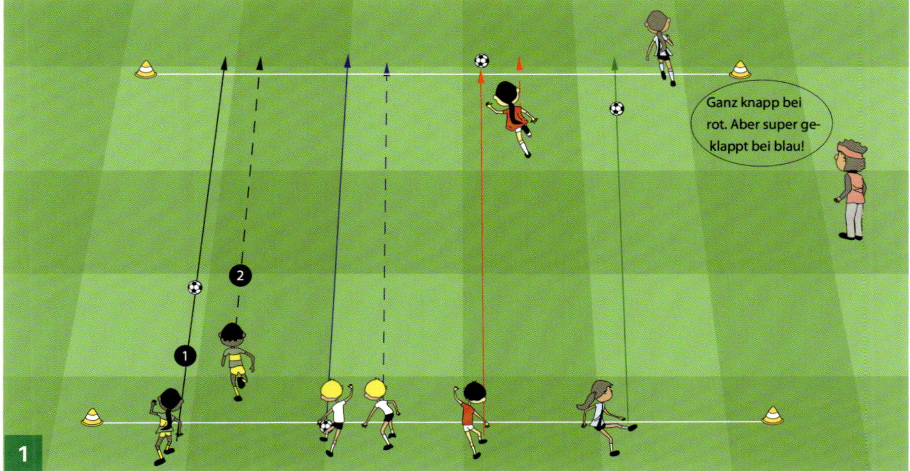

1

SPIELIDEE / ÜBUNGSLAUF

Der Trainer markiert eine Startlinie und eine Ziellinie (wenn möglich vorhandene Platzlinien nutzen). Die Spieler gehen zu zweit zusammen. Spieler A passt einen Ball in Richtung einer Ziellinie (ca. 10 Meter entfernt), Spieler B startet mit dem Pass von A und muss die Ziellinie vor dem Ball überqueren (und gegebenenfalls den Ball hinter der Ziellinie stoppen). Die Aufgabe zählt als nicht erfüllt, wenn der Ball zu schwach gespielt ist und die Linie gar nicht überquert.

VARIATIONEN

- I Weitere fußballspezifischen Techniken anwenden, z. B. Ball hochwerfen und köpfen, aus der Hand volley mit der Innenseite/dem Spann spielen
- II Spieler B muss nicht nur vor dem Ball die Ziellinie überqueren, sondern versuchen, den Ball zu überholen und auf der Ziellinie zu stoppen
- III Spieler B dribbelt mit Ball am Fuß und versucht, vor dem gespielten Ball die Ziellinie zu überqueren

HINWEISE

- Der Ball kann zu Beginn auch mit der Hand gerollt werden
- Nach ca. drei bis fünf Sprints die Aufgaben wechseln
- Die Übung kann auch einzeln ausgeführt werden, so dass das Kind dem von ihm selbst gespielten Ball hinterherläuft

WELTREISE

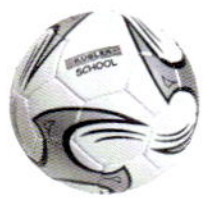
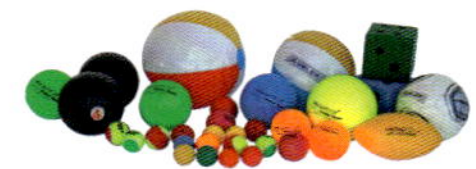
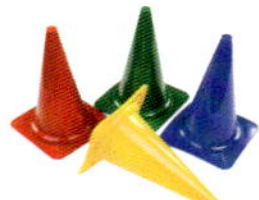

Zeitdruck Ablauf	Passen	Ballannahme/ -mitnahme	I

SPIELIDEE / ÜBUNGSLAUF

Etwa sechs bis neun Kinder stellen sich jeweils in einem Abstand von ca. 5 Metern im Kreis auf (Positionen gegebenenfalls mit Hütchen markieren). Spieler A hat einen Ball und passt nach links zum nächsten Kind. Von dort wird der Ball von Kind zu Kind mit zwei Kontakten (stoppen und passen; später direkt) weitergepasst. Mit seinem Pass sprintet Spieler A los, um die Gruppe schneller zu umrunden, als der Ball. Wenn A an seinen Platz zurückgekehrt ist, stoppt er den ankommenden Ball. Nach jedem Durchgang einen neuen Sprinter bestimmen. Schafft er es, vor dem Ball zurück auf seinem Platz zu sein?

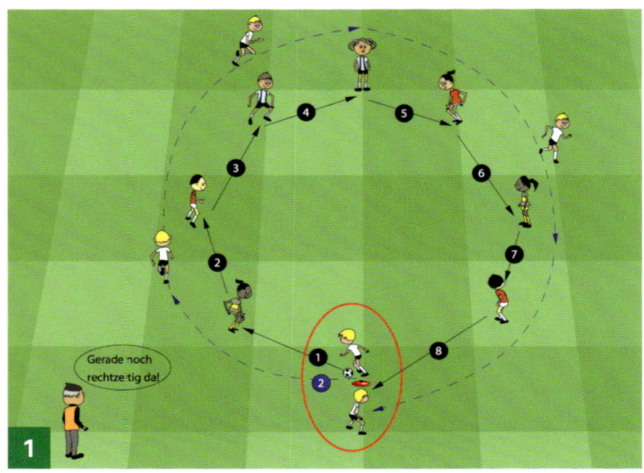

HINWEISE

- Der Ball kann zu Beginn auch mit der Hand gerollt bzw. geworfen werden, damit sich die Spielidee festigt bzw. eine Torwarttechnik verwendet wird
- Das Spielgerät und die Passtechnik kann variiert werden, z. B. Tennisball, Football oder Frisbee werfen
- Die Distanz (Kreisdurchmesser) an die jeweilige Technik anpassen
- Die Organisationsform kann genutzt werden, um anschließend Dinofußball 2.0 (S. 58) oder Balljagd (S. 56) zu spielen

VARIATIONEN

II Asynchron laufen, d. h. man passt im Uhrzeigersinn und sprintet gegen den Uhrzeigersinn auf seinen Platz zurück (oder umgekehrt)

II Andere fußballspezifische Techniken verwenden (mit der Hand hochwerfen und zum Nächsten köpfen, der ihn fängt bzw. aus der Hand volley mit dem Spann/der Innenseite zum Nächsten spielen)

III Es können auch zwei Bälle gleichzeitig verwendet werden: Spieler A passt mit dem Fuß nach links, wirft einen Ball nach rechts und sprintet dann los

MAN IN THE MIRROR

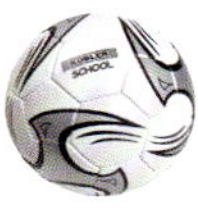
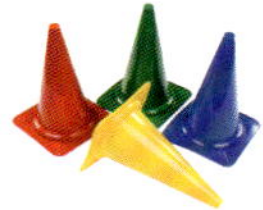

Zeitdruck Ablauf	Laufkoordination	Dribbeln raumorientiert	I

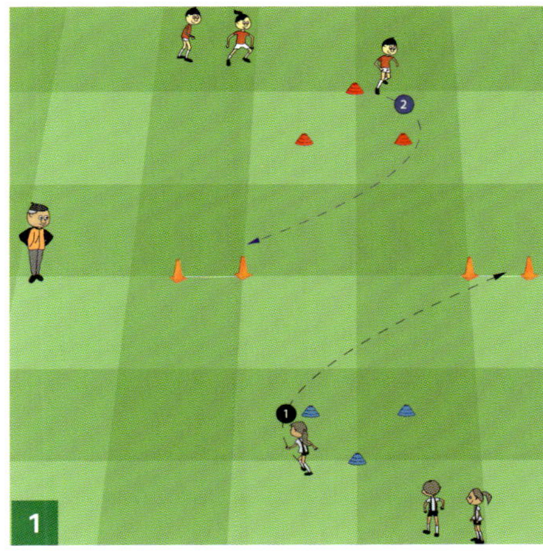

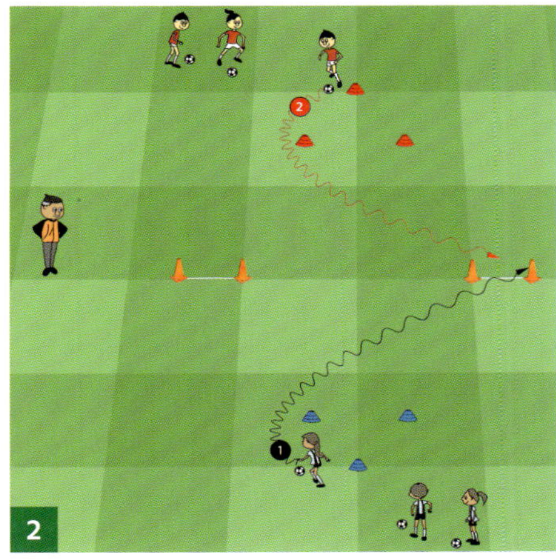

SPIELIDEE / ÜBUNGSLAUF

Der Trainer baut den oben abgebildeten Parcours auf (Abstand Starthütchen zum ersten Richtungswechsel ca. 2 bis 3 Meter; Abstand zum Zielhütchen ca. 10 Meter) und schickt jeweils drei Spieler an die jeweiligen Starthütchen. Spieler A sprintet in eine der beiden Richtungen los, worauf Spieler B reagiert und seinerseits in die gleiche Richtung lossprintet (sprintet A von sich aus nach rechts, muss B auch von sich aus nach rechts lossprinten). Jeder der beiden versucht, seine Ziellinie als Erster zu überqueren **(Grafik 1)**.

VARIATIONEN

- **I** Spieler A muss vorher eine Auftaktbewegung in die entgegengesetzte Richtung machen
- **II** Die Spieler dribbeln mit Ball am Fuß (Zusatz: beide stoppen ihren Ball nach Durchqueren des Ziels und setzen sich auf den Ball)
- **III** Spieler B muss spiegelverkehrt reagieren (startet A nach rechts, geht B nach links), so dass sie die gleiche Ziellinie im Visier haben **(Grafik 2)**

HINWEISE

- Die Station eventuell mehrmals aufbauen, so dass viele Spieler gleichzeitig aktiv sein können

BUNTE REISE NACH JERUSALEM

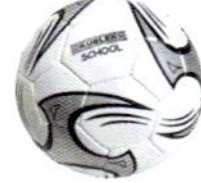
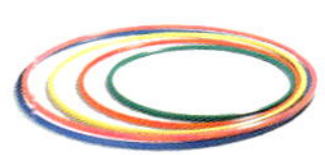

Zeitdruck Ablauf	Zeitdruck Reaktion	Dribbeln raumorientiert	I

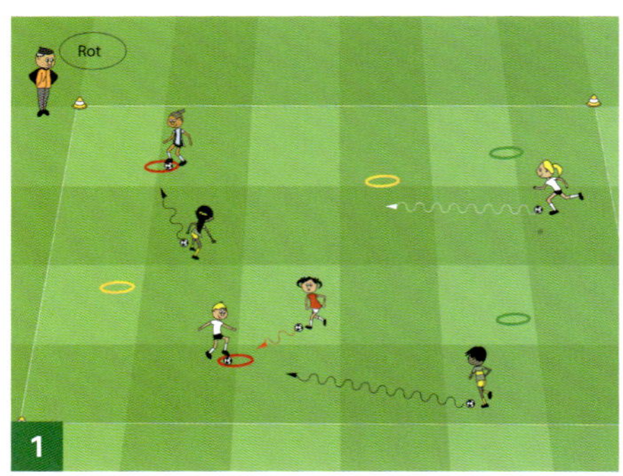

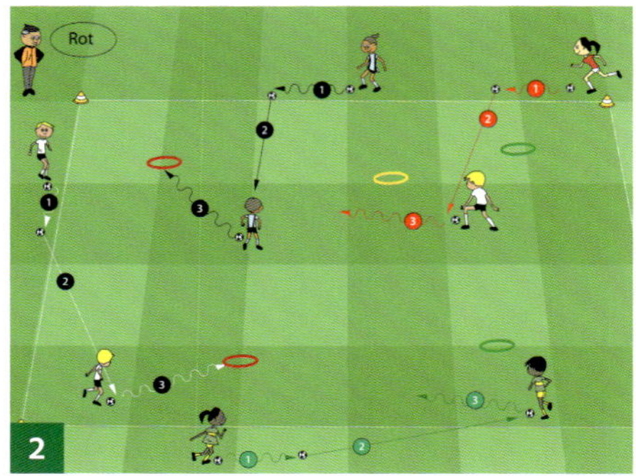

SPIELIDEE / ÜBUNGSLAUF

Der Trainer steckt ein Feld ab, in dem er für sechs Spieler sechs Reifen in drei unterschiedlichen Farben verteilt (z. B. jeweils zweimal rot, grün und gelb). Alle Kinder haben einen Ball und dribbeln umher. Auf ein Farb-Kommando des Trainers versuchen alle Kinder, schnellstmöglich zu einem der beiden Reifen mit dieser Farbe zu dribbeln und den Ball darin mit dem Fuß abzulegen. Pro Reifen dürfen aber nur zwei Kinder ihren Ball platzieren. Die beiden Kinder, die zu spät kommen, erhalten einen Minuspunkt **(Grafik 1)**.

HINWEISE

- Das Spiel kann auch zuerst mit der Hand gespielt werden (mit dem Ball in der Hand laufen und ihn im Reifen ablegen)
- Die Gruppengröße kann erhöht werden, z. B. acht Spieler, von denen jeweils die ersten drei Spieler ihren Ball in einen der beiden Reifen ablegen dürfen
- Die Farben durch Zahlen oder Mannschaften (rot = Bayern, grün = Bremen und gelb = Dortmund) ersetzen

VARIATIONEN

II Der Trainer ruft zwei Farben. Die Kinder dribbeln zur ersten Farbe, berühren den Reifen mit der Hand und dann zur zweiten Farbe, wo sie den Ball im Reifen ablegen

III Acht Spieler bilden vier Paare. Ein Spieler dribbelt um das Feld herum und der jeweilige Partner bewegt sich ohne Ball im Feld. Nach dem Farb-Kommando muss der äußere Spieler seinen Partner finden und ihm den Ball zupassen. Dieser dribbelt schnellstmöglich zum Reifen, um seinen Ball vor den anderen Kindern abzulegen **(Grafik 2)**

TUNNELBLICK

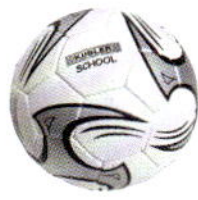

Zeitdruck Ablauf	Passen	Dribbeln raumorientiert	II

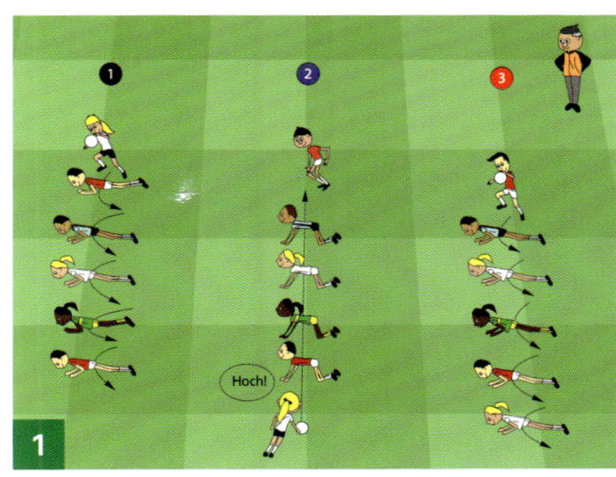

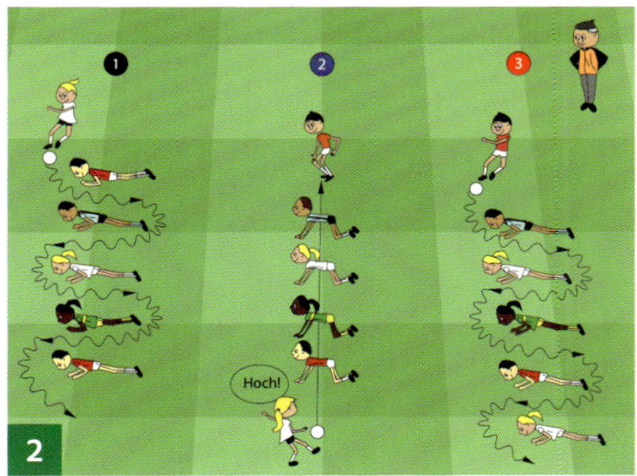

SPIELIDEE / ÜBUNGSLAUF

Der Trainer teilt zwei oder mehr Gruppen mit ca. fünf Spielern ein. Ein Kind jeder Gruppe steht am Start mit einem Ball in der Hand und die anderen Kinder liegen vor ihm auf dem Bauch mit ca. 1 Meter Abstand zueinander. Auf Kommando des Trainers sprintet das jeweils erste Kind über die anderen Kinder hinweg bis zum Ende. Dort angelangt ruft das Kind laut „Hoch", so dass alle auf dem Bauch liegenden Kinder sich in eine Liegestützstellung bzw. eine Brücke begeben, durch die das Kind den Ball durchrollt und sich sofort auf den Bauch legt. Das jetzt vordere Kind ist mittlerweile aufgestanden, nimmt den entgegenrollenden Ball auf und rennt ebenfalls los. Dieser Ablauf wiederholt sich bis zur Ausgangsposition, also bis das Kind, das zuerst gestartet ist, wieder den Ball in den Händen hält. Welche Gruppe ist als Erste fertig? **(Grafik 1).**

VARIATIONEN

- **II** Der Ball wird durch die Brücken zurück zum wartenden Kind gepasst
- **III** Der Start erfolgt mit Ball am Fuß, so dass alle am Boden liegende Kinder umdribbelt werden und der Ball nach dem Kommando „Hoch" durch die anderen Kinder zum dann wartenden Kind durchgepasst (gegebenenfalls gerollt) wird **(Grafik 2)**

HINWEISE

- Den Ball zurückrollen, falls das Passen zu schwierig ist
- Beim Passen gegebenenfalls einen weichen Ball benutzen, wenn die Pässe unkontrolliert (zu hart bzw. zu unpräzise) gespielt werden

LASER TAG

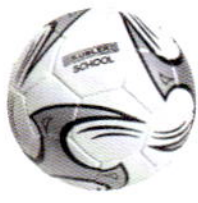
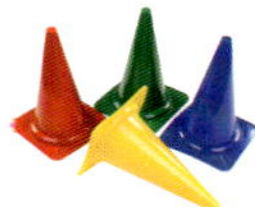

Präzisionsdruck Ergebnis	Passen		I

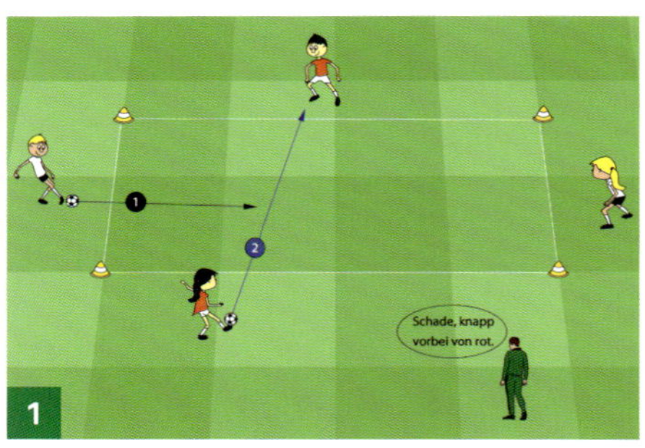

1

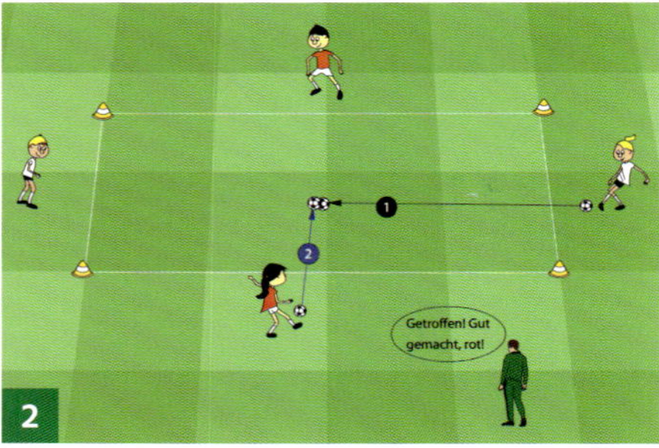

2

SPIELIDEE / ÜBUNGSLAUF

Der Trainer baut rechteckige Felder auf (ca. 8 x 5 Meter) und teilt jedem Feld vier Kinder mit zwei Bällen zu (eventuell Ersatzbälle bereithalten). Zwei Kinder stehen sich auf der langen Seite gegenüber und passen den Ball hin und her (die mitspielenden Kinder). Die Kinder, die sich auf der kurzen Seite gegenüberstehen, warten auf die gespielten Bälle und versuchen, durch gut getimtes Passspiel mit ihrem eigenen Ball den vorbeirollenden Ball zu treffen (die zielenden Kinder). Spielzeit ca. 3 Minuten, danach die Rollen tauschen. Wer schafft mehr Treffer? **(Grafik 1).**

HINWEISE

- Durch die rechteckige Form haben die beiden Kinder auf der kurzen Seite, die den Ball treffen sollen, mehr Zeit
- Der Aufbau im Rechteck kann auch für sechs Kinder genutzt werden
- Mit kleineren Kindern kann der Ball zuerst auch gerollt werden, damit sich die Spielidee festigt bzw. auch Torwartbasistechniken (rollen) angewandt werden
- Keine Lupfer oder sonstigen Flugbälle erlauben.

VARIATIONEN

II Das Feld quadratisch aufbauen. Die mitspielenden Kinder passen sich mit zwei Kontakten den Ball zu und dieser darf nie ruhen. Für die zielenden Kinder gilt diese Regel nicht, d. h. sie können jeweils einen ruhenden Ball passen. Dies kann dann aber auch zu einer Zwei-Kontakt-Regel mit niemals ruhendem Ball geändert werden

III Alle spielen gemäß Aufgabenverteilung nur direkt **(Grafik 2)**

III Es gibt keine Rollenverteilung mehr, sondern „Jeder spielt gegen Jeden"

BÖSE NACHBARN

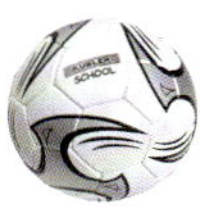
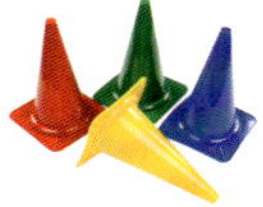

Präzisionsdruck Ergebnis	Variabilitätsdruck Zeit	Passen	I

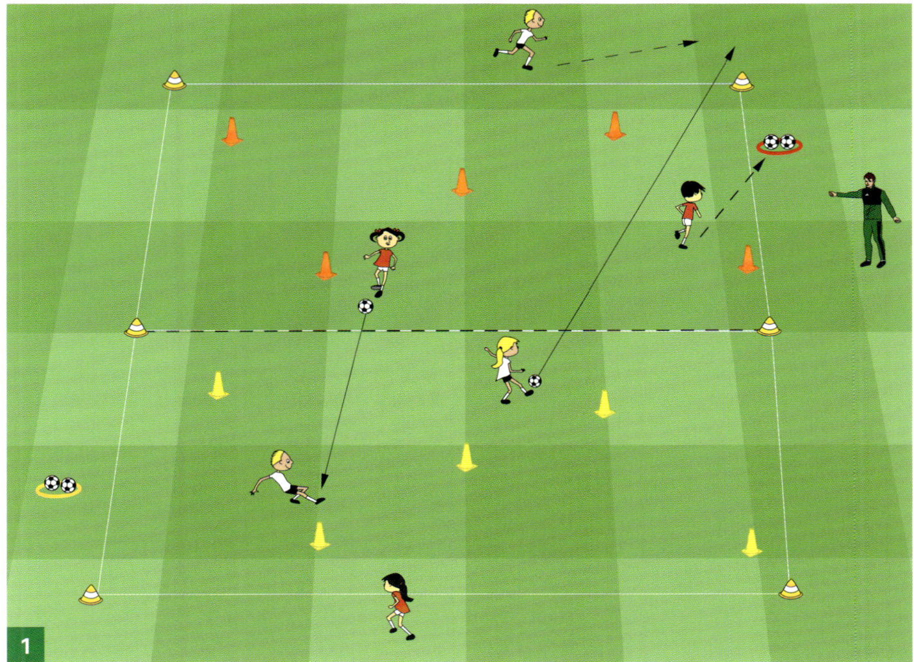

SPIELIDEE / ÜBUNGSLAUF

Der Trainer baut das oben abgebildete Feld auf, teilt zwei Gruppen mit jeweils drei Kinder ein und verteilt jeweils ca. fünf bis sieben Hütchen in den beiden Spielhälften. Jede Gruppe hat zu Spielbeginn einen Ball und versucht, mit einem gezielten Pass eines der Ziele in der gegnerischen Hälfte zu treffen (treffen reicht, die Ziele müssen nicht umfallen). Zwei weitere Bälle sind außerhalb des Feldes deponiert und können jederzeit geholt werden. Die andere Gruppe versucht einerseits, das zu verhindern, indem die Kinder den Ball abfangen und andererseits selbst mit den zur Verfügung stehenden Bällen die Ziele im anderen Feld zu treffen. Hat man einen Ball abgefangen, muss von dort auch gepasst werden. Man darf seine Hälfte nicht verlassen. Der dritte Spieler positioniert sich hinter dem gegnerischen Feld und bringt dem eigenen Team die verschossenen Bälle zurück (Achtung: sehr laufintensiv!). Wer hat am Ende der Spielzeit (ca. 2 bis 3 Minuten) mehr Ziele getroffen? Danach einen neuen Versorger einteilen **(Grafik 1)**.

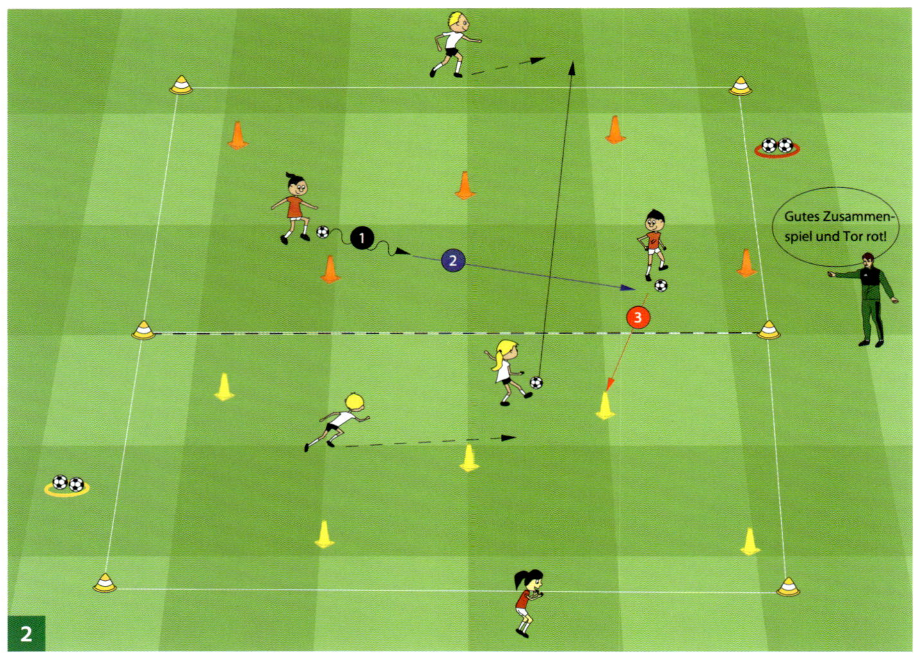

HINWEISE

- Das Spiel kann je nach Feldgröße und Anzahl der Ziele vom „1 gegen 1" bis „4 gegen 4" gespielt werden
- Immer deutlich mehr Ziele aufstellen als Spieler vorhanden sind
- Innenseitstoß als Passtechnik vorgeben
- Die Entscheidung, wann man einen neuen Ball holt und sein Feld verlässt, wiederholt sich beim Spiel Schatztruhe (S. 81)

VARIATIONEN

II Es darf nur mit dem schwachen Fuß gepasst werden

II Hat man einen Ball abgefangen, darf auch innerhalb des eigenen Feldes gedribbelt werden (Zielpassen aus der Bewegung)

III Dribbeln und Zuspiele zum Partner sind erlaubt (Zusammenspiel, falls der Partner besser positioniert ist) **(Grafik 2)**

BALLON-REISE

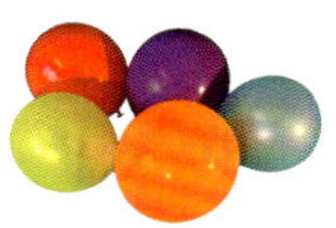
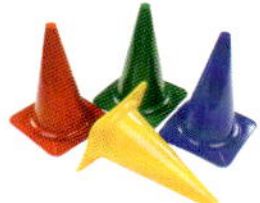

Präzisionsdruck Ablauf	Präzisionsdruck Ergebnis	Organisationsdruck Zeit	I

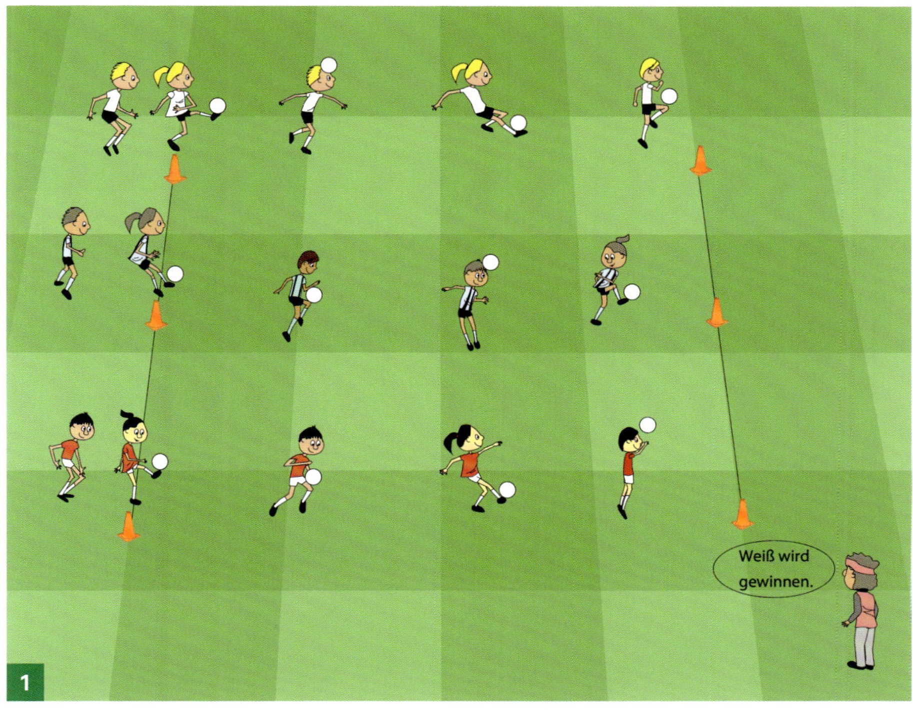

SPIELIDEE / ÜBUNGSLAUF

Die Kinder werden in drei bis vier gleichgroße Teams aufgeteilt (gegebenenfalls Pärchen) und stellen sich in einer Reihe hinter der Startlinie auf. Jedes Team erhält einen Luftballon und muss mit diesem die Strecke vom Start zum Ziel zurücklegen (z. B. von der Grundlinie zum 16-m-Raum oder von einer Hallenseite zur anderen). Der erste Spieler spielt den Luftballon „fußballkonform" an (mit Fuß, Oberschenkel, Kopf oder Schulter). Der zweite Spieler spielt den Ball dann aus der Luft weiter, dann der dritte Spieler usw. bis es wieder mit dem ersten Spieler weitergeht. Der Luftballon darf dabei nicht den Boden berühren. Fällt der Luftballon auf den Boden, muss das Team zurück zum Start und von vorne beginnen. Das Team, das als erstes das Ziel erreicht hat, gewinnt das Rennen **(Grafik 1)**.

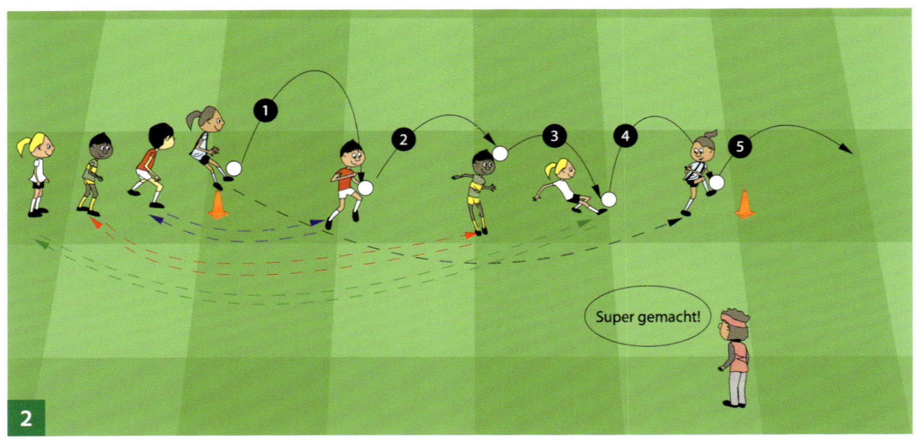

HINWEISE

- Windsituation beachten. Gegebenenfalls eher in der Halle spielen
- Bei Wind die Spielidee so abändern, dass es darum geht, den Luftballon in der Luft zu halten, ohne eine Strecke zurück zu legen (gegebenenfalls mit der Vorgabe, dass man eine Zusatzübung nach Ballonberührung machen muss)

VARIATIONEN

- Es zählt nicht, wer als erstes das Ziel erreicht hat, sondern welches Team am weitesten kommt, bevor der Luftballon erstmals auf den Boden fällt
- Die Spieler, die nicht an der Reihe sind, müssen hinter der Startlinie warten und dürfen immer erst dann loslaufen, wenn der Luftballon vom Spieler davor berührt wurde. Welche Gruppe schafft es zuerst ins Ziel bzw. am Weitesten? **(Grafik 2)**

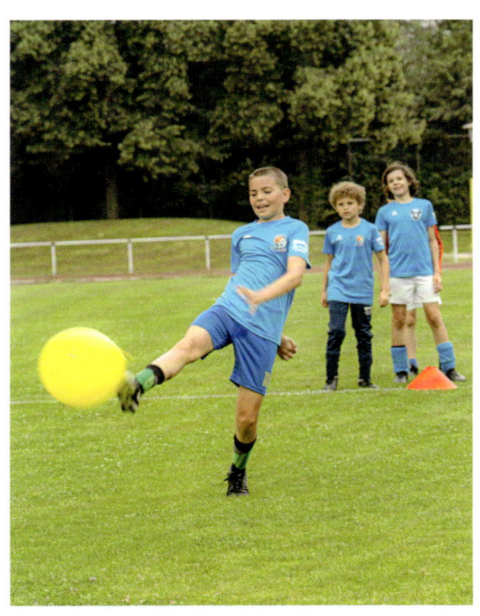

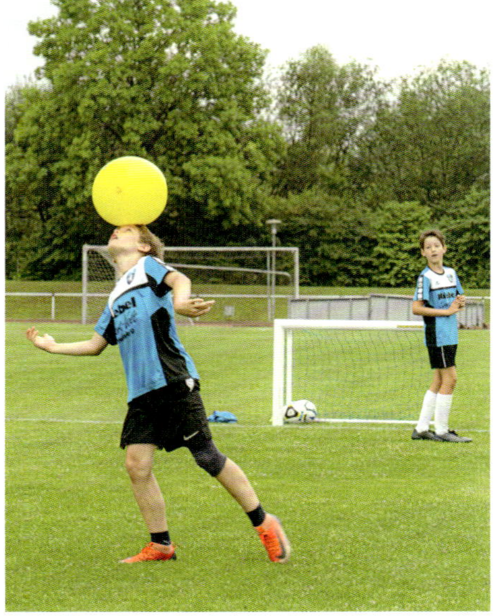

FLAMINGO

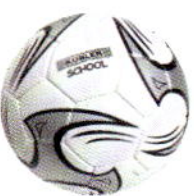

Präzisionsdruck Ablauf	Ballannahme/ -mitnahme	Komplexitätsdruck Zeit	I

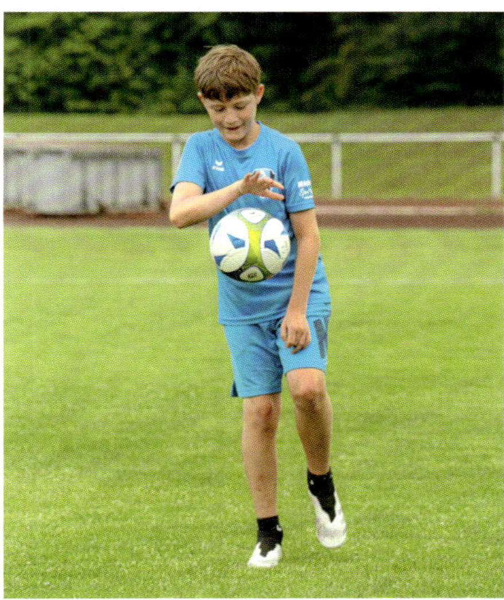

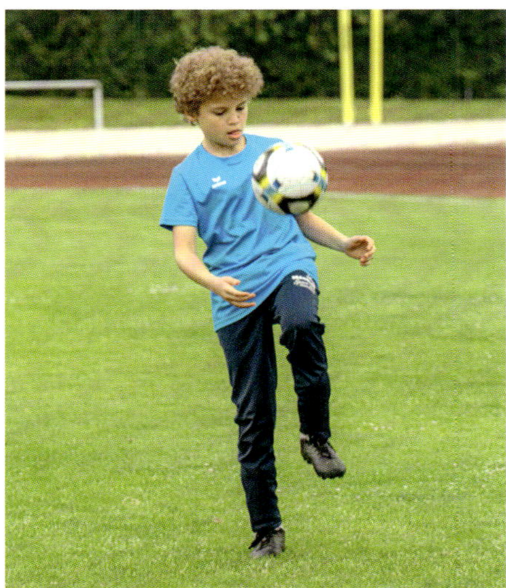

SPIELIDEE / ÜBUNGSLAUF

Die Kinder stehen auf einem Bein und absolvieren folgende Aufgaben, ohne den anderen Fuß aufzusetzen bzw. dem Ball hinterher zu hüpfen:

- Sie prellen den Ball mit der Hand auf dem Boden
- Sie werfen ihren Ball hoch und fangen ihn wieder
- Sie werfen ihren Ball hoch, köpfen ihn wieder in die Luft und fangen ihn wieder
- Sie werfen ihren Ball hoch, stoppen den Ball mit der Brust und fangen ihn wieder bevor er auf den Boden fällt
- Sie werfen ihren Ball hoch, befördern ihn mit dem Oberschenkel/Knie des Spielbeins wieder in die Luft und fangen ihn wieder
- Sie werfen ihren Ball hoch, spielen ihn mit dem Spann des Spielbeins wieder in die Luft und fangen den Ball

VARIATIONEN

II Standbein/Spielbein wechseln

HINWEISE

- Eventuell ins Warm-up integrieren

SOCCER AIRLINE

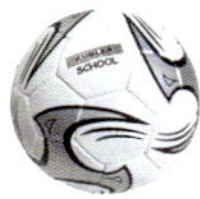
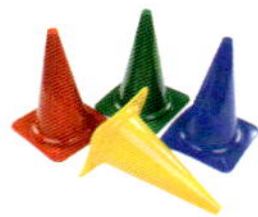

Präzisionsdruck Ablauf	Komplexitätsdruck Zeit	Organisationsdruck Zeit	I

SPIELIDEE / ÜBUNGSLAUF

Vorübungen ohne Partner

Jedes Kind hat einen Ball in der Hand, spielt diesen mit dem Fuß (Spann) hoch (etwas über Kopfhöhe) und

- fängt den Ball wieder
- lässt den Ball einmal aufspringen und spielt ihn erneut hoch. Wie oft schaffen es die Kinder hintereinander, den Ball nach einmaligem Aufspringen wieder hochzuspielen?
- versucht, zwischen durch mehrere Male hintereinander den Ball direkt ohne Aufspringen wieder in die Luft zu spielen (2- oder 3-mal). Zwischendurch darf der Ball immer mal wieder aufspringen

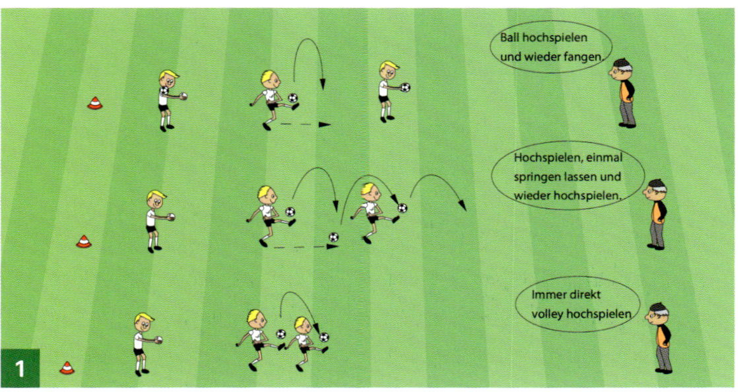

Vorübungen mit Partner

- Zwei Kinder (jeweils mit einem Ball in der Hand) gehen zusammen und stellen sich in einem Abstand von ca. 2 Metern auf. Auf ein Kommando spielen sie ihren Ball aus der Hand mit dem Fuß in die Luft
- bogenförmig zum Partner und fangen den zeitgleich zugespielten Ball des anderen Kindes (Ballwechsel; jedes Kind bleibt auf seinem Platz)
- wie eine Kerze, machen einen Platzwechsel und fangen den Ball vom Partner, der seinen Ball zeitgleich kerzenförmig in die Luft gespielt hat (Ball- und Platzwechsel). Welches Paar schafft es als Erstes bzw. dreimal hintereinander?
- machen einen Platzwechsel und spielen den Ball vom Partner nach einmaligem Aufspringen erneut kerzenförmig mit dem Fuß in die Luft und vollführen wieder einen Platzwechsel. Welches Paar schafft zwei Platzwechsel hintereinander?

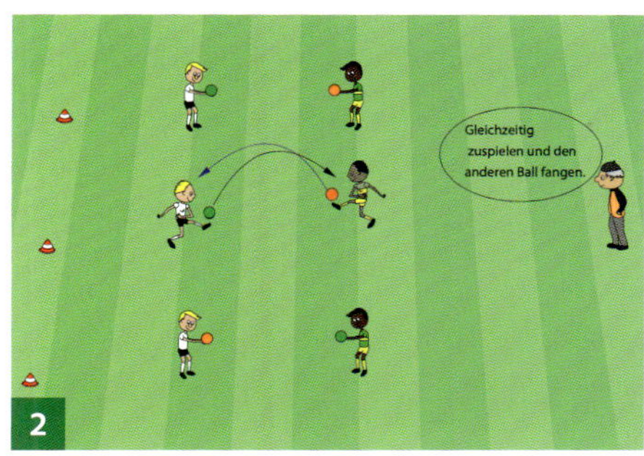

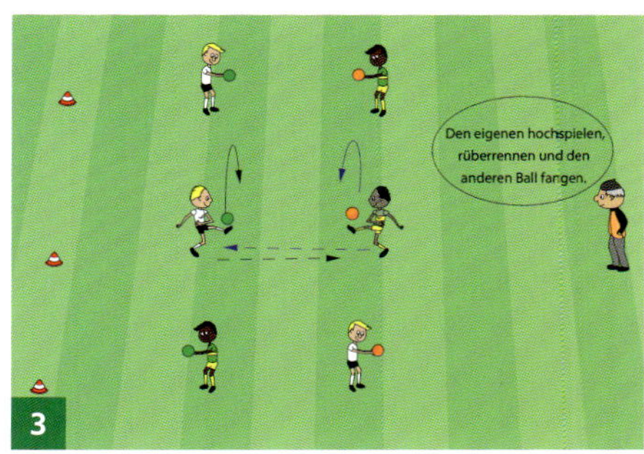

Zielspiel

Es werden Teams zu je drei bis sechs Spielern gebildet, die durchnummeriert werden. Jedes Team erhält ein ca. 4 x 4 Meter großes Quadrat, in dem sich Kind 1 mit Ball mittig aufstellt. Die restlichen Spieler warten hintereinander außerhalb des Quadrats. Auf ein Startsignal spielt Kind 1 den Ball aus der Hand mit dem Fuß in die Luft und läuft schnell aus dem Quadrat in Richtung Wendepunkt. Vorgabe: Der Ball muss mindestens auf Kopfhöhe gespielt sein und danach im abgesteckten Feld aufspringen, so dass ihn Kind 2 darin nach einmaligem Aufspringen fängt und dieselbe Aufgabe wie Kind 1 hat usw. Gelingt das, läuft das erste Kind bis zum nahen Wendepunkt und zurück bzw. stellt sich wieder hinter an. Gelingt es nicht, muss das Kind zum weiter entfernten Wendepunkt und zurücklaufen. Ist ein Kind nicht rechtzeitig zurück bis es wieder dran ist, muss es eine Zusatzaufgabe ausführen.

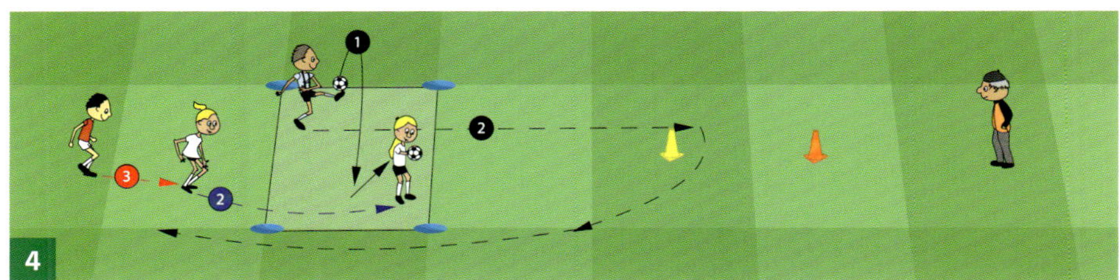

VARIATIONEN

- II Bälle neben dem Quadrat platzieren, so dass mit Ball am Fuß zum Wendepunkt und zurück gedribbelt wird
- II Das wartende Kind muss den Ball vom Vordermann innerhalb des Feldes direkt aus der Luft fangen (ohne Aufspringen) und danach selbst hochschießen. Kann der Hintermann den Ball nur außerhalb des Feldes fangen, gilt es als Fehler des Vordermanns und er muss die längere Strecke laufen
- III Die Kinder spielen den Ball nach einmaligem Aufspringen direkt (ohne zu fangen) mit dem Fuß fortlaufend in die Luft

HINWEISE

- Die Seitenlängen des Quadrats können bei Anfängern größer gestaltet werden

OSTERNEST

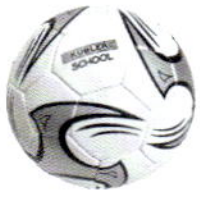
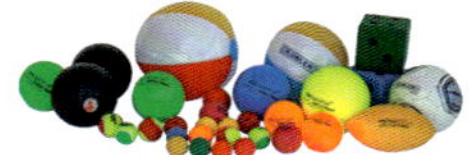
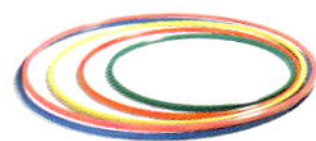

Variabilitätsdruck Zeit	Zeitdruck Ablauf	

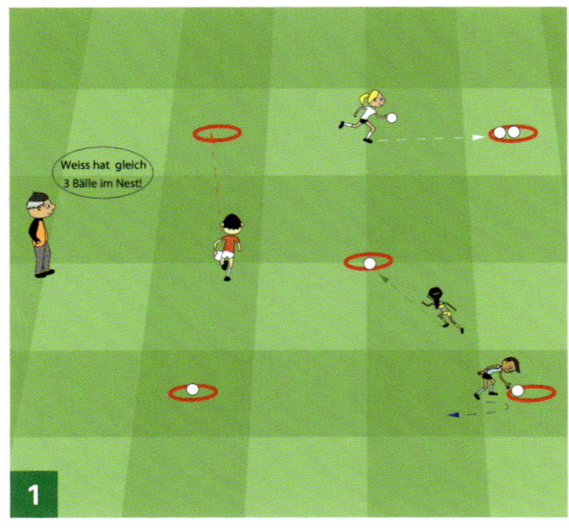

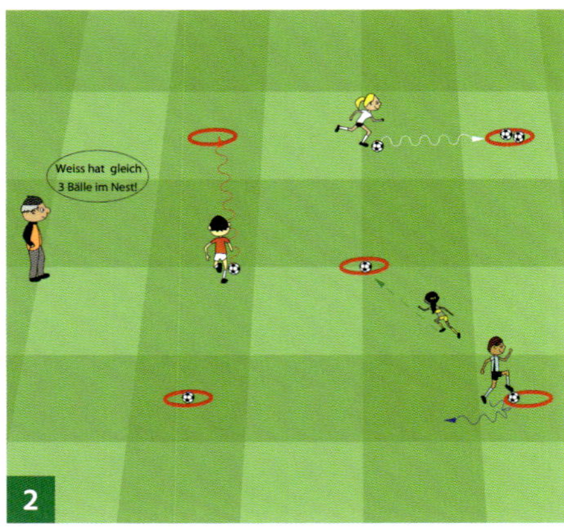

SPIELIDEE / ÜBUNGSLAUF

Der Trainer teilt vier Kinder ein. Jedes Kind hat ein Osternest (einen Reifen), in dem schon ein Ei (Ball) liegt. Außerdem liegen im großen Nest in der Mitte des Kreises noch drei Bälle. Sobald der Trainer das Startsignal gegeben haben, dürfen die Kinder losrennen, Bälle holen und mit der Hand in ihr eigenes Nest rollen. Sie können sowohl die Bälle aus der Mitte holen, als auch die Eier aus den Nestern der anderen Kinder „klauen". Jeder darf allerdings immer nur einen Ball und nicht mehrere gleichzeitig transportieren. Welches Kind hat zuerst drei Eier in seinem Nest? **(Grafik 1).**

HINWEISE

- Falls keine Reifen vorhanden sind, kann man ein Hütchenviereck als Nest benutzen oder die Bälle einfach um sein Hütchen herumlegen
- Das Spiel kann auch mit mehr als vier Kindern durchgeführt werden

VARIATIONEN

II Die Bälle werden nicht mehr mit der Hand geholt, sondern mit dem Fuß gedribbelt **(Grafik 2)**

III Es werden unterschiedliche Bälle genommen und diesen dann die entsprechende Technik zugewiesen: Tennisbälle werden getragen, Softbälle gerollt und Fußbälle mit dem Fuß gedribbelt

WIRBELSTURM

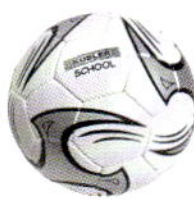
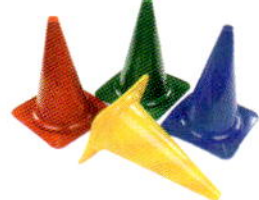

Variabilitätsdruck Zeit	Komplexitätsdruck Zeit		I

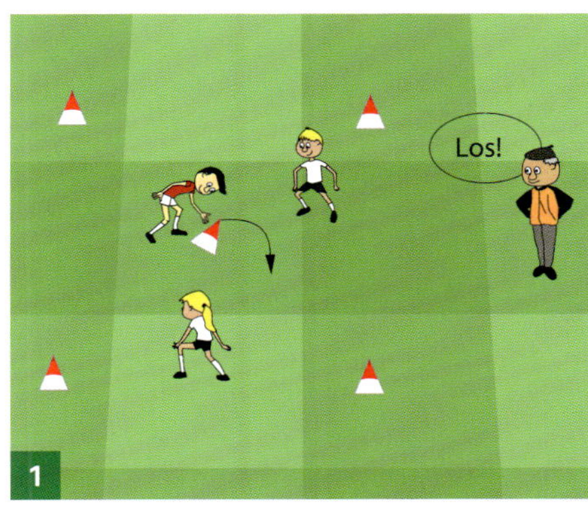

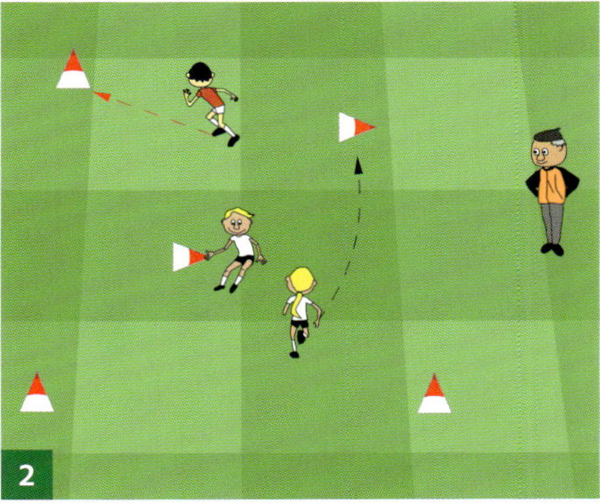

SPIELIDEE / ÜBUNGSLAUF

Der Trainer stellt mehrmals je fünf Hütchen in einer „Würfel 5" auf und teilt jedem Aufbau drei Spieler (zwei Wächter und den Wirbelsturm) zu. Auf ein Startsignal versucht der Wirbelsturm (rotes Hemd), möglichst viele der Hütchen umzustoßen. Die beiden Wächter stellen die umgekippten Hütchen wieder auf. Schafft es der Fänger, alle Hütchen umzukippen? Dauer ca. 30 bis 45 Sekunden, danach Rollenwechsel **(Grafik 1 und 2)**.

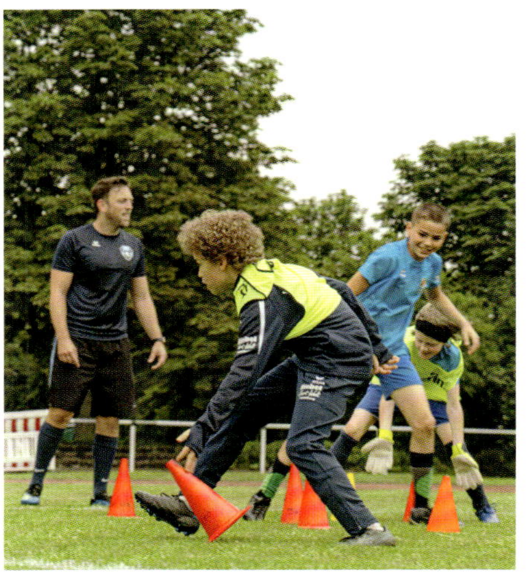

VARIATIONEN

- I Die Hütchen können auch „wild durcheinander" aufgestellt werden
- II Auf fünf Kinder (drei Wächter, zwei Wirbelstürme und sieben bis neun Hütchen) erweitern
- III Alle Kinder dribbeln mit Ball am Fuß

HINWEISE

- Die Anzahl der aufgestellten Hütchen kann beliebig erhöht werden

FARBKREIS

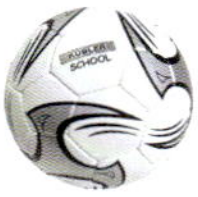
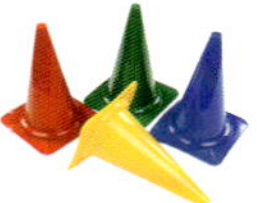

Variabilitätsdruck Zeit	Komplexitätsdruck Zeit	Passen	I

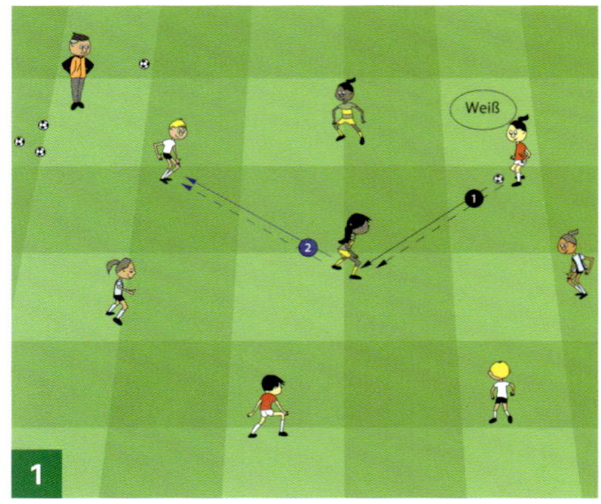

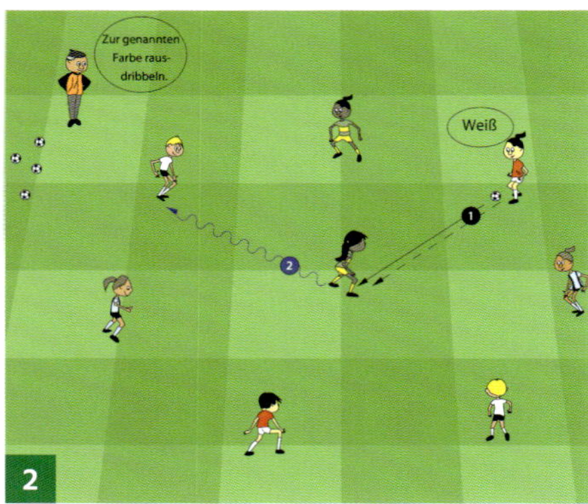

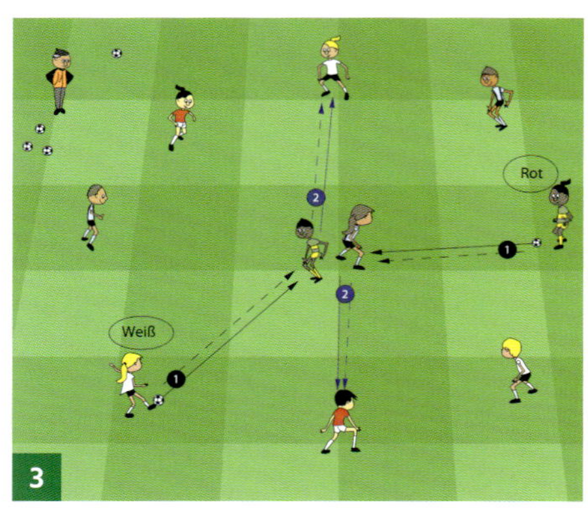

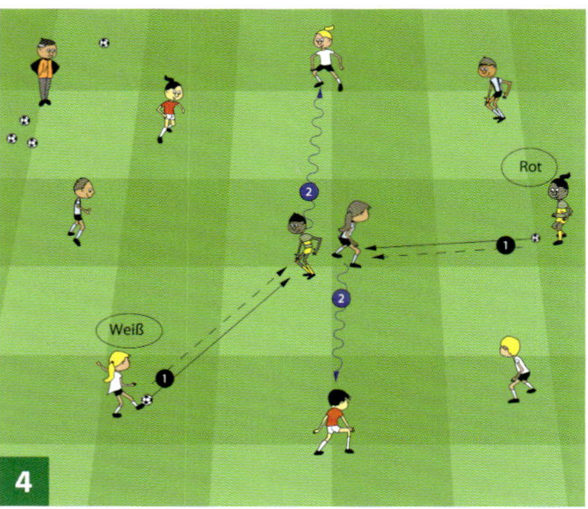

SPIELIDEE / ÜBUNGSLAUF

Die Spieler einer Gruppe (ca. sechs bis acht Kinder) tragen Leibchen in drei unterschiedlichen Farben und stellen sich im Kreis auf (z. B. im Mittelkreis), wobei ein Spieler sich in der Mitte des Kreises befindet. Der Spieler 1 hat außen den Ball, spielt den Spieler 2 in der Mitte an und ruft ihm eine Farbe zu. Der Spieler 1 läuft seinem Pass nach und nimmt die Position des Spielers 2 ein. Der Spieler 2 spielt den Ball zu einem Spieler mit der entsprechenden Leibchenfarbe (Spieler 3). Er läuft seinem Pass ebenfalls nach und nimmt die Position von Spieler 3 ein, der wiederum den jetzt in der Mitte positionierten Spieler 1 zusammen mit einem Farbkommando anspielt usw. **(Grafik 1).**

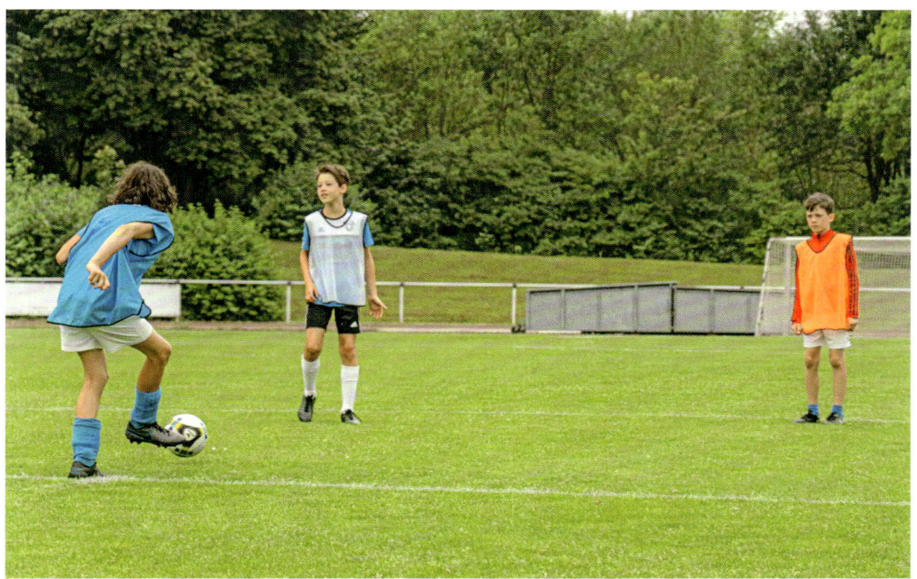

VARIATIONEN

- I Zur angesagten Farbe nach außen dribbeln anstatt passen **(Grafik 2)**
- II Die Namen der Kinder ansagen, zu denen der Ball gepasst/gedribbelt werden soll, so dass immer nur ein Zuspiel in Frage kommt
- II Die Gruppe auf ca. neun bis zehn Spieler vergrößern, von denen zwei Spieler zeitgleich in der Mitte sind (Schulterblick thematisieren) – zwei Bälle verwenden **(Grafik 3)**
- III Mit zwei Kontakten spielen (stoppen und zum betreffenden Spieler passen), ohne dass der Ball ruhen darf **(Grafik 4)**

HINWEISE

- Zu Beginn kann der Spieler in der Mitte auch ohne Vorgabe zu einem beliebigen Mitspieler dribbeln/passen
- Das Spiel kann auch mit der Hand gespielt werden (Fangen/Werfen), damit sich die Spielidee festigt bzw. Torwarttechniken verwendet werden
- Falls keine drei Leibchenfarben vorhanden sind, können zwei Leibchenfarben und „bunt" (die Kinder ohne Leibchen) als dritte Farbe genommen werden
- Organisationsform kann genutzt werden, um es mit Weltreise (S. 38), Balljagd (S. 56), Dinofußball (S. 58) oder Teufelskreis (S. 54) zu verknüpfen

TEUFELSKREIS

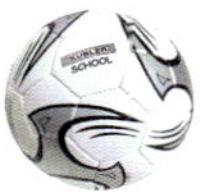

Komplexitätsdruck Zeit	Präzisionsdruck Ablauf	Dribbeln raumorientiert	I

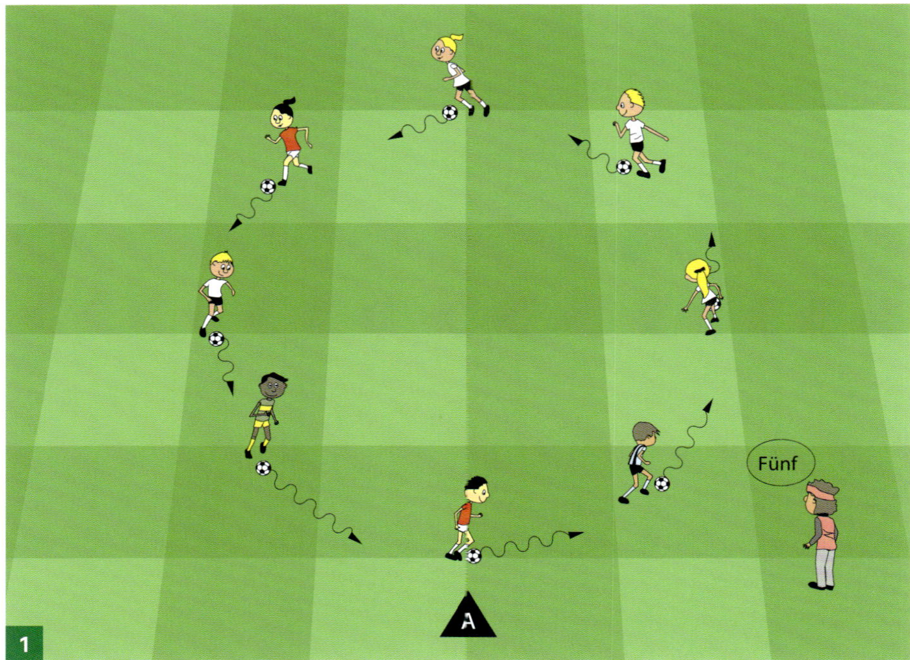

SPIELIDEE / ÜBUNGSLAUF

Der Trainer bildet eine oder mehrere Gruppen mit ca. sechs bis neun Spielern, die jeweils einen Ball haben und sich im Kreis aufstellen (eventuell Mittelkreis nutzen). Jede der nachfolgenden Übungen kann nacheinander durchgeführt werden, auch über mehrere Trainingseinheiten hinweg. Die Kinder dribbeln mit Ball am Fuß im Uhrzeigersinn **(Grafik 1)**. Auf Kommando stoppen alle Kinder ihren Ball mit der Sohle und beim nächsten Kommando:

- dribbeln sie mit ihrem Ball weiter (im Uhrzeigersinn)
- dribbeln sie mit ihrem Ball in die andere Richtung weiter (gegen den Uhrzeigersinn)
- lassen sie ihren Ball liegen und dribbeln mit dem Ball des Vordermannes weiter (im Uhrzeigersinn).
- lassen sie ihren Ball liegen und dribbeln mit dem Ball des Vordermannes in die andere Richtung weiter (gegen den Uhrzeigersinn)

- lassen sie ihren Ball liegen und dribbeln mit dem Ball des Hintermannes weiter (gegen den Uhrzeigersinn)
- lassen sie ihren Ball liegen und dribbeln mit dem Ball des Hintermannes in die andere Richtung weiter (im Uhrzeigersinn)

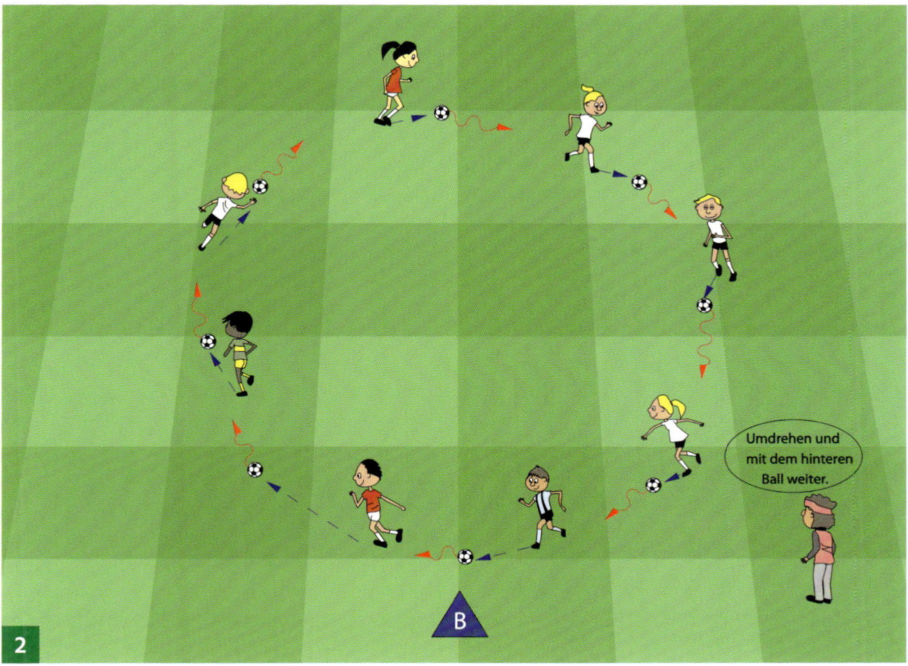

VARIATIONEN

II Der Ball wird auf ein entsprechendes Kommando nicht mehr gestoppt. Die Spieler lassen ihn weiterrollen, damit er direkt vom Hintermann aufgenommen werden kann **(Grafik 2)**

HINWEISE

- Die Gruppengröße und der Aufbau (z. B. als Quadrat oder entlang des 16-m-Raums) können variiert werden
- Die Organisationsform kann auch für die Spiele Weltreise (S. 38), Balljagd (S. 56), Dinofußball (S. 58) und Farbkreis (S. 52) genutzt werden

BALLJAGD

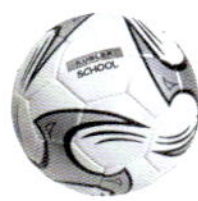
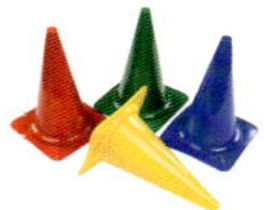

Komplexitätsdruck Zeit	Zeitdruck Ablauf	Passen	I

SPIELIDEE / ÜBUNGSLAUF

Der Trainer teilt eine Gruppe von ca. acht bis zehn Kindern ein, die sich in zwei Teams aufteilen (je vier bis fünf Spieler von Team A und B). Die Gruppe stellt sich gemäß der Teameinteilung abwechselnd im Kreis auf, d. h. Spieler A – Spieler B – Spieler A usw. Beide Teams haben einen Ball. Zu Spielbeginn befindet sich jeweils ein Ball beim Spieler A (weiß) unten in der Grafik 1 und beim Spieler B (rot) rechts oben in der Grafik. Auf ein Startsignal wird der Ball im Uhrzeigersinn immer dem nächsten Mitspieler zugepasst (also am gegnerischen Spieler vorbei zum Spieler der eigenen Mannschaft). Zu Beginn mit zwei Pflichtkontakten spielen (stoppen und passen). Ziel des Teams A ist es, schneller zu passen als das Team B und deren Ball einzuholen bzw. zu überholen oder einen Fehler auszunutzen.

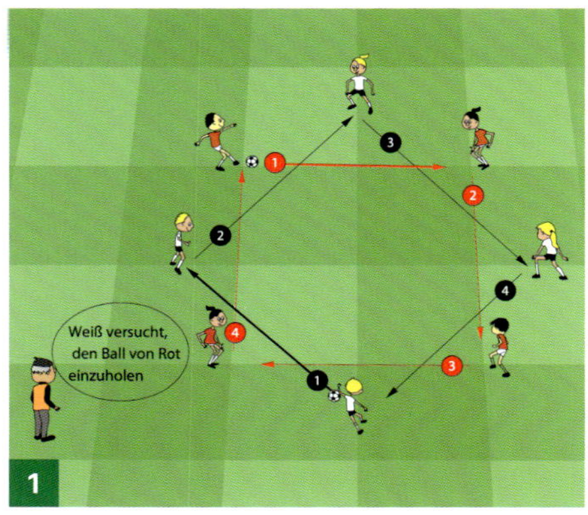

HINWEISE

- Zur besseren Orientierung die Positionen mit Hütchen markieren
- Mehrere Gruppen gleichzeitig einteilen/aufstellen
- Der Ball kann zu Beginn mit der Hand gerollt bzw. geworfen werden, damit sich die Spielidee festigt bzw. eine Torwarttechnik verwendet wird
- Die Organisationsform kann genutzt werden, um es mit Dinofußball (S. 58), Weltreise (S. 38), Teufelskreis (S. 54) oder Farbkreis (S. 52) zu verknüpfen

VARIATIONEN

II Richtungswechsel einbauen (und gegebenenfalls mit dem schwachen Fuß passen)

II Technik variieren: Aus der Hand köpfen oder volley mit der Innenseite/dem Spann zum Nächsten spielen, der den Ball fängt usw.

II Direkt spielen

III Der Ball wird in der Luft jonglierend weitergespielt (ohne Kontaktvorgabe)

TRIANGEL

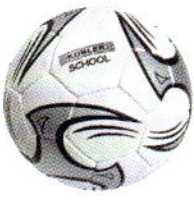

Komplexitätsdruck Zeit	Passen	Ballannahme/ -mitnahme	I

SPIELIDEE / ÜBUNGSLAUF

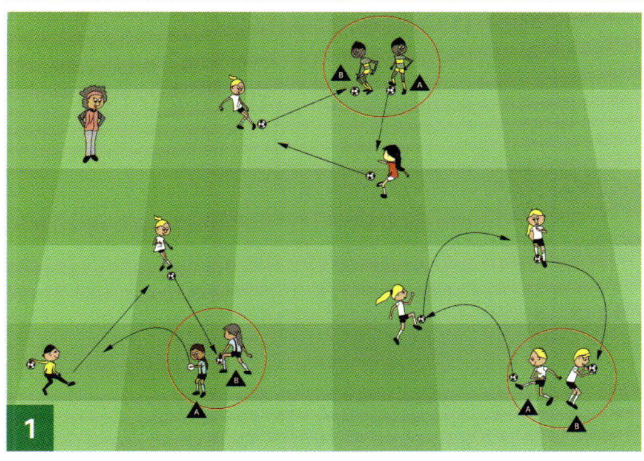

Der Trainer teilt die Mannschaft in Dreiergruppen ein. Die Gruppen stellen sich in Dreiecksform (Abstand ca. 2 bis 3 Meter) auf. Jedes Kind hat einen Ball. Auf ein Kommando passen alle Kinder ihren Ball im Uhrzeigersinn weiter und stoppen kurz danach den vom anderen Kind zugepassten Ball. Welcher Gruppe gelingt es ohne Fehler?

VARIATIONEN

- I Die Richtung wechseln
- I Die Technik variieren, z. B. passen mit dem linken Fuß, volley aus der Hand köpfen oder mit der Innenseite/dem Spann spielen und dann den ankommenden Ball fangen
- II Passrhythmus mit Richtungswechsel kombinieren, z. B. dreimal im, danach zweimal gegen den Uhrzeigersinn
- II Der Ball wird fortlaufend mit zwei Kontakten (stoppen und spielen; danach direkt) und nicht erst nach Kommando gepasst
- III Unterschiedliche Bälle nehmen. Ball 1 wird am Boden gepasst, Ball 2 wird geworfen/gefangen und Ball 3 wird hochgeworfen/weitergeköpft. Dementsprechend variiert die Technik, mit der der kommende Ball angenommen wird

HINWEISE

- Der Start kann mit zwei Bällen erfolgen
- Der Ball kann zu Beginn mit der Hand gerollt bzw. geworfen werden, damit sich die Spielidee festigt bzw. eine Torwarttechnik verwendet wird
- Theoretisch kann man die Übung auch zu zweit machen, indem sich die Kinder leicht versetzt gegenüberstehen, damit sich die Bälle nicht treffen
- Weitere Einteilungsmöglichkeiten: in Vierergruppen mit Aufstellung in einem Quadrat oder in Fünfergruppen mit Aufstellung im Pentagon

DINOFUßBALL 2.0

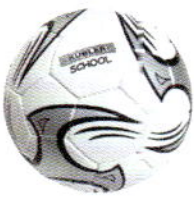

Organisationsdruck Zeit	Passen	Direktspiel	I

SPIELIDEE / ÜBUNGSLAUF

Der Trainer teilt mehrere Gruppen mit ca. fünf bis sieben Spielern ein. Diese fassen sich mit ausgestreckten Armen an den Händen und stellen sich im Kreis auf.

A: Jede Gruppe bekommt zuerst einen, später zwei Bälle, die sie sich fortlaufend direkt zupassen müssen, ohne dass ein Ball den Kreis verlässt. Welche Gruppe schafft es länger? **(Grafik 1)**

B: Jede Gruppe versucht weiterhin, sich die beiden Bälle zuzupassen und muss dabei gleichzeitig eine Strecke von ca. 20 Meter überbrücken. Welche Gruppe schafft es (als Erste), ohne dass ein Ball den Kreis verlässt? **(Grafik 2)**

HINWEISE

- Zu Beginn können auch zwei Kontakte erlaubt sein (stoppen und passen)
- die Kinder halten gemeinsam ein Leibchen oder ein Seil, anstatt sich an den Händen zu fassen
- Die Organisationsform kann genutzt werden, um das Spiel mit Weltreise (S. 38), Balljagd (S. 56), Teufelskreis (S. 54) oder Farbkreis (S. 52) zu verknüpfen

VARIATIONEN

I Die Gruppe muss sich im Kreis drehen (gegebenenfalls Richtung wechseln)

II Die Gruppe fasst sich an den Händen und spielt dabei einen Ball innerhalb des Kreises nach dem Aufspringen immer wieder mit dem Fuß in die Luft (vgl. Soccer Airline S. 48). Wer schafft die meisten Wiederholungen?

III Ein Ball: Ein Kind kommt in die Mitte des Kreises und versucht, den Ball zu erobern

DREHWURM

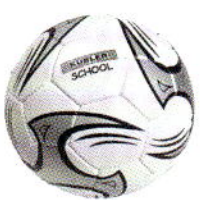
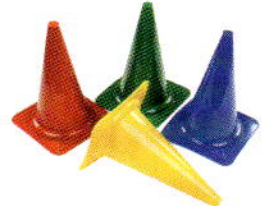

Organisationsdruck Zeit	Zeitdruck Ablauf	Dribbeln gegnerorientiert	I

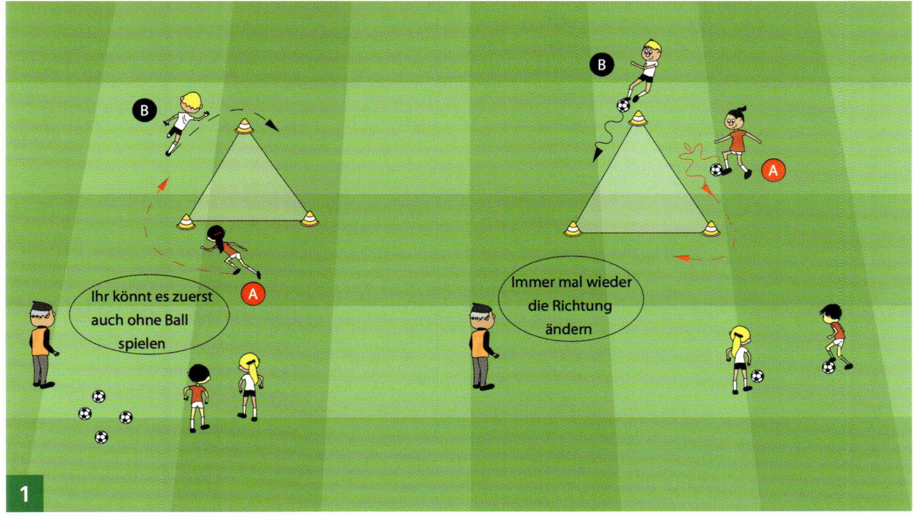

SPIELIDEE / ÜBUNGSLAUF

Der Trainer baut Hütchendreiecke auf (Abstand der Hütchen zueinander jeweils ca. 2 Meter) und teilt jedem Aufbau vier Spieler zu. Zwei Kinder haben einen Ball am Fuß und beginnen mit dem ersten Durchgang. Auf ein Kommando des ÜL beginnt eine Verfolgungsjagd: B startet dribbelnd, A beginnt mit der Verfolgung, sobald B an der oberen Spitze des Dreiecks angekommen ist. A versucht – ebenfalls mit seinem Ball am Fuß – B zu fangen. Beide Kinder dürfen nur um das Dreieck herum dribbeln und nicht durch das „Innere" des Dreiecks hindurchlaufen. Nach Beendigung des Durchgangs ist das wartende Duo an der Reihe. Die Spieler A und B haben eine kurze Pause. Im zweiten Durchgang erfolgt dann ein Rollentausch.

VARIATIONEN

- I Als reines Fangspiel ohne Ball spielen
- III Mit dem schwachen Fuß dribbeln

HINWEISE

- Der Aufbau kann auch einem Kreis, Viereck oder Fünfeck ähneln
- Der Fänger kann ständig die Richtung wechseln, Lauftäuschungen oder auch Pausen einbauen, um den Gejagten zu überraschen

ZWILLINGSFUßBALL

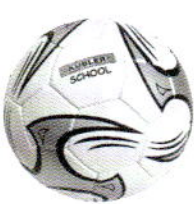
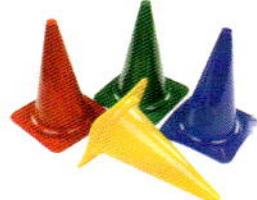
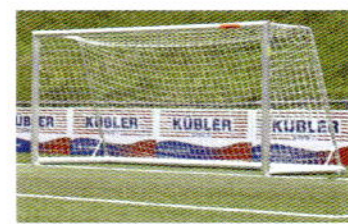

Organisationsdruck Zeit	Komplexitätsdruck Zeit	Variabilitätsdruck Zeit	II

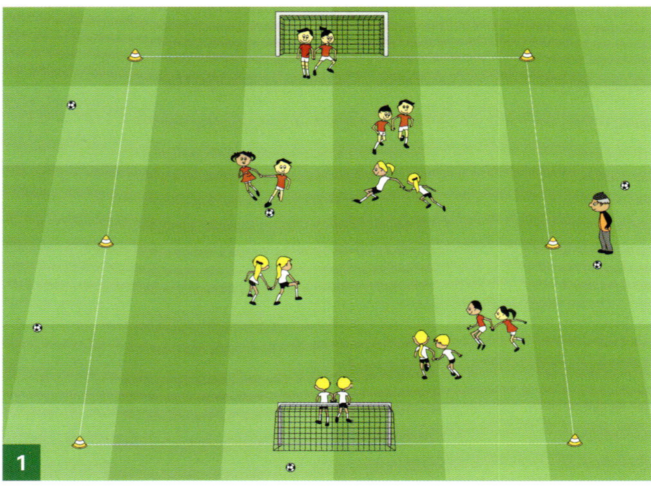

SPIELIDEE / ÜBUNGSLAUF

Der Übungsleiter baut ein rechteckiges Feld (Maße abhängig von der Spielerzahl) auf mit zwei Toren und teilt zwei Mannschaften ein. Die Kinder eines Teams gehen paarweise zusammen und halten sich an den Händen (Siamesische Zwillinge). Bei ausreichender Spieleranzahl geht jeweils ein Torhüterpaar ins Tor und hält sich an den Händen (ansonsten reicht ein Kind als Torwart). Es wird ganz normal Fußball gespielt, wobei jedes Paar immer miteinander verbunden bleibt, d. h. sich immer an den Händen halten muss (beim Freilaufen, Dribbeln, Passen und Torabschluss).

HINWEISE

- Bei ungerader Mannschaftsstärke kann ein Kind auch alleine (und eventuell nur mit dem schwachen Fuß) spielen
- Bei hygienischen Bedenken können die Kinder auch gemeinsam ein Leibchen oder ein Seil halten
- Zum Abschluss empfiehlt es sich, ein normales Spiel zu machen

VARIATIONEN

II Folgende drei Varianten aneinanderreihen:

1. Drittel: Sitzfußball
2. Drittel: Gehfußball (es darf mit und ohne Ball nicht gelaufen, sondern nur gegangen werden!)
3. Drittel: Zwillingsfußball

REIßVERSCHLUSS

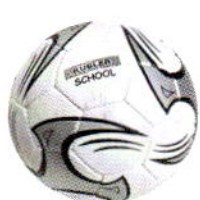
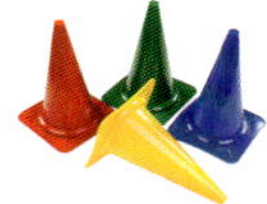

Laufkoordination	Präzisionsdruck Ablauf	Organisationsdruck	I

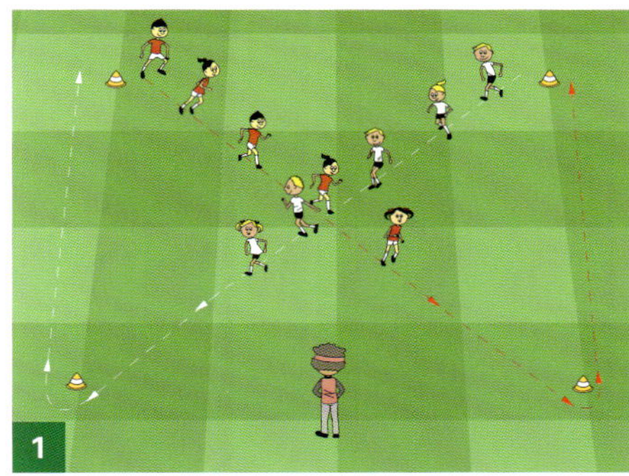
1

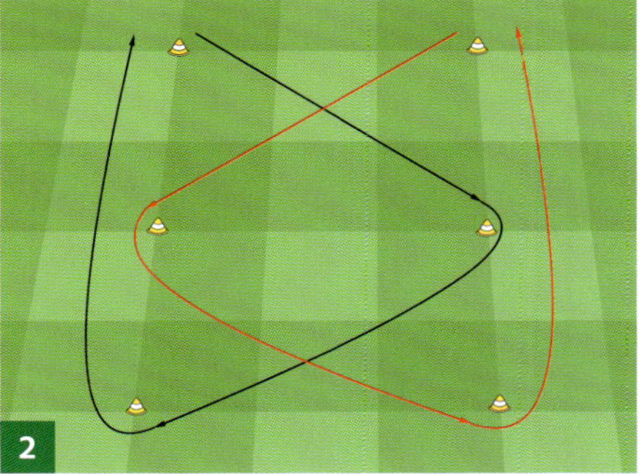
2

SPIELIDEE / ÜBUNGSLAUF

Der Übungsleiter baut mit vier Hütchen Quadrate (Seitenlänge ca. 8 Meter) auf. Pro Aufbau werden zwei Gruppen mit vier bis sechs Spielern gebildet, die sich am linken bzw. rechten Starthütchen hintereinander aufstellen. Auf Kommando läuft jede Gruppe diagonal mit ca. 1 Meter Abstand der Kinder zum Vorder-/Hintermann zum gegenüber aufgestellten Hütchen und danach gerade zurück, so dass sie am Starthütchen der anderen Gruppe ankommt. In der Mitte des Feldes kommt es zu einer Kreuzung, bei der die Spieler der beiden Gruppen – wie bei einem Reißverschluss – jeweils abwechselnd aneinander vorbeilaufen, ohne dass es zu einer Kollision kommt **(Grafik 1).**

VARIATIONEN

- I Der Trainer gibt für die Diagonale Laufübungen vor (Hopserlauf, Knie hoch, Anfersen, Sidesteps, rückwärts laufen usw.; Rückweg dann wieder gerade)
- I Die Spieler haben einen Ball in der Hand und machen einige Technikübungen während des Laufens (Ball um die Hüfte kreisen lassen, Ball hochwerfen oder mit dem Oberschenkel hochspielen und fangen)
- II Die Spieler dribbeln mit Ball am Fuß
- III Es werden zwei Vierecke hintereinander aufgebaut, so dass die Laufwege variiert werden können und sich die Laufwege mehrmals kreuzen **(Grafik 2)**

HINWEISE

- Bei großen Gruppen können zwei Felder nebeneinander aufgebaut werden
- Die Positionen innerhalb der Gruppe immer wieder mal tauschen (entweder in einer Pause oder mit der Vorgabe, dass der Letzte auf dem geraden Rückweg an Position 1 sprinten muss)

FORMATIONSTANZ

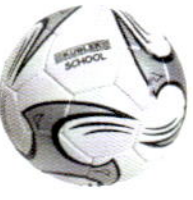

Laufkoordination	Dribbeln raumorientiert	Organisationsdruck	I

SPIELIDEE / ÜBUNGSLAUF

Eine Gruppe mit neun Spielern stellt sich in einer 3x3-Formation auf. Die Gruppe läuft auf das Startsignal des Trainers los. Sie muss exakt ihre Formation beibehalten und eine vorgegebene Strecke, z. B. ein Rechteck, gegen den Uhrzeigersinn ablaufen. Dabei müssen die Spieler beachten, dass sie nicht einfach um die Kurve laufen, sondern sich auf der Stelle um 90° drehen. Demnach ist der Spieler, der links vorne gelaufen ist nach dem Wechsel rechts vorne bzw. nach dem nächsten Wechsel rechts hinten **(siehe Grafik)**. Wenn die Aufgabe erfüllt wurde, kann das Formationslaufen im Dribbling mit Ball am Fuß durchgeführt werden. Jeder Spieler erhält dann einen Ball und die Strecke muss erneut in der Formation bewältigt werden. Die Spieler sollen innerhalb der Formation auch immer mal wieder die Position wechseln.

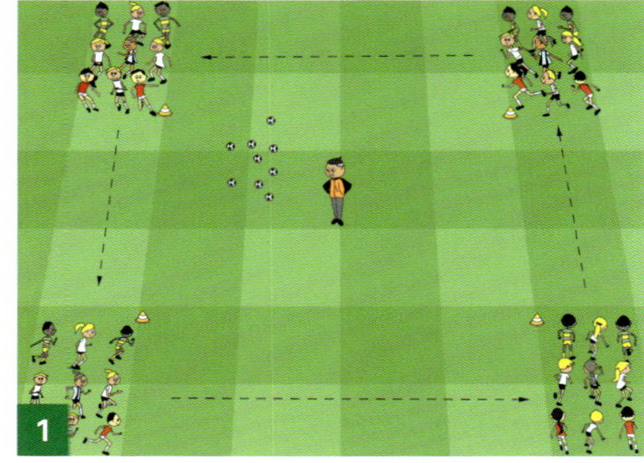

HINWEISE

- Die Formation kann auch weniger Spieler umfassen, z. B. vier (Quadrat 2-2) oder fünf Spieler (Würfelfünf 2-1-2)
- Gegebenenfalls die Absprache treffen, dass immer dieselbe Person oder die Person das Kommando gibt, die gerade links vorne läuft
- Der Richtungswechsel kann der Einfachheit halber auch durch eine Pause eingeleitet (Stopp-Vierteldrehung auf der Stelle/Neuausrichtung-Weiter) oder angekündigt werden (3-2-1)

VARIATIONEN

- I In die andere Richtung laufen
- I Die gerade Strecke mit einer leichten Slalomstrecke gestalten, bei der die Positionen nicht getauscht werden, sondern wellenförmig weitergelaufen wird
- I Frei im Raum laufen, so dass sowohl nach rechts, als auch nach links abgebogen werden kann
- II Die Formation nach Zahlen (z. B. 4-3-2) oder Formen (Speerspitze/ Kreis) ändern
- III Das Kommando „Richtungswechsel", also eine 180°-Drehung, einbauen

LOKOMOTIVE

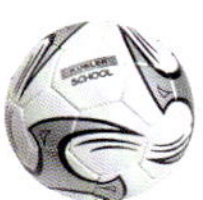
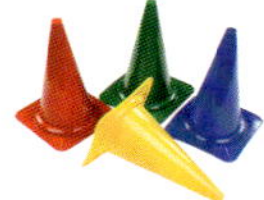

Laufkoordination	Zeitdruck Ablauf	Dribbeln raumorientiert	I

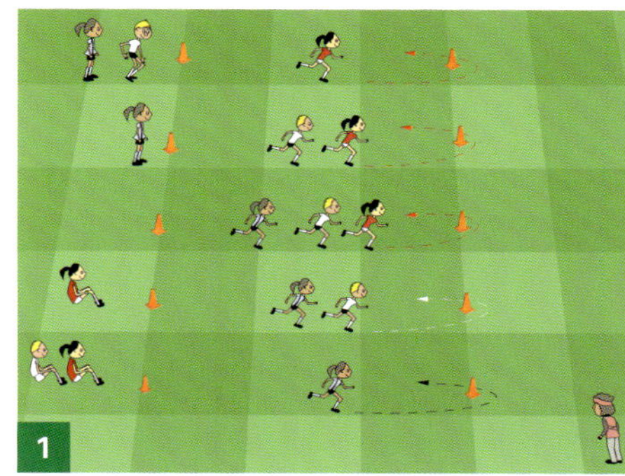
1

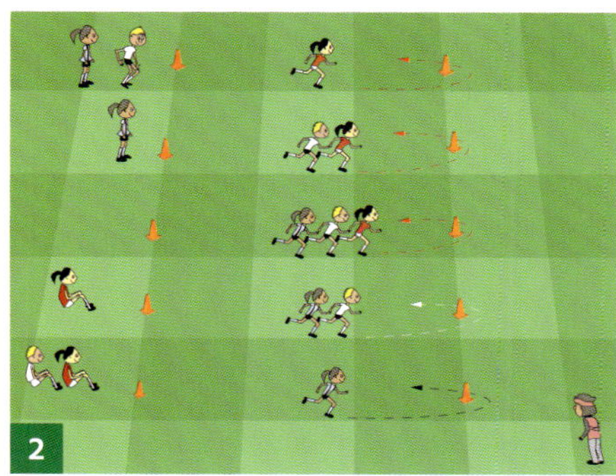
2

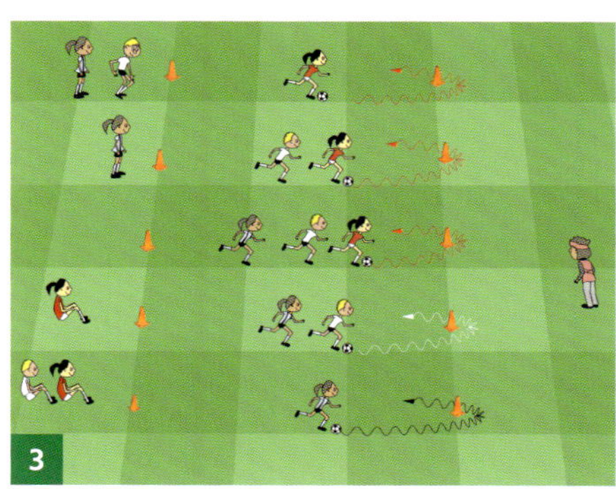
3

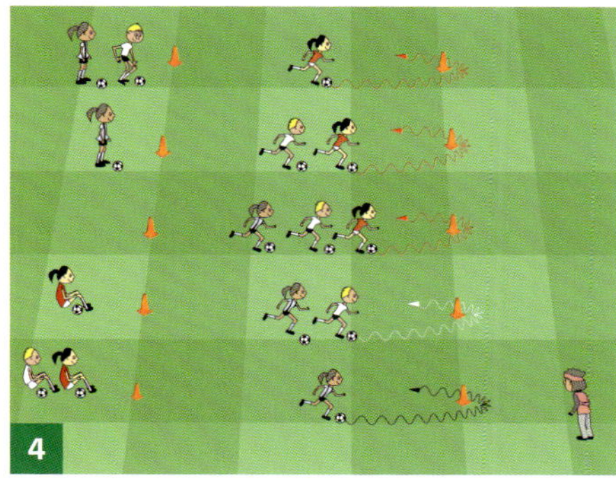
4

SPIELIDEE / ÜBUNGSLAUF

Der Trainer teilt Dreiergruppen ein und steckt für jede Gruppe eine Pendelstrecke von jeweils ca. 8 Metern ab. Die drei Spieler A, B und C stehen hintereinander am Starthütchen. Auf ein Kommando sprintet der vordere Spieler los, umrundet das Hütchen und kommt zurück (Lauf 1, jeweils Spieler A alleine). Dort angekommen, klinkt sich der zweite Spieler (als Waggon) ein und folgt dem ersten Spieler (Lokführer) hin und zurück (Lauf 2 in der Zweiergruppe mit A und B). Wieder am Starthütchen angekommen, klinkt sich der verbliebene dritte Spieler ein (Lauf 3 in der Dreiergruppe mit A, B und C). Danach klinkt sich Spieler A wieder aus (Lauf 5 mit B und C). Bei Lauf 6 klingt sich B aus und Spieler C läuft alleine. Jeder Spieler absolviert dann insgesamt drei Pendelläufe. Welche Lok absolviert die fünf Läufe am schnellsten und ist als erste wieder im Ziel? **(Grafik 1).**

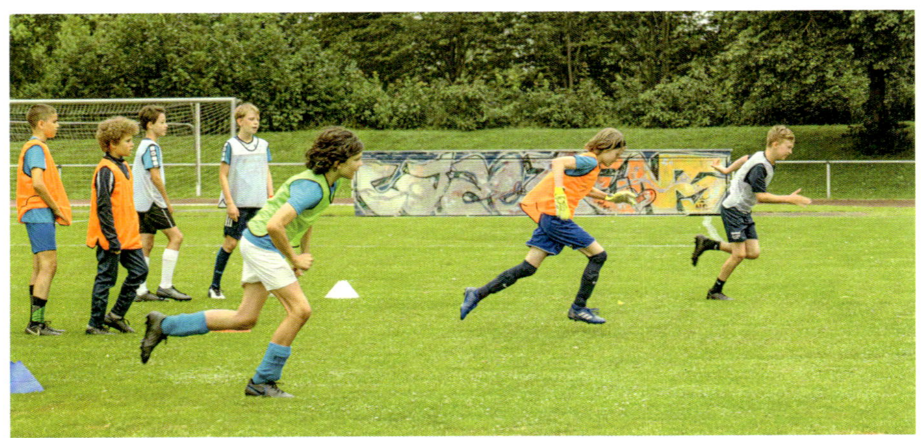

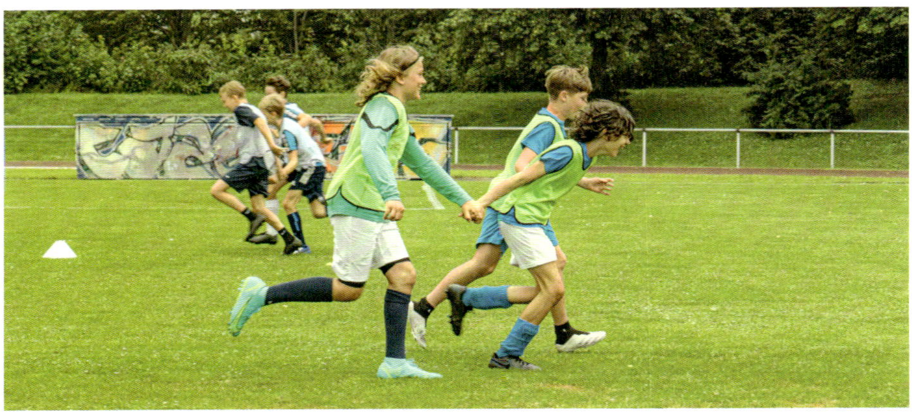

HINWEISE

- Aus hygienischen Gründen können die Kinder auch gemeinsam ein Leibchen oder Seil halten
- In einem abschließenden Spaßdurchgang können sich die Kinder an der Hand (bzw. am Leibchen) halten und alle drei jeweils einen Ball dribbeln
- In den vier Grafiken ist jeweils von oben nach unten der Übungsablauf einer Dreiergruppe dargestellt

VARIATIONEN

II Die Spieler laufen weiterhin hinter-/nebeneinander her und halten sich dabei an den Händen **(Grafik 2)**

III Das Kind, das gerade als Lokomotive vorne ist, dribbelt mit Ball am Fuß (in der Grundvariante; ohne, dass sie sich an den Händen halten), so dass die anderen nur so schnell laufen können wie die Lok mit Ball am Fuß dribbelt. Klinkt sich das vordere Kind aus, erfolgt die Ballübergabe am Starthütchen **(Grafik 3)**

III Alle drei Kinder haben einen Ball und dribbeln mit Ball am Fuß (als Lok oder als Waggon; ohne sich an der Hand zu halten; **Grafik 4**)

7

BALLSCHULE FUẞBALL

TAKTISCH-TECHNISCHE BASIS-KOMPETENZEN

FUẞBALLGERICHTET

Thorsten Damm & Maurice Müller

REGISTER

Name	Komplexität	Variation	Seite
Abschlussmöglichkeit nutzen			
Steilvorlage	II	I, III	88
Zwei zur Auswahl	II	I, III	90
Schrumpfende Tore	II	II, III	91
Inside out	II	II, III	93
Räumliche Positionsverteilung erkennen			
Kreismeister	I	I, II	95
Irrgarten	II	II, III	96
Rechts vor links	II	II, III	97
Gewimmel	II	I, II, III	98
Räume verdichten			
Ballwächter	I	II, III	99
Streetball	II	II, III	101
Ausbrecher	II	II, III	103
Kooperativ verteidigen			
Fußball-Rugby	II	II, III	104
Vier-Tore-Ball	II	II, III	105
Matrix	II	II, III	106

WECHSELBALL 2.0

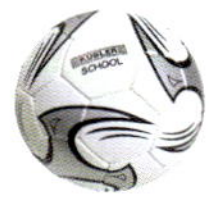
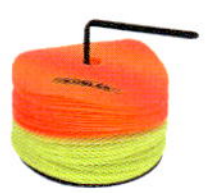

Anbieten & Orientieren	Passen	Dribbeln raumorientiert	II

SPIELIDEE / ÜBUNGSLAUF

Eine Gruppe von acht oder zehn Spielern stellt sich in der abgebildeten Formation auf. Die Spieler an den zwei gegenüberliegenden Eckpunkten haben jeweils einen Ball am Fuß. Auf ein Startkommando passen beide Spieler den Ball und laufen danach auf die diagonal gegenüberliegende Position (es wird immer positionsgetreu zwischen blauen und roten Hütchen gependelt). Der nächste Spieler stoppt den Ball, passt ihn mit zwei Kontakten weiter (stoppen und spielen) und läuft auf die gegenüberliegende Position usw. Die Technik, mit der der Ball befördert wird, kann verändert werden, z. B.:

- Die Kinder halten den Ball in der Hand, werfen ihn sich hoch und köpfen ihn zum nächsten Kind (Abstand der Kinder zueinander verringern)
- Die Kinder halten den Ball und spielen ihn volley aus der Hand mit der Innenseite/dem Spann zum nächsten Kind (Abstand der Kinder zueinander verringern)
- Die Kinder dribbeln zum nächsten Kind, übergeben den Ball und laufen danach auf die ursprünglich zugewiesene Position im Uhrzeigersinn

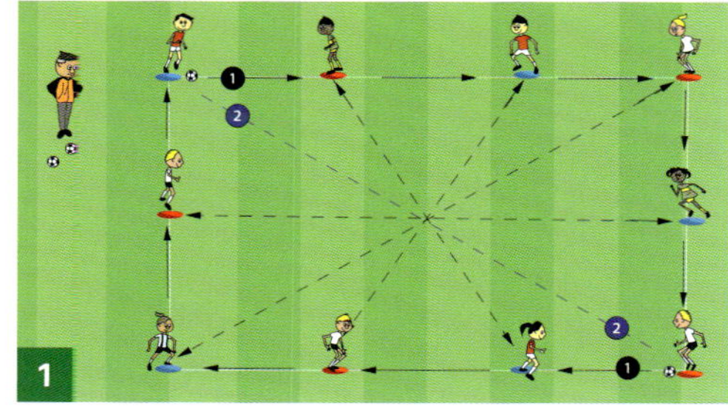

HINWEISE

- Der Ball kann zu Beginn auch mit der Hand gerollt bzw. geworfen werden, damit sich die Spielidee festigt bzw. eine Torwarttechnik verwendet wird
- Die Kinder an den Eckpunkten haben den längsten Weg. Deshalb zwischendurch die Positionen wechseln
- Die Organisationsform kann genutzt werden, um Dinofußball 2.0 (S. 58) oder Balljagd (S. 56) zu spielen

VARIATIONEN

- II Die Spielrichtung ändern (gegen den Uhrzeigersinn)
- II Beim Diagonallauf Laufübungen (Hopserlauf, Sidesteps, rückwärts laufen usw.) oder motorische Zusatzaufgaben einbauen
- II Die Kinder spielen einen Doppelpass bevor sie auf die gegenüberliegende Position laufen (A zu B, B zurück zu A, A wieder zu B, wonach A losläuft und B dasselbe mit C macht)

AIRBALL

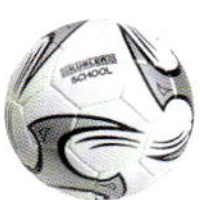
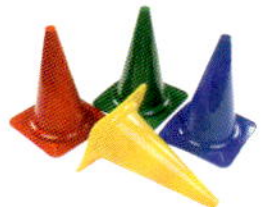

Anbieten & Orientieren	Ballbesitz sichern	Passen	II

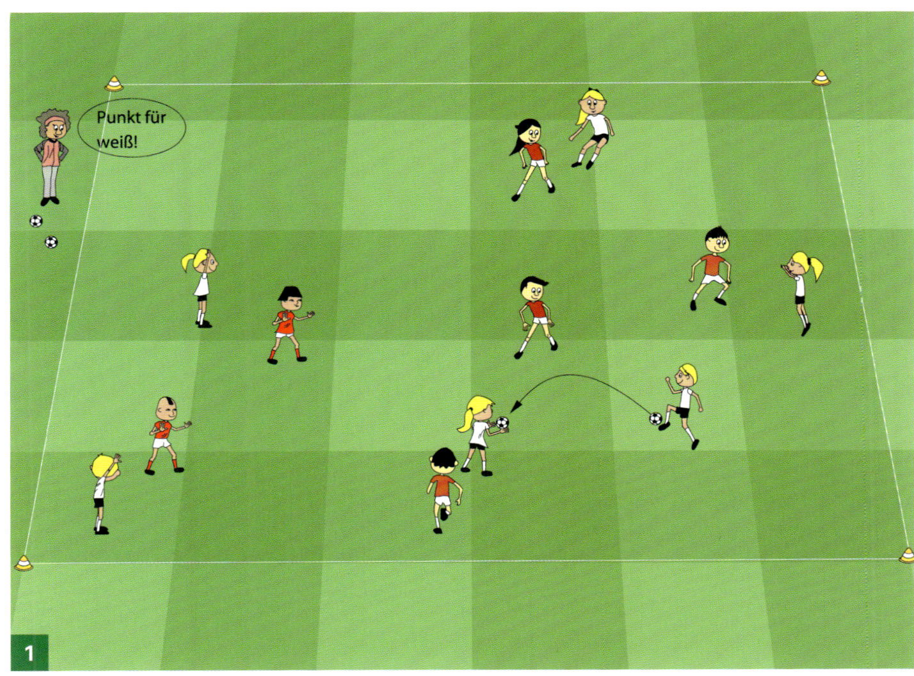

SPIELIDEE / ÜBUNGSLAUF

Der Trainer steckt ein Feld ab (ca. 12 x 18 Meter) und teilt zwei Gruppen mit je ca. sechs Spielern ein. Die Teams spielen mit der Hand gegeneinander um den Ballbesitz und passen sich den Ball untereinander zu (Fangen/Werfen).

A: Die Spieler versuchen, sich so freizulaufen, dass sie nach Ballerhalt Raum und Zeit haben, einen Pass zum Mitspieler mit der Hand und einer fußballspezifischen Technik zu gestalten (hochwerfen und zum Partner köpfen, hochwerfen und volley mit dem Spann/der Innenseite zum Mitspieler passen). Jeder Pass dieser Art ergibt einen Punkt **(Grafik 1)**.

B: Die Spieler versuchen, sich so freizulaufen, dass sie nach Ballerhalt Raum und Zeit haben, den zugeworfenen Ball eines Mitspielers mit einer fußballspezifischen Technik zurück zum Passgeber zu spielen (Kopfball, Volley Spann/Innenseite usw.), der den Ball wieder fängt. Dieses Rückspiel ergibt einen Punkt. Nach einem Punktgewinn erfolgt ein Ballbesitzwechsel.

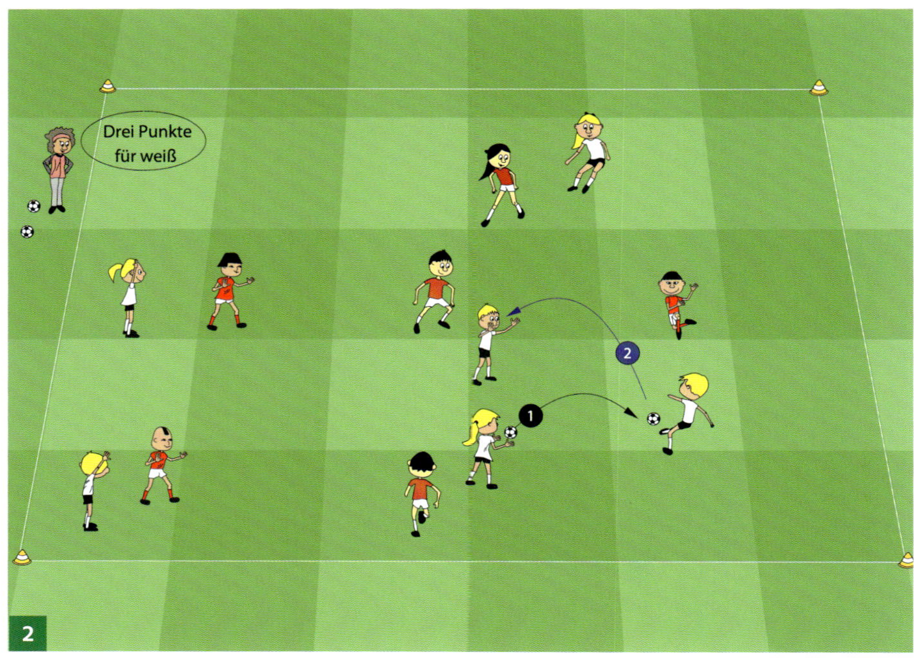

HINWEISE

- Zu Beginn kann das Spiel auch wie ein reguläres Parteiballspiel nur mit der Hand gespielt werden. Das Team, das zehn aufeinanderfolgende Pässe schafft, bekommt einen Punkt
- Schrittregel einführen
- Die Regel einführen, dass es ebenfalls zu einem Ballbesitzwechsel kommt, wenn der Ball den Boden berührt

VARIATIONEN

II Für einen besseren Spielfluss bleibt die Mannschaft, die ein Treffer erzielt hat, in Ballbesitz. Es kann aber nicht mehrmals hintereinander ein Punktgewinn von denselben zwei Spielern erzielt werden

III Es gibt drei Punkte, wenn (bei Variante A) nach dem Pass aus der Hand von A zu B dieser den Ball direkt mit dem Fuß zu einem dritten Mitspieler C weiterspielt oder (bei Variante B) das Zuspiel nicht zum Passgeber zurück, sondern zu einem Dritten weiterspielt **(Grafik 2)**

HUMAN TIC-TAC-TOE

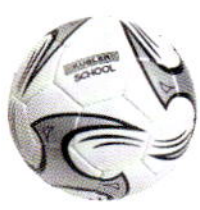
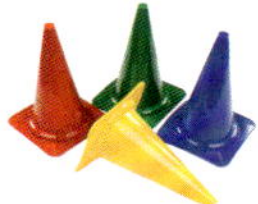
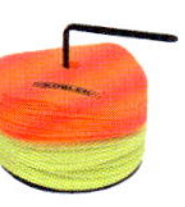

Anbieten & Orientieren	Dribbeln raumorientiert	Passen	II

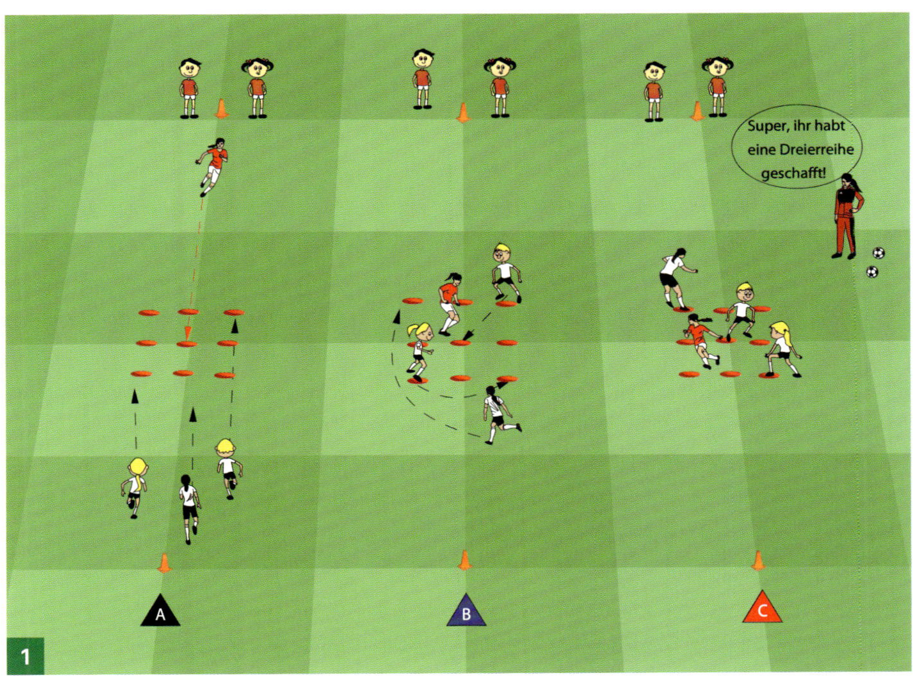

SPIELIDEE / ÜBUNGSLAUF

Grundspiel 1: Der Trainer teilt zwei Gruppen mit je vier Spielern ein, die ca. 10 Meter vom Tic-Tac-Toe-Feld entfernt stehen. Die ersten drei Spieler einer Gruppe haben jeweils ein Leibchen in der Hand, der vierte Spieler nicht. Auf ein Kommando startet der erste Spieler mit Ball am Fuß los, legt sein Leibchen ab, dribbelt zurück und übergibt den Ball an den wartenden Spieler, der danach losdribbelt. Dies machen die ersten drei Spieler mit dem Ziel, eine Dreierreihe zu legen. Der vierte Spieler bzw. die darauffolgenden Spieler dürfen dann jeweils ein bereits abgelegtes Leibchen umlegen bis eine Entscheidung gefallen ist.

Grundspiel 2: Der Trainer teilt zwei Gruppen mit je vier Spielern ein. Nach Kommando sprinten die beiden ersten Spieler der beiden Gruppen zu einem Hütchen und bleiben dort stehen. Sobald sie dort stehen, darf der nächste Spieler ihrer Gruppe starten und sich zu einem freien Hütchen stellen. Ist nach den ersten drei Läufen keine Entscheidung gefallen, sprintet Spieler 1 wieder zurück und

Spieler 4 los (bzw. danach Spieler 2 zurück und Spieler 1 wieder los usw.). Zur Unterscheidung der Gruppen Leibchen nutzen!

Zielspiel: (Grafik 1) Der Trainer teilt zwei Gruppen mit je drei Spielern ein (oder behält die Gruppengröße bei und gibt abwechselnd einem Kind eine Pause). Die drei Spieler laufen zeitgleich los und versuchen, eine Dreierreihe zu bilden. Mit dem Loslaufen der Spieler startet ein Kind der anderen Gruppe, das als Störenfried versucht, dies zu verhindern, indem es immer wieder das für die Dreierreihe der anderen Gruppe fehlende Hütchen selbst besetzt. Es ist nicht erlaubt, eine Dreierreihe entlang der ersten Hütchenreihe zu bilden!

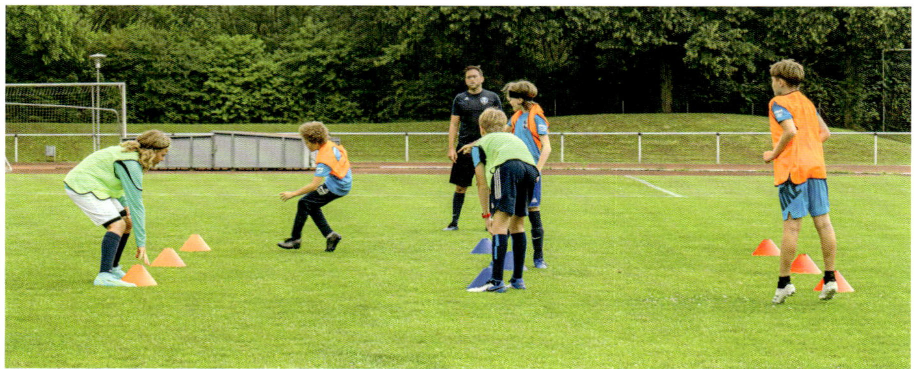

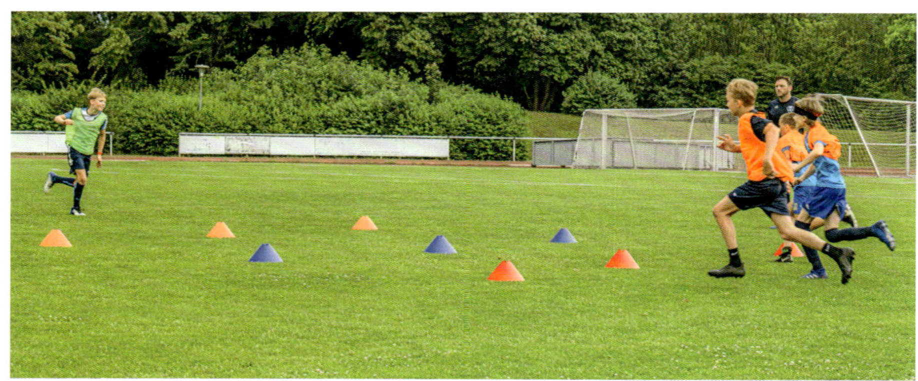

HINWEISE

- Die Felder gegebenenfalls mehrmals aufbauen
- Zum Zielspiel: für jeden Spieler der Gewinnermannschaft kann noch ein Ball für einen Zielpass in ca. 10 Metern Entfernung vor einem Mini-Tor platziert werden. Jeder Treffer ergibt einen Zusatzpunkt

VARIATIONEN

II Zu 1 und 2: Es wird mit Ball hin gedribbelt, das Leibchen abgelegt/umgelegt und zum wartenden Kind zurück gepasst (bei 1 dann noch nachgelaufen)

III Auf eine 3:2-Überzahl verringern: Zwei Verteidiger versuchen, die andere Dreiergruppe daran zu hindern, eine Dreierreihe zu erlaufen (gegebenenfalls Leibchen verwenden)

KOPFBALL-EIERLEGEN

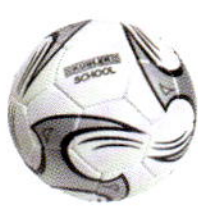
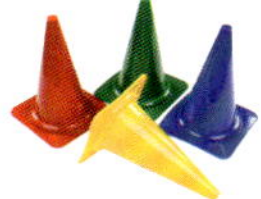
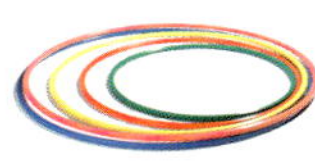

Anbieten & Orientieren | Ballbesitz sichern | II

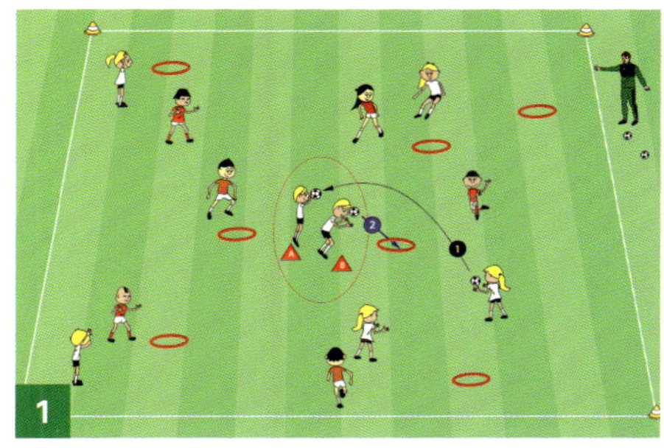

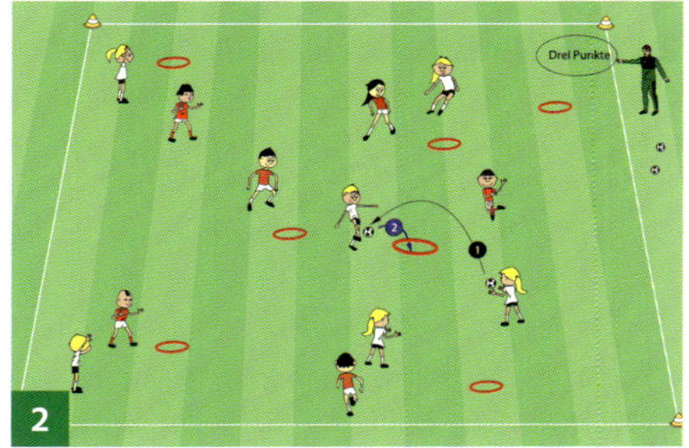

SPIELIDEE / ÜBUNGSLAUF

Der Trainer steckt ein Feld ab (ca. 12 x 18 Meter) und teilt zwei Gruppen mit je sechs Spielern ein. Er verteilt Reifen im Feld (zwei bis drei Reifen mehr verteilen als Spieler in einer Mannschaft sind). Die Teams spielen gegeneinander um den Ballbesitz und passen sich den Ball untereinander mit der Hand zu (Fangen/Werfen). Die Spieler in Ballbesitz versuchen, sich in unmittelbarer Nähe zu einem Reifen freizulaufen. Wer dort einen Pass fängt, kann einen Treffer erzielen, indem er den Ball hochwirft und in den Reifen köpft. Nach einem Treffer erfolgt ein Ballbesitzwechsel. Spieldauer 7 bis 10 Minuten. Welches Team erzielt mehr Treffer? **(Grafik 1)**

VARIATIONEN

- II Ein Punkt kann auch erzielt werden, indem man den Ball volley aus der Hand (Spann, Innenseite oder Oberschenkel) in den Reifen spielt
- II Die Mannschaft, die ein Treffer erzielt hat, bleibt in Ballbesitz (es kann aber nicht mehrmals hintereinander ein Treffer im selben Reifen erzielt werden)
- III Treffer, die direkt nach Zuwurf erzielt werden, indem der Spieler den Ball in den Reifen köpft bzw. mit dem Fuß in den Reifen befördert (ohne zu fangen), zählen dreifach **(Grafik 2)**

HINWEISE

- Zu Beginn kann das Spiel (wie in der allgemeinen Ballschule) nur mit der Hand gespielt werden. Treffer werden erzielt, indem der Ball im Reifen gefangen wird und/oder darin abgelegt wird (vgl. Band 1 der Buchreihe, S. 67)
- Als Vorübung eignet sich das Spiel Bulls Eye (S. 119)

HAND-FUß-HAND-BALL

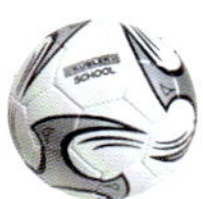
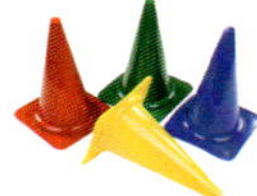
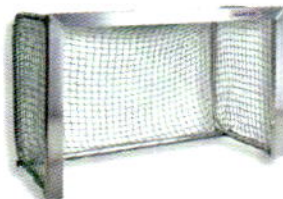

Ballbesitz sichern | Zweikämpfe führen | Dribbeln & Passen | II

SPIELIDEE / ÜBUNGSLAUF

Der Übungsleiter baut ein rechteckiges Feld auf (ca. 40 x 25 Meter), das in drei gleichgroße Zonen unterteilt wird. Es werden zwei Mannschaften mit je sechs bis acht Spielern + Torhüter gebildet. In Zone 1 darf nur mit der Hand gespielt werden, in der Mittelzone 2 nur mit dem Fuß und in der Zone 3 wieder nur mit der Hand. Das bedeutet z. B.: Dribbelt ein Spieler mit der Hand in Zone 1 muss er mit dem Übergang in die Zone 2 mit dem Fuß weiterdribbeln bzw. wirft ein Spieler aus der Zone 1 einen Pass zu einem Mitspieler in Zone 2, muss dieser ihn mit dem Fuß stoppen und weiterspielen. Tore werden durch Torwurf erzielt. Mit dem Ball in der Hand dürfen die Spieler nur drei Schritte laufen. Tore können auch aus der Mittelzone erzielt werden. Spieldauer ca. 8 bis 10 Minuten. Wer erzielt mehr Treffer?

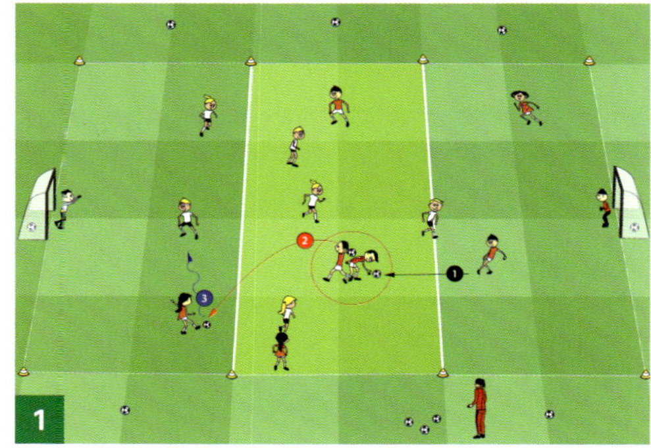

HINWEISE

- Statt des E-Jugendtors mit Torwart können auf jeder Torlinie zwei Mini-Tore platziert werden
- Die Zonen können beliebig gemischt werden, z. B. Hand-Hand-Fuß-Ball oder Fuß-Fuß-Hand-Ball
- Zur Markierung der Mittelzone können auch Markierungsscheiben genutzt werden
- Zum Abschluss empfiehlt es sich, ein normales Abschlussspiel ohne Zonen mit dem Fuß zu machen

VARIATIONEN

I Das Spielfeld nur in zwei Hälften unterteilen. In der einen Hälfte wird Handball, in der anderen wird Fußball gespielt

III Fuß-Hand-Fuß-Ball: In Zone 1 darf nur mit dem Fuß gespielt werden, in der Mittelzone 2 nur mit der Hand und in der Zone 3 wieder nur mit dem Fuß. Tore können durch Torschuss erzielt werden

BUM-BUM

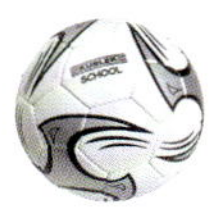
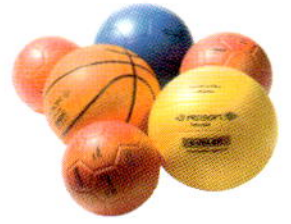
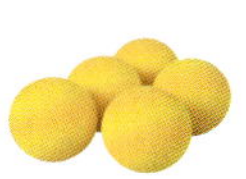
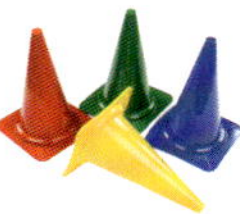

Ballbesitz sichern	Dribbeln gegnerorientiert		II

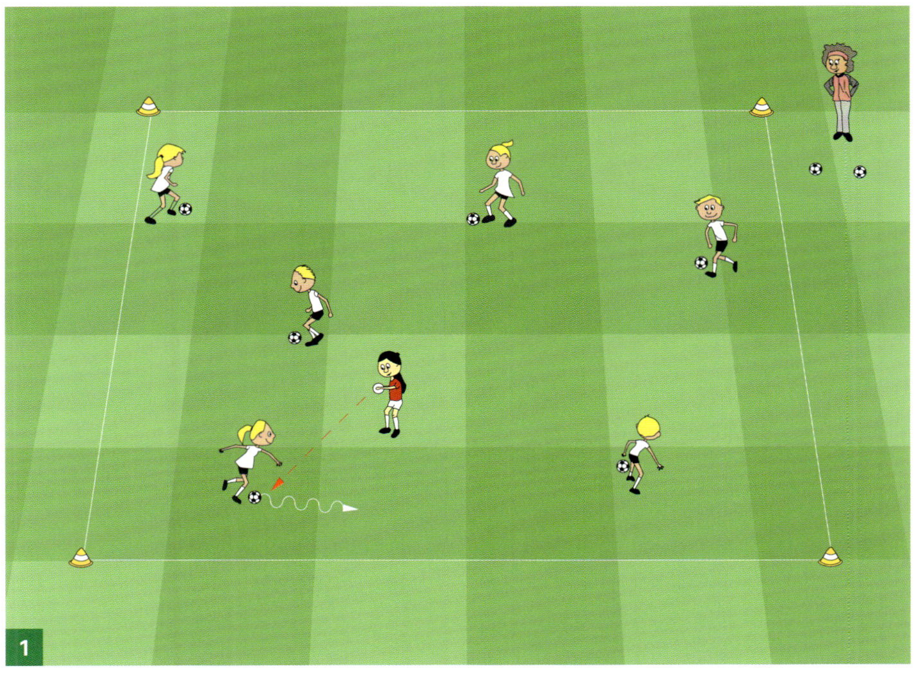
1

SPIELIDEE / ÜBUNGSLAUF

Der Trainer baut ein rechteckiges Feld (ca. 6 x 10 Meter) für eine Gruppe von sieben bis zehn Kindern auf und bestimmt einen Fänger, der einen Softball in der Hand hat. Die anderen ca. sechs bis neun Kinder verteilen sich im Feld – jeweils mit einem Ball am Fuß. Der Fänger hat die Aufgabe, mit dem Softball die Fußbälle der anderen Kinder abzuwerfen. Die Gejagten versuchen, durch geschicktes Dribbling dem Fänger und seinen Würfen zu entkommen. Jeder Fänger hat 60 bis 90 Sekunden Zeit, um so viele Treffer wie möglich zu erzielen. Dann wird ein neuer Fänger bestimmt. Wer erzielt die meisten Treffer? **(Grafik 1).**

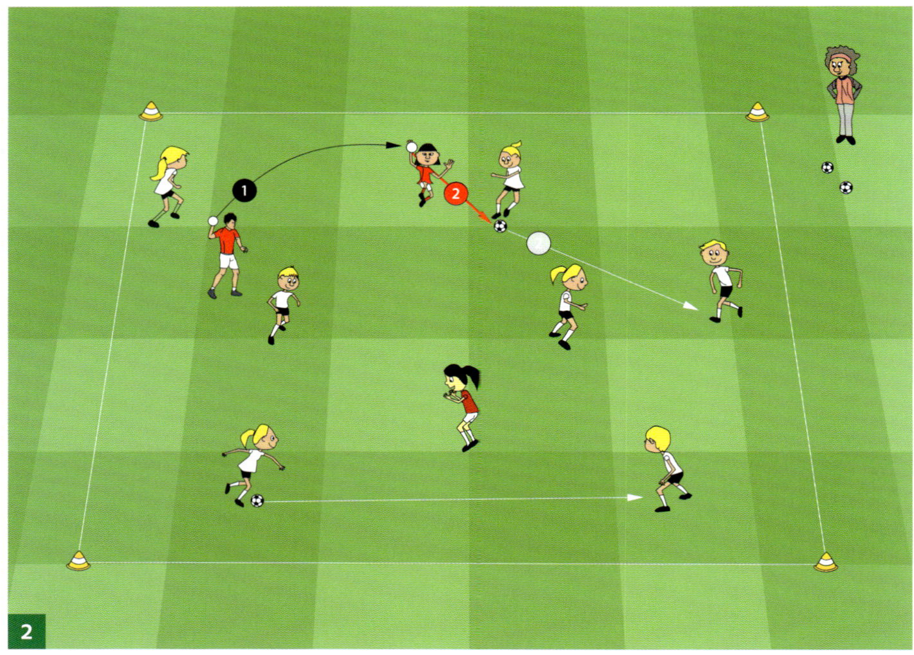

2

HINWEISE

- Richtungs- und Tempowechsel thematisieren
- Ballhaltendes Dribbling thematisieren, so dass die Gejagten den Körper zwischen Ball und Jäger bringen
- Unbedingt Softbälle verwenden und gegebenenfalls die Aufgabe durch einen Soft-Tennisball oder das Werfen mit der schwachen Hand erschweren
- Zusätzliche Spielidee: Die Gejagten fliehen per Dribbling. Der Jäger läuft mit einem Ball in der Hand und versucht, die Gejagten mit dem Ball abzuköpfen

VARIATIONEN

II Zwei Fänger einteilen, die jeweils mit Ball gleichzeitig auf die Jagd gehen

II Es können auch zwei Fänger mit einem Ball bzw. drei Fänger mit zwei Bällen auf die Jagd gehen (Schrittregel einführen), so dass sich die Fänger über geschickte Positionierungen in der Nähe eines Gejagten und durch geschicktes Zusammenspiel einen Vorteil verschaffen können

III Es gibt das Team Jäger (drei Spieler mit einem Ball in der Hand) und das Team Gejagte (sieben Spieler mit zwei Bällen am Fuß), so dass sich auch die Gejagten untereinander den Ball zupassen können, um den Ball vor den Jägern zu schützen (Grafik 2)

SANDUHR

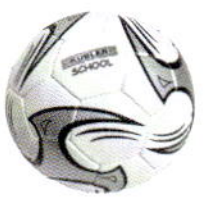
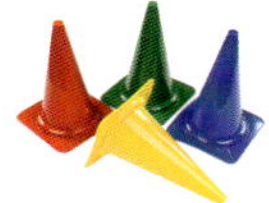

Ballbesitz sichern	Dribbeln raumorientiert	Passen	II

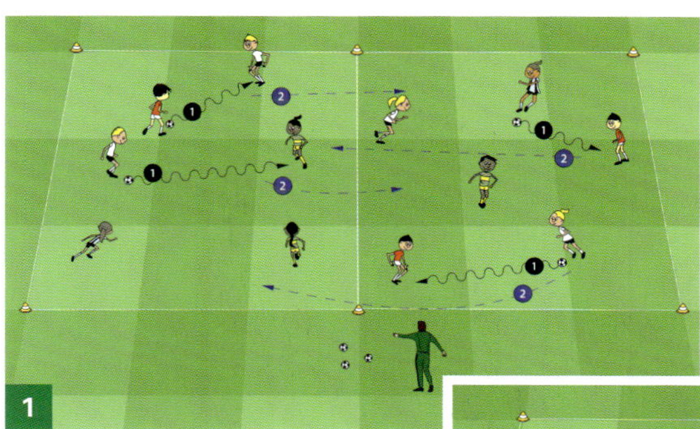
1

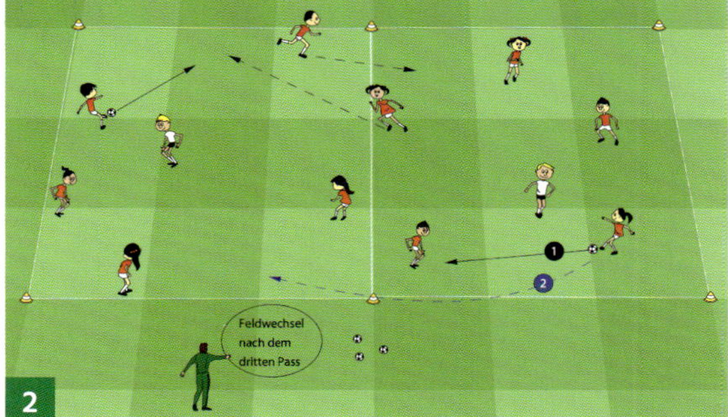

2

SPIELIDEE / ÜBUNGSLAUF

Der Trainer baut das abgebildete rechteckige Doppelfeld für eine Gruppe von zwölf Kindern auf (pro Quadrat ca. 8 Meter Seitenlänge) und teilt sechs Kinder pro Feld ein.

Vorübung: Zwei der sechs Kinder in einem Feld haben einen Ball. Alle laufen durcheinander. Die beiden Kinder mit Ball dribbeln umher und übergeben den Ball im Dribbling an ein Kind ohne Ball. Nach der Ballübergabe läuft das Kind ins andere Feld und dort umher bis es einen Ball bekommt, diesen wieder übergibt und einen erneuten Feldwechsel vollzieht **(Grafik 1)**. (Variation: zupassen, Ballübergabe nach doppeltem Doppelpass).

Zielspiel: In beiden Feldern wird „5 gegen 1" gespielt mit der Vorgabe, dass ein Kind nach seinem persönlichen dritten Pass zu einem seiner Mitspieler ins andere Feld wechseln muss und dort als Spieler fungiert (bis er nach seinem dritten Pass dort erneut das Feld wechselt). Die Außenspieler haben freie Kontakte. Die jeweiligen Spieler in der Mitte bleiben für ca. 2 bis 3 Minuten in der Mitte und zählen ihre Balleroberungen **(Grafik 2)**.

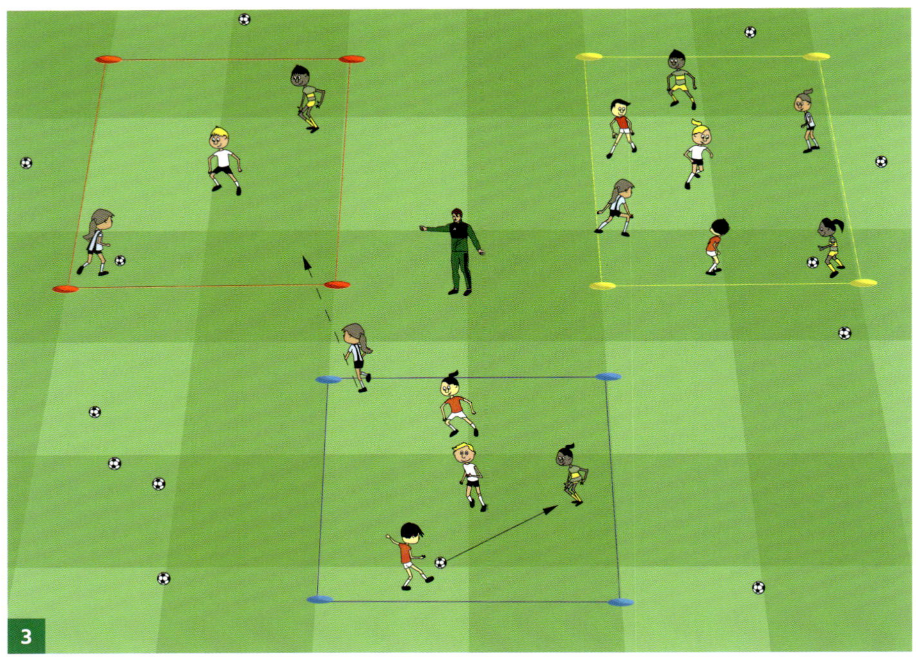

HINWEISE

- Zu Beginn eventuell mit der Hand spielen bis sich die Spielidee mit dem Feldwechsel gefestigt hat
- Es darf auch gedribbelt werden. Gezählt wird lediglich der Pass zum Mitspieler als persönlicher Kontakt (bzw. bei der Variation als Gruppenkontakt)
- Spielerverhältnis ändern, z. B. „7 gegen 2". Oder in einem Feld wird „5 gegen 1" und im anderen Feld „7 gegen 2" gespielt (Gruppengröße 15 Kinder)
- Ballannahme und -mitnahme in den Raum thematisieren. Auf hohes Lauftempo beim Feldwechsel achten

VARIATIONEN

II Kontaktbegrenzung einführen: Jeder Spieler darf nur dreimal den Ball berühren bis zum nächsten Zuspiel zum Mitspieler

II Die Spieler sollen ihre Pässe laut mitzählen. Der Spieler, der den dritten Pass gespielt hat (Gruppenpass), muss das Feld wechseln

III Feldwechsel nach jedem zweiten Pass oder nach jeder Ballabgabe (jeweils ohne Kontaktbegrenzung spielen)

III Drei Felder aufbauen und jeweils „4 gegen 1" spielen. Entweder eine Wechselrichtung zwischen den drei Feldern vorgeben (im Uhrzeigersinn) oder mit freiem Feldwechsel spielen, so dass erkannt werden muss, wo Anspielmöglichkeiten knapp werden und Spielerbedarf herrscht **(Grafik 3)**

PANTHERBALL

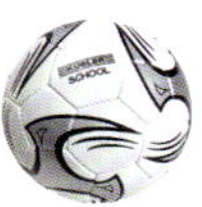
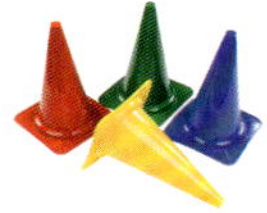

Ballbesitz sichern	Passen	Dribbeln raumorientiert	II

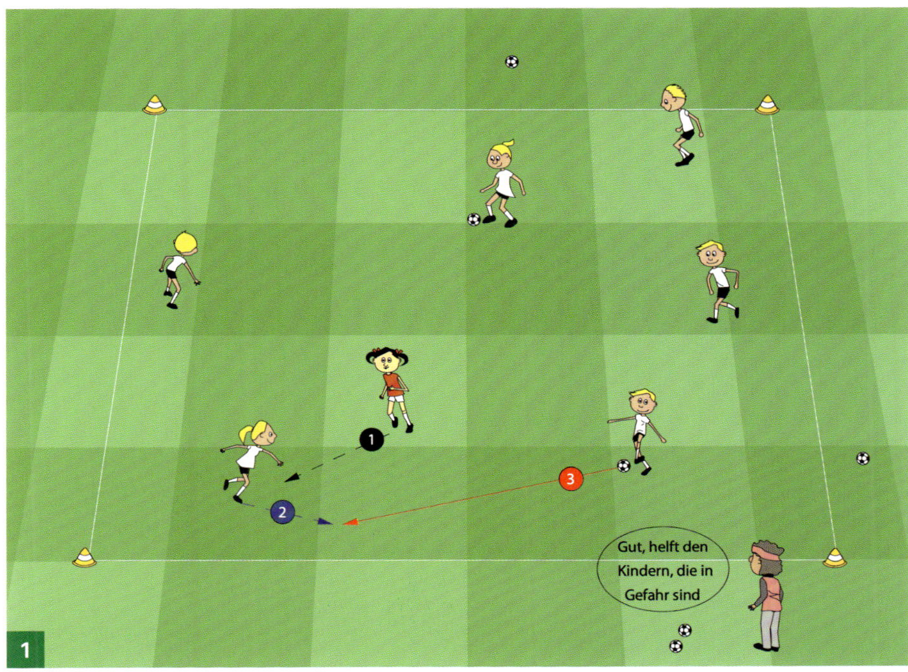

SPIELIDEE / ÜBUNGSLAUF

Der Trainer steckt ein Feld ab (ca. 12 x 12 Meter) und teilt sieben Spieler zu. Davon ist ein Kind der Panther. Die restlichen sechs Kinder haben zwei Bälle. Das Motto lautet: Wer den Ball hat, kann nicht vom Panther gefangen werden. Für die Kinder gilt also das Motto: Wenn ein Kind in Gefahr ist, bekommt es den Ball zugepasst. Nach ca. 3 bis 4 Minuten wird ein neuer Panther bestimmt. Welcher Panther hat die meisten Kinder fangen können?

VARIATIONEN

III Es werden zwei Panther bestimmt. Gegebenenfalls wird dann auch die Anzahl der Außenspieler erhöht, z. B. „7 gegen 2"

HINWEISE

- Um die Spielidee zu festigen, können der Gruppe zu Beginn mehr Bälle zugeteilt werden
- Zu Beginn kann das Spiel mit der Hand gespielt werden

WELTMEISTER

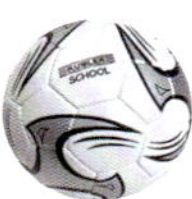
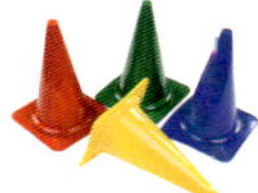
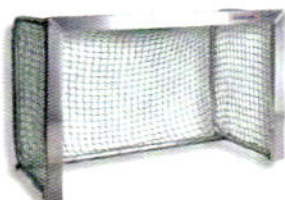

Räumlichen Vorteil herausspielen	Lücke erkennen	Abschlussmöglichkeit nutzen	I

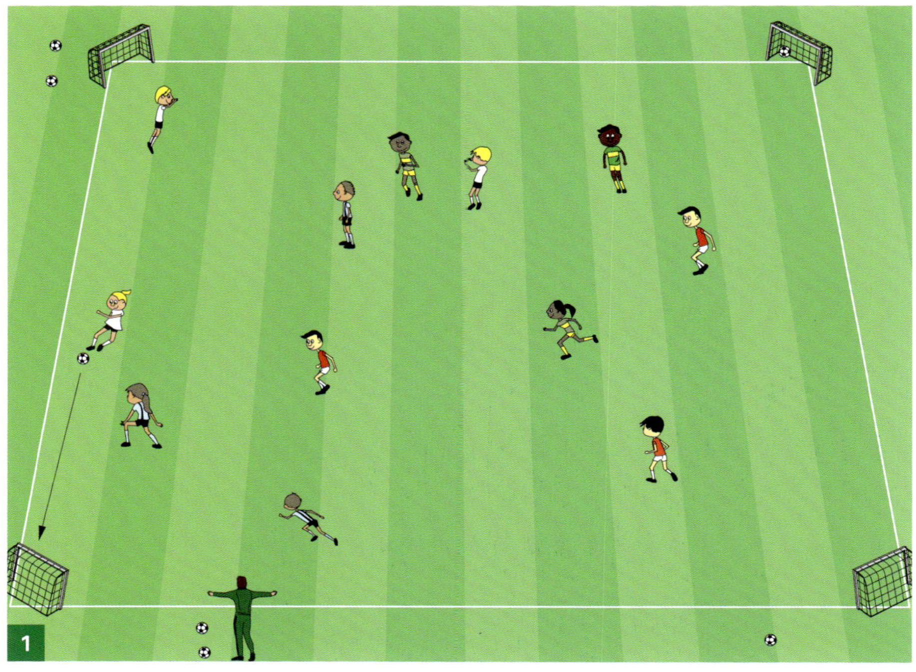

SPIELIDEE / ÜBUNGSLAUF

Der Trainer steckt ein quadratisches Feld ab (Seitenlänge ca. 20 Meter) und platziert in jedem Spielfeldeck ein Hütchen- oder Mini-Tor. Er teilt vier Teams mit je drei Spielern ein. Die Teams tragen unterschiedliche Leibchenfarben. Jedes Team verteidigt sein Tor und kann bei eigenem Ballbesitz auf eines der anderen drei Tore einen Treffer erzielen. Gezählt werden nur die eigenen Tore. Wer erzielt die meisten Treffer?

HINWEISE

- Die Teams können sich selbst einen Ländernamen geben, z. B. Deutschland, Belgien, Brasilien usw.

VARIATIONEN

I Es können auch Zweier- oder Vierer-Teams gebildet werden

II Einen zweiten Ball ins Spiel bringen

SCHATZTRUHE

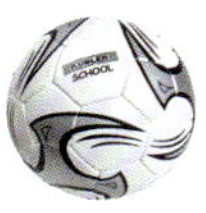
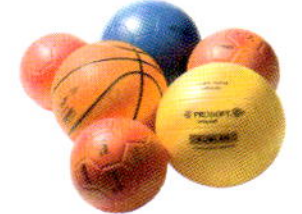
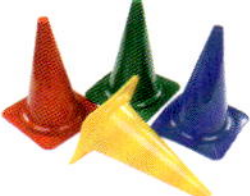
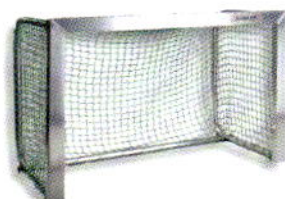

Räumlichen Vorteil herausspielen	Anbieten & Orientieren	Abschlussmöglichkeit nutzen	I

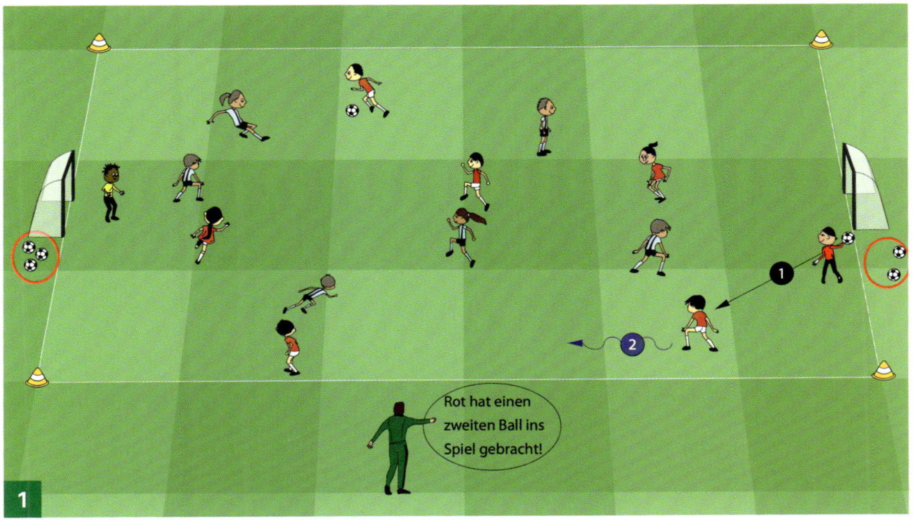

SPIELIDEE / ÜBUNGSLAUF

Der Trainer steckt ein rechteckiges Feld ab (ca. 20 x 35 Meter) und bildet zwei Teams mit sechs bis neun Spieler + Torwart. Neben dem Tor jedes Teams sind drei Bälle platziert. Das Spiel beginnt, indem der Trainer einen Ball ins Spiel bringt. Der Torwart jedes Teams wacht über die neben seinem Tor platzierten Bälle und kann jederzeit einen zusätzlichen Ball ins Spiel bringen. Es können also maximal sieben Bälle gleichzeitig im Spiel sein. Ziel ist es, aus dem Spielverlauf heraus, mehr Tore zu erzielen als der Gegner. Ein Ball, der das Spielfeld verlassen hat (Seitenaus, Toraus oder Torerfolg), wird nicht zurück ins Spiel gebracht. Das Spiel kann also z. B. 7:0 oder 5:2, aber auch 0:0 ausgehen.

VARIATIONEN

- III Es werden zwei Fußbälle und ein Softball in den Reifen gelegt. Bringt der Torwart den Softball ins Spiel, wird mit der Hand gespielt und Tore können nur per Kopfball erzielt werden

HINWEISE

- Die Torhüter anhalten, darüber nachzudenken, zu welchen Zeitpunkten neue Bälle ins Spiel gebracht werden sollten

KREISSTAFFEL

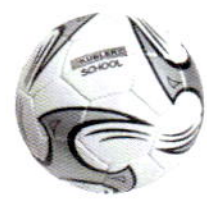

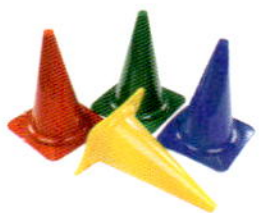

Räumlichen Vorteil herausspielen	Lücke erkennen	Passen	II

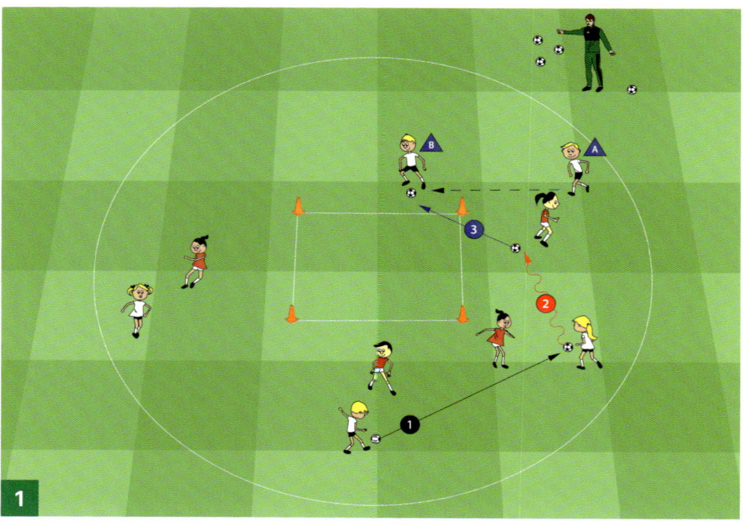

1

SPIELIDEE / ÜBUNGSLAUF

Es werden zwei Teams mit je vier Spielern gebildet. Als Spielfeld dient ein Kreis mit ca. 10 Meter Durchmesser. In der Mitte des Kreises ist ein Hütchen-Viereck aufgestellt (Seitenlänge ca. 3 Meter). Ziel des Spiels ist es, durch das Hütchen-Viereck so zu einem Mitspieler zu passen, dass dieser den Pass auf der anderen Seite annehmen kann. Damit das Team, das nicht in Ballbesitz ist, nicht einfach die Seiten des Vierecks zustellt, werden auch die Kontakte innerhalb der ballbesitzenden Mannschaft gezählt. Acht Kontakte ergeben ebenfalls einen Punkt. Dadurch ist die verteidigende Mannschaft gezwungen, aktiv zu verteidigen. Wer erzielt mehr Punkte – zusammengerechnet aus den Pässen durch das quadratische Tor und den Punkten aus Kontakten?

HINWEISE

- Es kann auch im Mittelkreis gespielt werden
- Das Spiel kann auch in einem Quadrat oder Rechteck aufgebaut werden
- Die Spielerzahl kann verändert werden (z. B. Überzahlspiel)

VARIATIONEN

III Die Spielerzahl beider Teams erhöhen (z. B. „7 gegen 7") und mit zwei Bällen gleichzeitig spielen

FEIERABENDVERKEHR

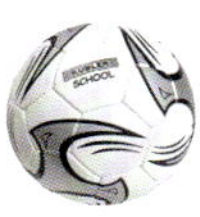
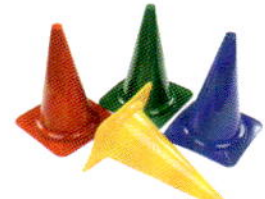
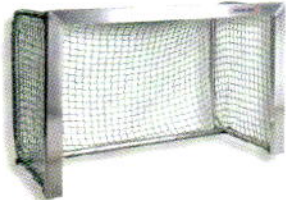

Lücke erkennen	Räumliche Positionsverteilung erkennen	Dribbeln & Passen	II

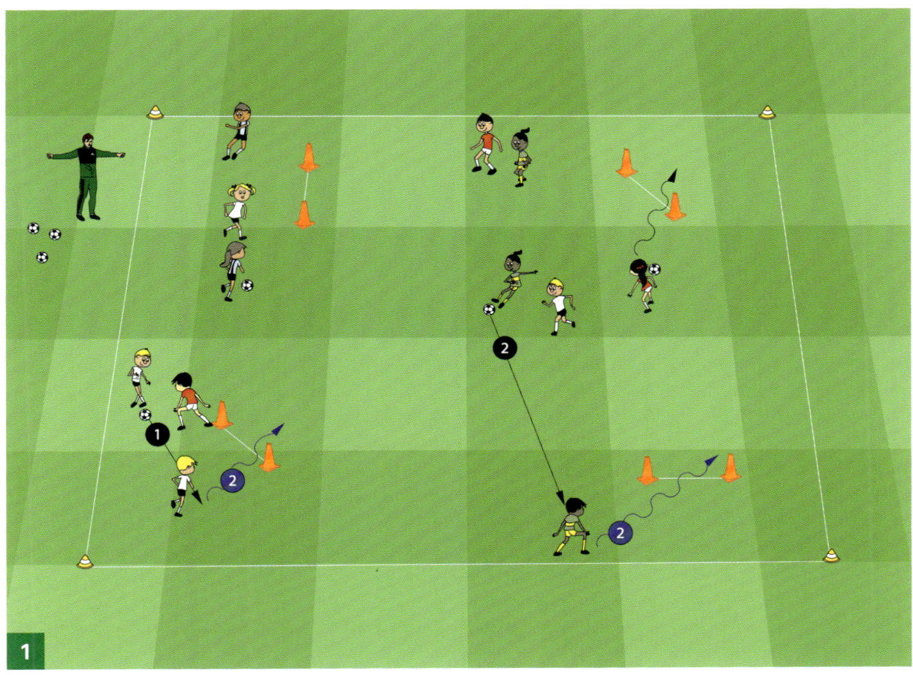

SPIELIDEE / ÜBUNGSLAUF

Der Trainer markiert ein Quadrat (Seitenlänge ca. 12 Meter), teilt vier Dreiergruppen ein und steckt im Feld vier Hütchentore ab (Breite ca. 2 Meter). Die Dreiergruppe besteht aus zwei Angreifern und einem Verteidiger. Es wird also viermal „2 gegen 1" im gesamten Feld gespielt. Die Angreifer sollen so oft wie möglich durch eines der aufgestellten Hütchentore dribbeln, was der Verteidiger verhindern soll. Aufgrund des hohen Verkehrsaufkommens (Feierabendverkehr) muss präzise gepasst und die Lücke für das entscheidende Dribbling erkannt werden. Spieldauer ca. 1 Minute, dann kurze Pause und Rollenwechsel. Jede Balleroberung gibt einen Punkt für den Verteidiger. Wer schafft mehr Punkte? Bälle, die im Aus landen, zählen nicht als Punkte für den Verteidiger. Welcher Verteidiger hat die wenigsten Punkte zugelassen? **(Grafik 1)**

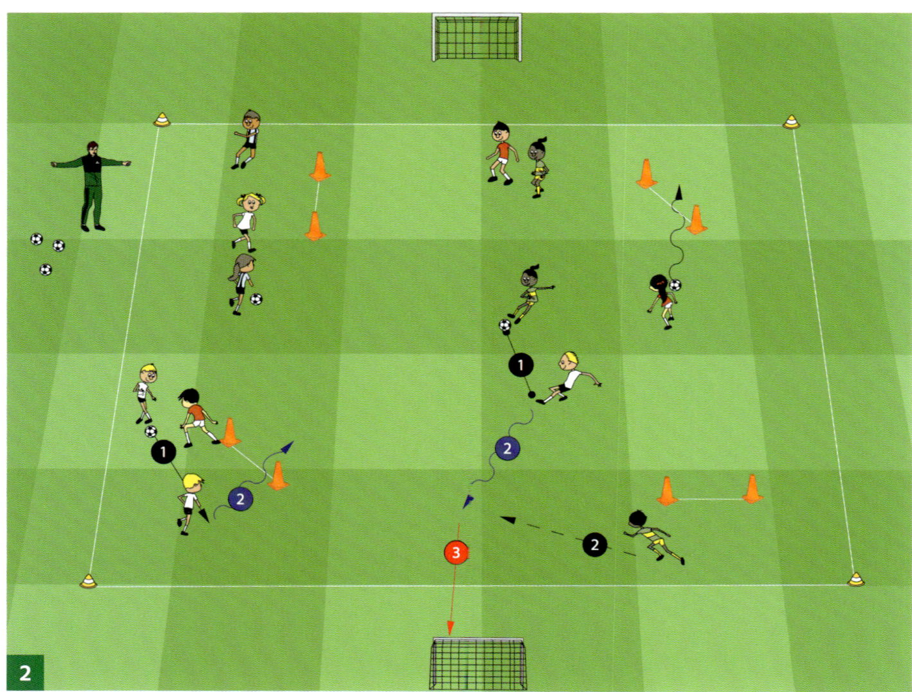

HINWEISE

- Einer der Angreifer kann sich weit weg vom Ballbesitzer anbieten, so dass er angespielt werden und nach der Ballannahme/-mitnahme durch ein Hütchentor dribbeln kann. Diese Zeit bleibt dem Verteidiger, um nachzusetzen (vgl. Aktionen in der **Grafik 2**)
- Spieldauer bzw. Pausengestaltung beachten, da das Spiel für den Verteidiger sehr anstrengend ist
- Reduktion auf drei Hütchentore (schwieriger für die Angreifer)

VARIATIONEN

- II Der Verteidiger darf nach Fehlern der Angreifer ein Kontertor erzielen **(Grafik 2)**
- III Keine festen Rollenverteilungen (nur zu Beginn). Danach gilt das Motto: Wer einen Fehler gemacht hat (z. B. Ballverlust im Dribbling, Fehlpass ins Aus), wird neuer Verteidiger
- III Die drei Angreifer gegen zwei Verteidiger spielen lassen
- III Die Dreierteams auflösen und „8 gegen 4" auf fünf Hütchentore spielen

KREISKLASSE

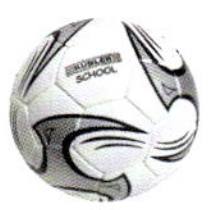
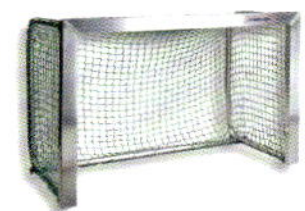

Lücke erkennen	Abschlussmöglichkeit nutzen	Anbieten & Orientieren	II

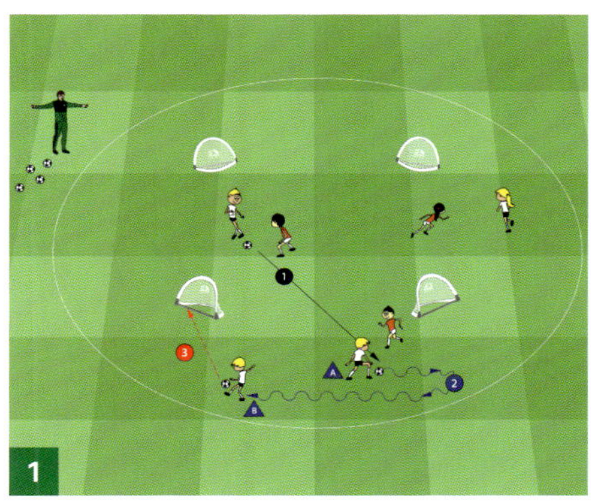
1

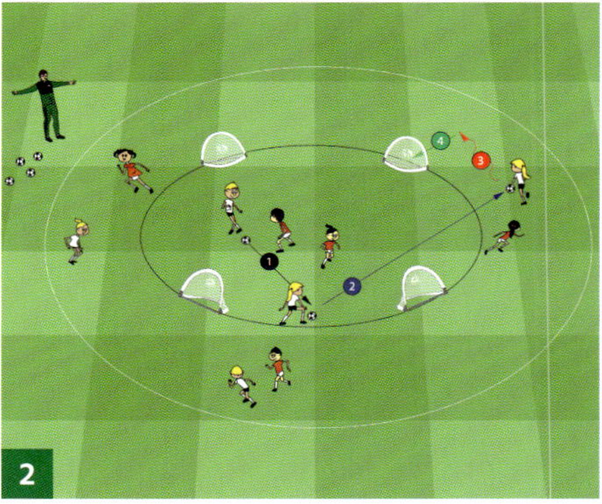
2

SPIELIDEE / ÜBUNGSLAUF

Zwei Teams mit je drei Spielern werden gebildet. Spielfläche ist ein Kreis mit einem Durchmesser von ca. 9 Metern (eventuell Mittelkreis verwenden). 2 bis 3 Meter vom Mittelkreis entfernt stehen – quadratisch angeordnet – vier Mini-Tore mit der offenen Seite nach außen. Die beiden Teams spielen gegeneinander auf alle Tore. Nach einem Treffer erhält das andere Team den Ball vom Anstoßpunkt aus. Wer erzielt mehr Treffer? **(Grafik 1)**

VARIATIONEN

- **II** Fünferteams bilden. Zwei „Spielmacher" von jedem Team befinden sich in der Mitte. Sie werden angespielt und spielen Pässe nach außen. Die anderen drei Spieler laufen sich im äußeren Bereich frei, können angespielt werden, dribbeln und kombinieren, um ein Tor zu erzielen **(Grafik 2)**
- **III** Siebenerteams bilden mit drei Spielern, die sich als Anspielstationen außerhalb des Kreises positionieren, allerdings keine Tore erzielen dürfen
- **III** Direkte Tore der Außenspieler zählen (vgl. Verkehrte Welt auf S. 133)

HINWEISE

- Es können auch Viererteams gebildet werden

PANZERKNACKER

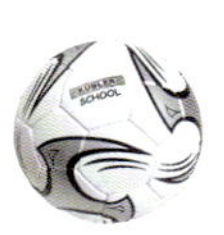
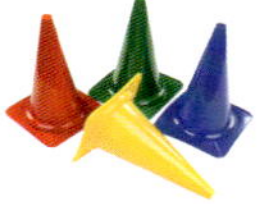
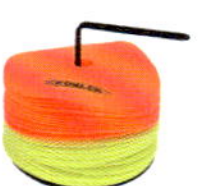
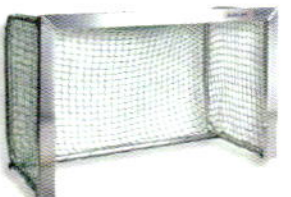

Lücke erkennen			II

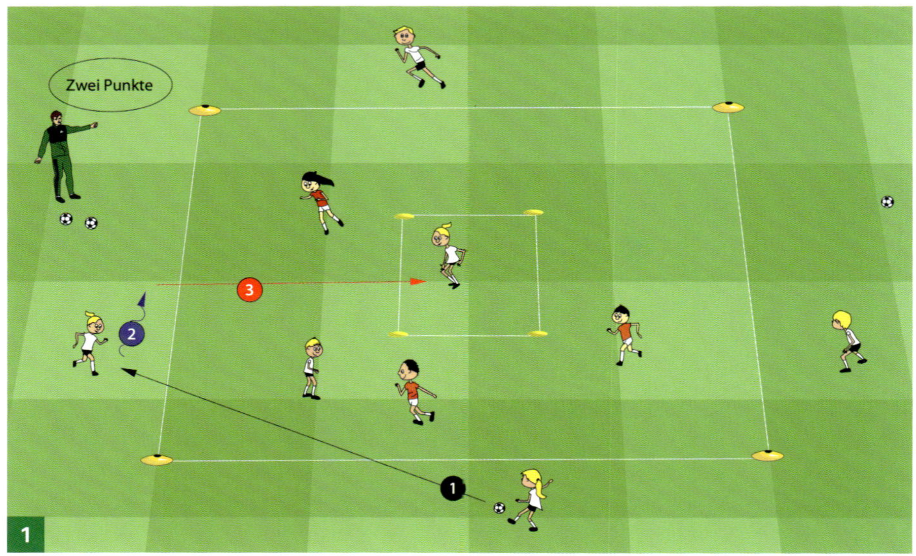

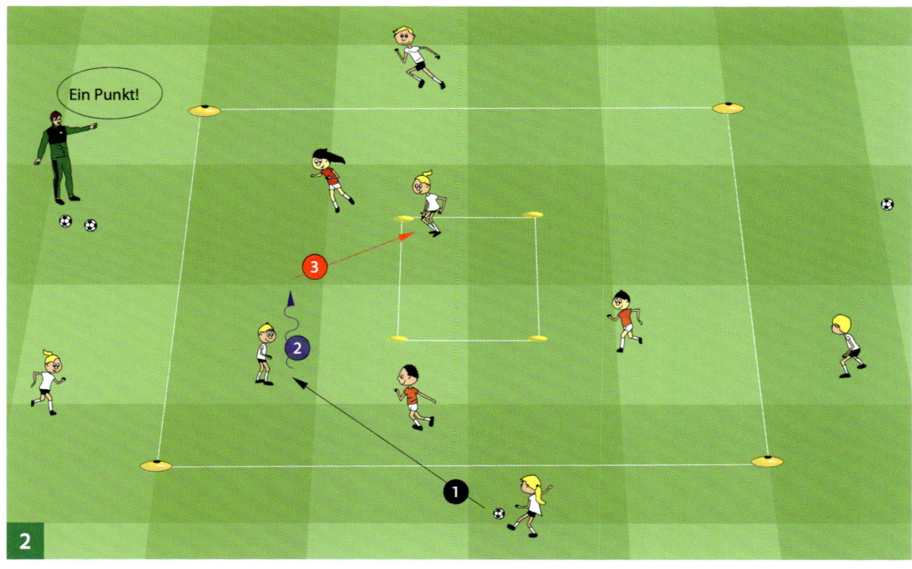

SPIELIDEE / ÜBUNGSLAUF

Der Trainer baut das abgebildete Feld auf (Seitenlänge: äußeres Quadrat ca. 10 Meter; inneres Quadrat ca. 4 Meter). Um das äußere Quadrat sind vier Spieler der ballbesitzenden Mannschaft positioniert. In der Zwischenzone befindet sich ein weiterer Mitspieler zusammen mit drei Verteidigern. Im Panzer ist der Zielspieler. Ziel der äußeren vier Kinder ist es, im Zusammenspiel mit dem Verbindungsspieler, den Spieler in der Mitte anzuspielen (den Panzer zu knacken). Die Verteidiger versuchen, dies zu verhindern. Gelingt den äußeren Spielern ein Pass durch die Zone direkt in den Panzer, gibt es zwei Punkte **(Grafik 1).** Gelingt ein Zuspiel mit Hilfe des Verbindungsspielers in der Zwischenzone, gibt es einen Punkt **(Grafik 2).** Spieldauer ca. 5 Minuten. Danach werden die Rollen getauscht. Wer erzielt mehr Punkte?

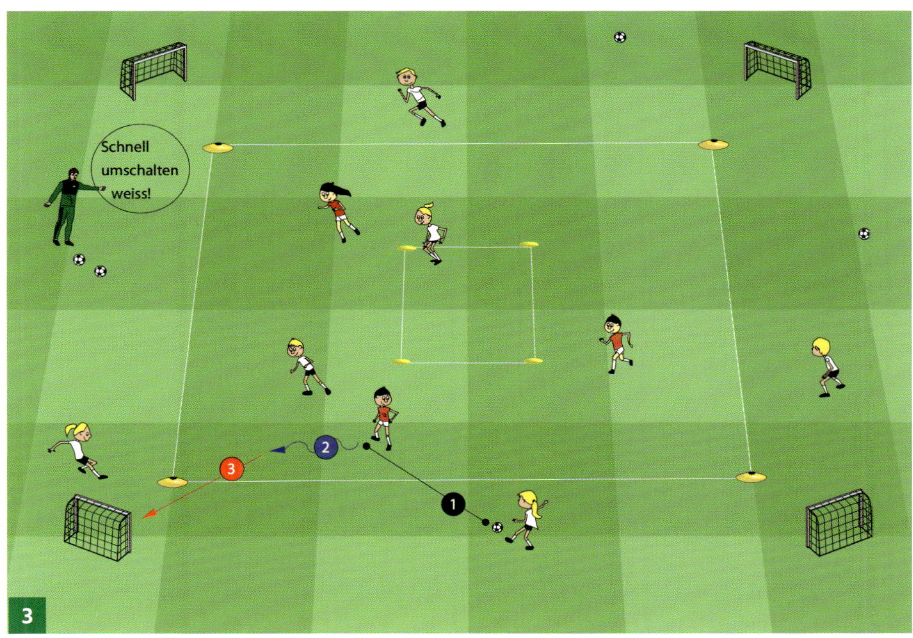

VARIATIONEN

- Eine Kontaktbegrenzung für die äußeren Spieler vorgeben
- Vier Verteidiger in der Zwischenzone
- Bei Balleroberung dürfen die Verteidiger einen Treffer in ein Kontertor erzielen (Grafik 3)

HINWEISE

- Fachbegriffe wie Zwischenraum, Fensterspieler, in die Tiefe spielen oder Gegenpressing einführen

STEILVORLAGE

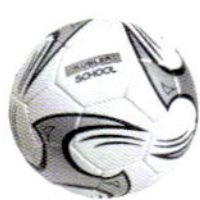
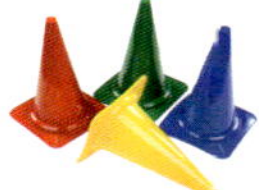
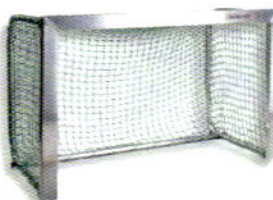

Abschlussmöglichkeit nutzen	Zweikämpfe führen	Ballannahme/ -mitnahme	II

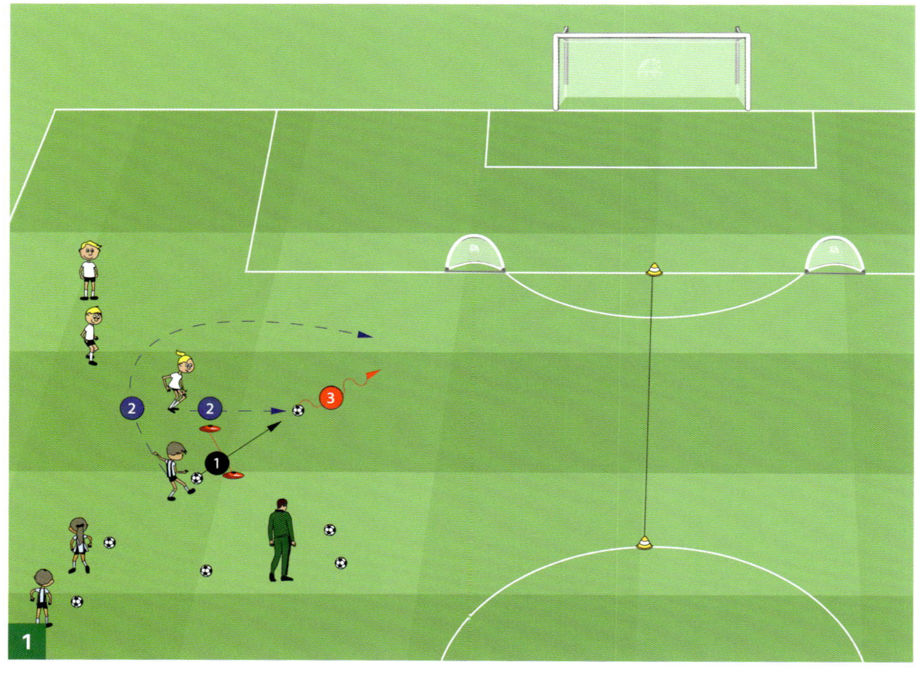

SPIELIDEE / ÜBUNGSLAUF

Der Trainer baut das abgebildete Feld auf und teilt zwei Gruppen mit je drei bis fünf Kindern ein (Angreifer und Verteidiger). Die Mini-Tore werden in einem Abstand von ca. 15 Metern aufgestellt. Das schräge Hütchentor (Passtor) sollte ca. 1,5 Meter breit sein und 8 bis 10 Meter von der Grundlinie (in der Abbildung: 16-m-Raum-Linie) aufgestellt sein. Zum Auftakt spielt der Verteidiger dem Angreifer steil in den Lauf, worauf dieser dem Ball sofort nachläuft und seine Angriffsaktion startet. Der Verteidiger umrundet in höchstem Tempo das Hütchen und den Angreifer und versucht, einen Treffer zu verhindern. Bei einer Balleroberung, kann der Verteidiger seinerseits einen Treffer erzielen. Jedes Kind der Gruppe darf zweimal angreifen, dann werden die Rollen getauscht. Gezählt werden die erzielten Tore. Welche Gruppe schafft mehr Treffer? **(Grafik 1)**

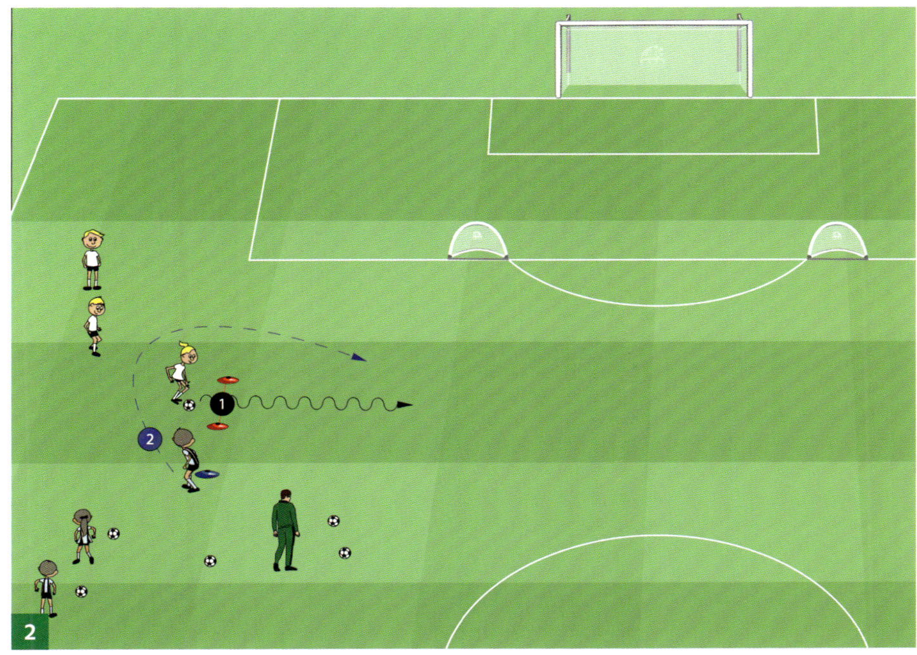

VARIATIONEN

- I Der Angreifer startet per Dribbling die Aktion. Der Verteidiger setzt von einem versetzt stehenden Hütchen nach **(Grafik 2)**
- III Der Trainer übernimmt den Auftakt und variiert die Zuspiele: zugeworfener, gelupfter oder springender Ball, so dass der erste Kontakt eine Ballannahme/-mitnahme mit dem Kopf, der Brust, dem Oberschenkel usw. sein kann
- III Der Angreifer muss mindestens bis auf Höhe des Markierungshütchens dribbeln. Erst dort darf er entscheiden, auf welches der beiden Tore er abschließt
- III Die Mini-Tore werden durch ein E-Jugendtor mit Torwart ergänzt (drei Ziele, Tore auf das E-Jugendtor zählen doppelt) oder ersetzt (E-Jugendtor als einziges Ziel)

HINWEISE

- Bei Bedarf den Laufweg des Verteidigers länger gestalten, um dem Angreifer einen Vorteil zu verschaffen
- Auch von der anderen Seite starten

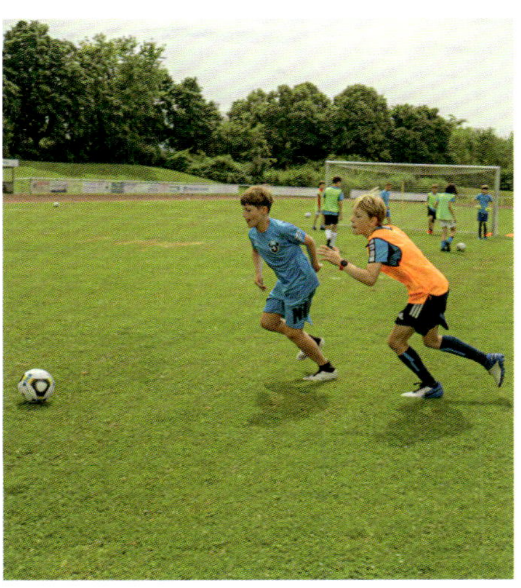

ZWEI ZUR AUSWAHL

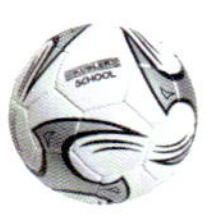
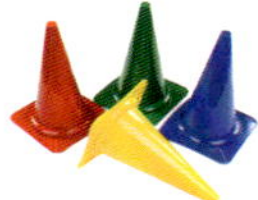
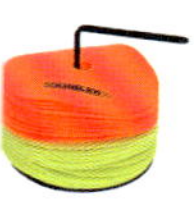
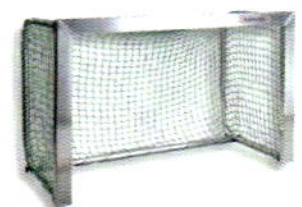

Abschlussmöglichkeit nutzen	Zweikämpfe führen	Ballannahme/ -mitnahme	II

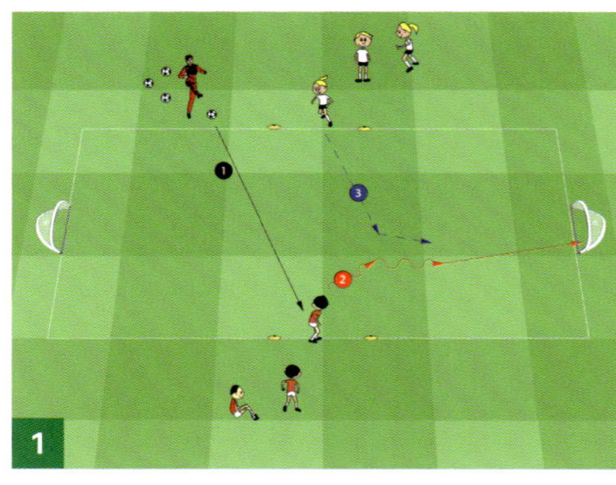
1

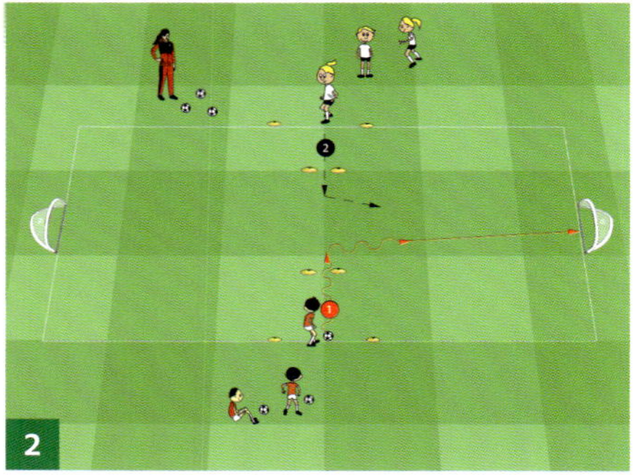
2

SPIELIDEE / ÜBUNGSLAUF

Der Trainer baut ein Feld (ca. 20 Meter lang und 10 Meter breit) mit zwei Hütchentoren (Passtoren) an den Enden auf und teilt zwei Gruppen mit je drei bis fünf Kindern ein, die sich mittig an der jeweiligen Seitenlinie gegenüberstehen Der Spieler der angreifenden Gruppe erwartet das Zuspiel vom Trainer. Mit dem Zuspiel startet er seine Angriffsaktion, der verteidigende Spieler rückt gleichzeitig heraus. Der Angreifer versucht, in eines der beiden Hütchentore einen Treffer erzielen. Der Verteidiger hat die Aufgabe, dies zu verhindern und seinerseits in Ballbesitz zu kommen, um einen Treffer zu erzielen. Nach drei Durchgängen erfolgt ein Rollenwechsel. Welche Gruppe hat am Ende insgesamt mehr Treffer erzielt? **(Grafik 1)**

HINWEISE

- Ballannahme und -mitnahme bzw. Richtungswechsel thematisieren
- Der angreifende Spieler kann während der Aktion auch die Richtung wechseln und das andere Tor angreifen

VARIATIONEN

- I Der Angreifer kann auch per Dribbling die Aktion einleiten, ohne vorher einen Ball annehmen zu müssen **(Grafik 2)**
- I Die verteidigende Gruppe passt selbst anstatt des Trainers
- I Die Hütchentore durch E-Jugendtore mit Torwart ersetzen
- III Der Trainer variiert die Zuspiele: Flachpass, Flugball, aufspringende Zuspiele usw.

SCHRUMPFENDE TORE

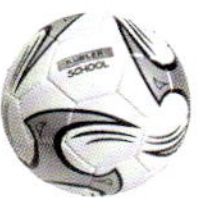

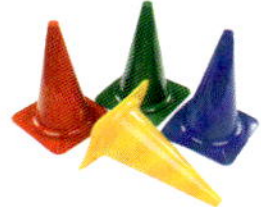

Abschlussmöglichkeit nutzen	Räume verdichten	Kooperativ verteidigen	II

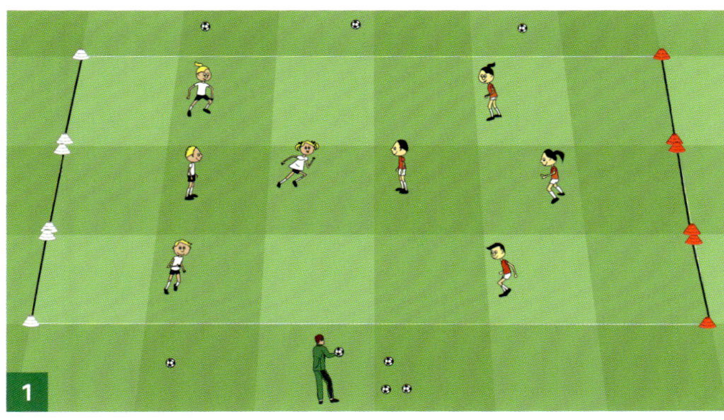

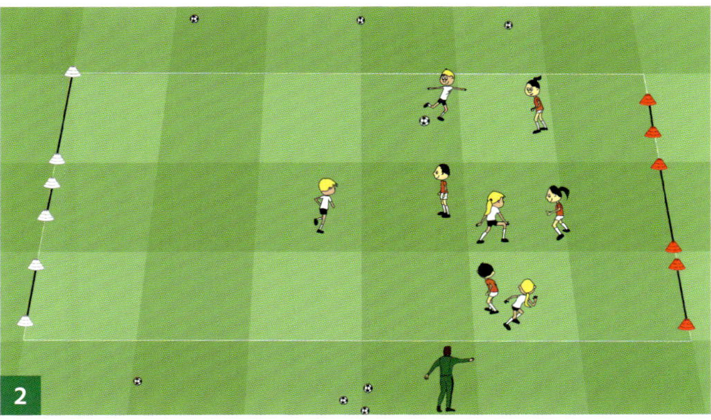

SPIELIDEE / ÜBUNGSLAUF

Gespielt wird „4 gegen 4" (oder „3 gegen 3") auf einem rechteckigen Feld. Jedes Team verteidigt drei Hütchentore. Die Größe der Tore entspricht am Anfang einem Drittel der Spielfeldbreite **(Grafik 1)**. Nach einem Treffer in eines der Hütchen-Tore wird das Tor, in das getroffen wurde, verkleinert (von beiden Seiten jeweils ca. einen halben Meter). Somit werden im Laufe des Spiels die Ziele immer kleiner und schwieriger zu treffen **(Grafik 2)**. Gewonnen hat das Team, das nach einer bestimmten Zeit mehr Tore erzielt, eine bestimmte Anzahl an Treffern erreicht oder es geschafft hat, alle Tore zu minimieren. Spieldauer ca. 8 bis 10 Minuten.

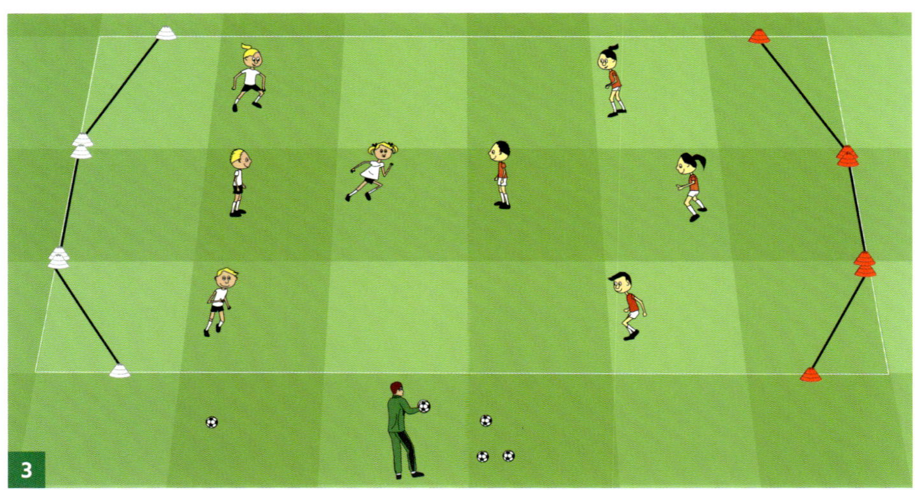

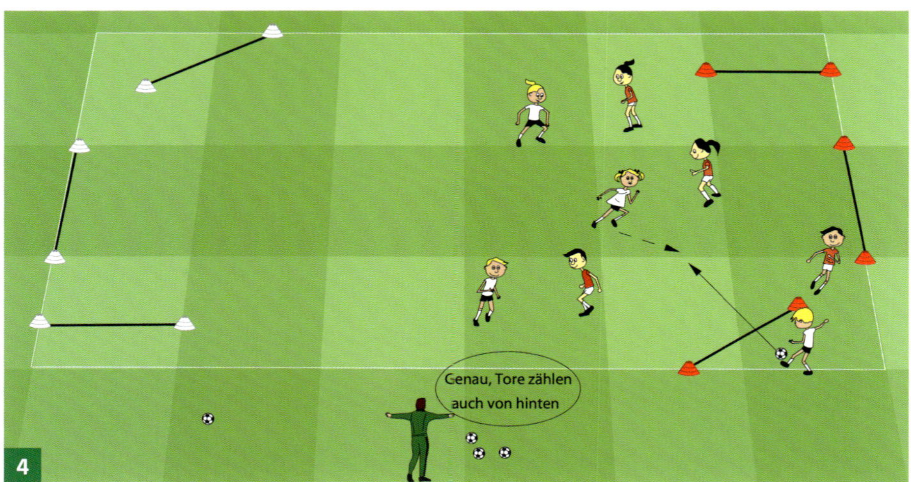

HINWEISE

- Bei Hütchentoren empfiehlt es sich, nur Flachschüsse als Treffer zu erlauben
- Statt der Hütchen können Stangen genommen werden, so dass auch höhere Schusstreffer gelten

VARIATIONEN

II Zusatzregeln: das Tor des gegnerischen Teams wird z. B. bei einem Foul, falschen Einwurf, Fehlpass oder einer vergebenen Großchance verkleinert

II Die Tore müssen nicht nebeneinander stehen, sondern können versetzt zueinander platziert werden **(Grafik 3)**

III Die Tore so platzieren, dass von beiden Seiten, also auch von hinten, Treffer erzielt werden können **(Grafik 4)**

INSIDE OUT

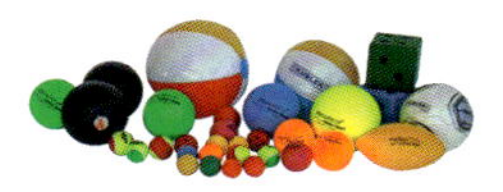
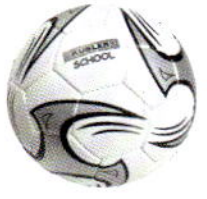
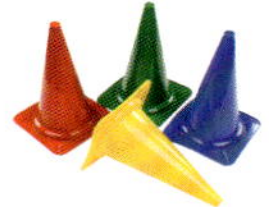
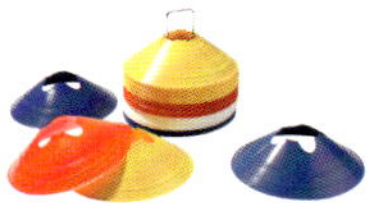

Abschlussmöglichkeit nutzen	Lücke erkennen	Passen	II

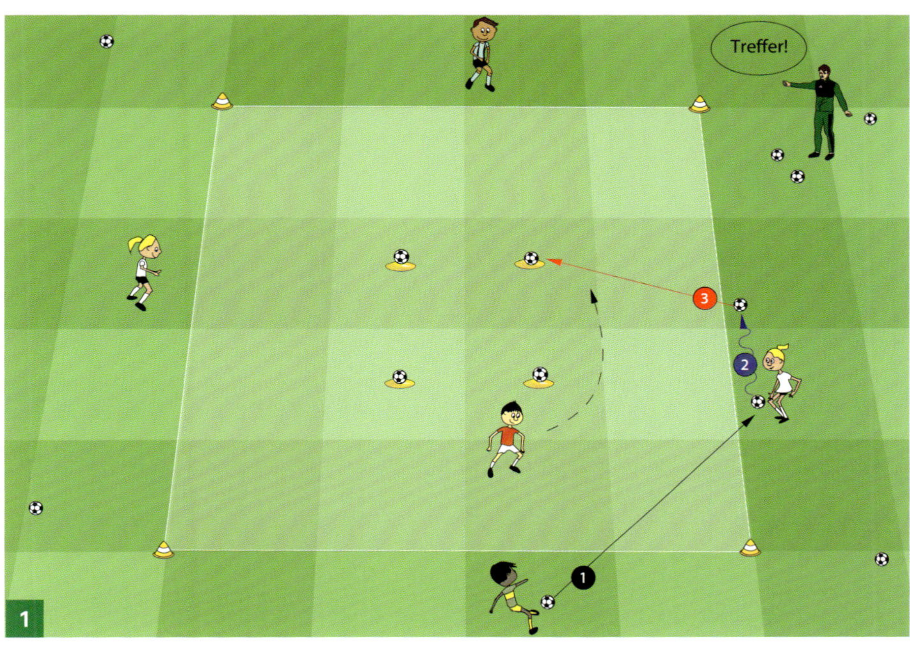

SPIELIDEE / ÜBUNGSLAUF

Der Trainer steckt für fünf Spieler ein quadratisches Feld ab (Seitenlänge ca. 5 Meter) und platziert darin nochmals vier flache Hütchen, auf die er jeweils einen Fußball legt. Vier Spieler befinden sich außerhalb des Quadrats (die Angreifer). Sie dürfen das Feld nicht betreten, haben aber einen Ball, den sie sich untereinander durch das Feld zupassen können, mit dem Ziel, einen der vier Bälle auf den flachen Hütchen mit einem Zielpass zu treffen. Ein Spieler befindet sich innerhalb des Feldes (der Verteidiger), darf dieses nicht verlassen und verteidigt die Zielpässe von außen in Richtung der vier Bälle. Treffen die Angreifer einen Ball per Zielpass, wird dieser bei nächster Gelegenheit wieder auf das Hütchen gelegt. Stößt der Verteidiger beim Abwehrversuch selbst einen Ball vom Hütchen, gibt es ebenfalls einen Punkt für die Außenspieler. Nach ca. 4 bis 5 Minuten kommt ein anderes Kind in die Mitte bis alle Kinder einmal Verteidiger waren. Welche Vierergruppe hat gemeinsam die meisten Treffer gegen den Spieler in der Mitte geschafft? Welcher Verteidiger hat die wenigsten Treffer zugelassen? **(Grafik 1)**

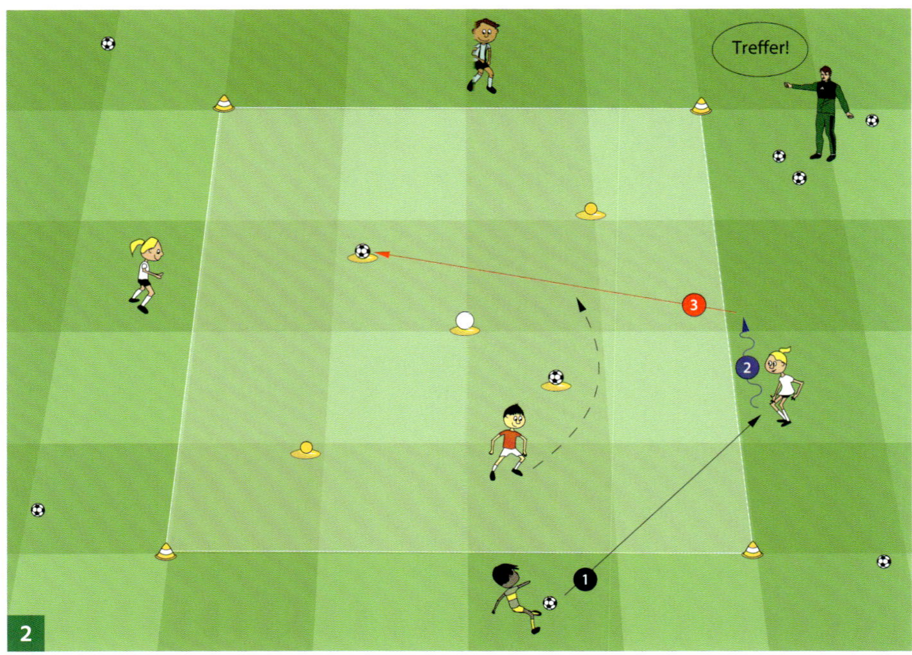

HINWEISE

- Das Spiel kann zu Beginn auch mit der Hand gespielt werden, indem sich die Außenspieler den Ball zuwerfen bzw. fangen und versuchen, die Bälle abzuwerfen
- Ausreichend Ersatzbälle bereithalten
- Als mögliche Ziele im Inneren eignen sich auch Hütchen, Kegel oder PET-Flaschen

VARIATIONEN

- II Unterschiedlich große Bälle auf den Hütchen platzieren
- II Zusatzregeln für die Außenspieler etablieren, z. B. freie Kontakte, Ball darf nicht ruhen oder mit Kontaktbegrenzung spielen
- II Die Ziele asymmetrisch anordnen
- III Einen zweiten Ball für die Außenspieler ins Spiel bringen
- III Auf zwei Verteidiger und fünf Ziele erhöhen **(Grafik 2)**

KREISMEISTER

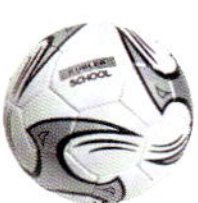
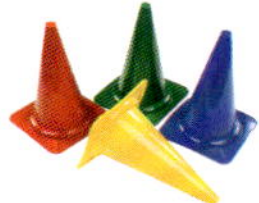

Räumliche Positionsverteilung erkennen	Zeitdruck Ablauf		I

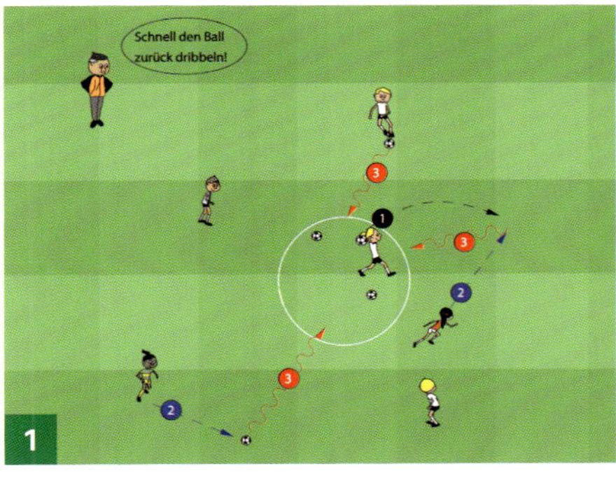

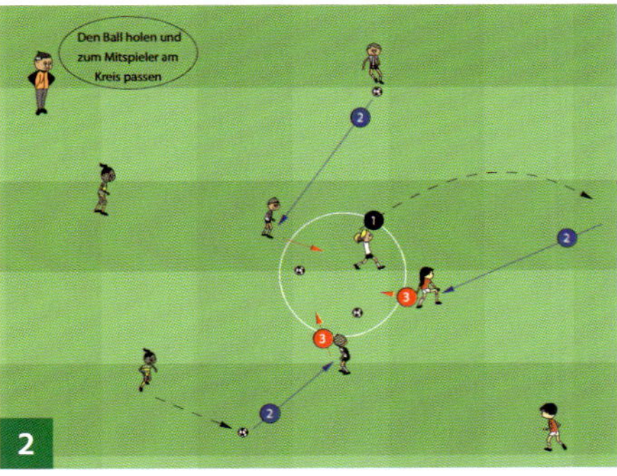

SPIELIDEE / ÜBUNGSLAUF

Der Trainer teilt eine Gruppe von sechs bis acht Spielern ein, von denen ein Kind in den Kreis geht (Kreismeister) und die anderen (die Gegner) sich frei im Feld außerhalb des Kreises positionieren. Der Kreismeister befördert per Einwurf die Bälle nach außen. Seine Gegenspieler versuchen, die Bälle so schnell wie möglich wieder zurück in seinen Kreis zu dribbeln. Die äußeren Kinder dürfen den Ball nicht blocken. Spielzeit ca. 60 Sekunden. Schafft es der Kreismeister, alle Bälle aus seinem Gebiet heraus zu befördern oder sind die Gegner immer einen Tick schneller und können ihm vorher wieder einen Ball in den Kreis dribbeln? **(Grafik 1)**

VARIATIONEN

- I Die Technik variieren, mit der die Bälle nach außen befördert werden, z. B. Lupfen oder mit der Hacke spielen
- I Auf zwei Kinder in der Mitte erhöhen (und gegebenenfalls auch die Anzahl der äußeren Kinder)
- II Anwenden, wenn die Bälle relativ weit wegbefördert werden: Es gibt eine Rollenverteilung unter den Gegenspielern, die sich aufteilen: Die weiter weg positionierten Kinder passen die Bälle zu ihren Mitspielern, die sich nahe am Kreis befinden (den Ball stoppen und nach innen passen) **(Grafik 2)**

HINWEISE

- Kleinere Kinder dürfen die Bälle auch aus der Hand nach draußen schießen
- Der Kreis kann mit Hütchen markiert werden
- Das Spiel nutzen, um die korrekte Einwurftechnik zu demonstrieren
- Eine dynamischere Variante findet sich beim Spiel Störfall auf S. 110

IRRGARTEN

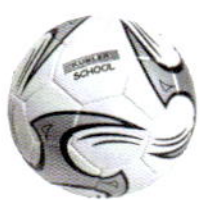
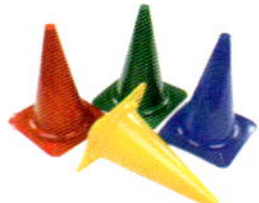

Räumliche Positionsverteilung erkennen	Dribbeln & Passen		II

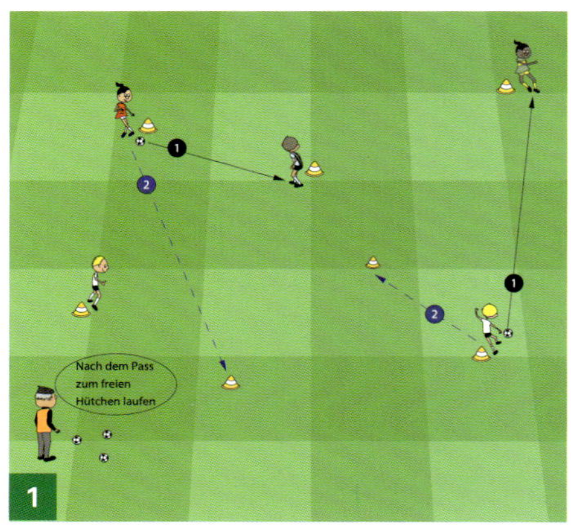

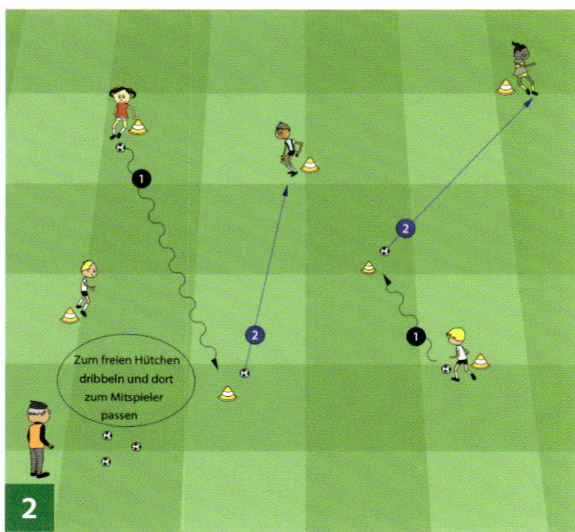

SPIELIDEE / ÜBUNGSLAUF

Der Trainer steckt ein Feld ab (ca. 18 x 12 Meter) und verteilt mehrere Hütchen auf dem Boden, z. B. sieben Hütchen für fünf Kinder (immer zwei Hütchen mehr als die Anzahl der Kinder). Die Kinder stellen sich jeweils zu einem Hütchen, zwei Kinder bekommen einen Ball und zwei Hütchen bleiben unbesetzt. Nach einem Startsignal sollen beide Kinder mit Ball:

- zeitgleich den Ball zu einem anderen Kind passen (oder dribbeln), schnell zu einem der beiden freien Hütchen laufen und dort stehen bleiben **(Grafik 1)**
- nach ein paar Minuten schnell mit Ball zu einem der beiden freien Hütchen dribbeln, dort den Ball zu einem anderen Kind passen und stehen bleiben **(Grafik 2)**
- zum Abschluss schnell mit Ball zu einem anderen Kind dribbeln, dort den Ball übergeben und zu einem freien Hütchen sprinten

HINWEISE

- Die Gruppengröße kann variieren
- Auf hohes Tempo beim Dribbling bzw. beim Lauf zum freien Hütchen achten
- Das Spiel kann auch mit der Hand gespielt werden, um Torwarttechniken anzuwenden

VARIATIONEN

II Den schwachen Fuß einbeziehen

III Das Kind mit Ball macht drei Aktionen. Es spielt mit einem Kind einen Doppelpass, passt zu einem weiteren Kind und läuft zu einem freien Hütchen

RECHTS VOR LINKS

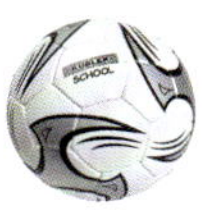
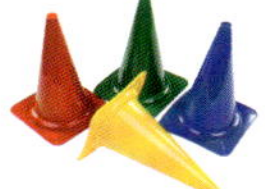
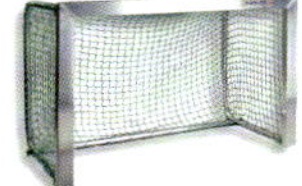
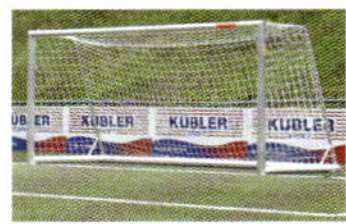

Räumliche Positions-verteilung erkennen	Anbieten & Orientieren	Abschlussmöglichkeit nutzen	II

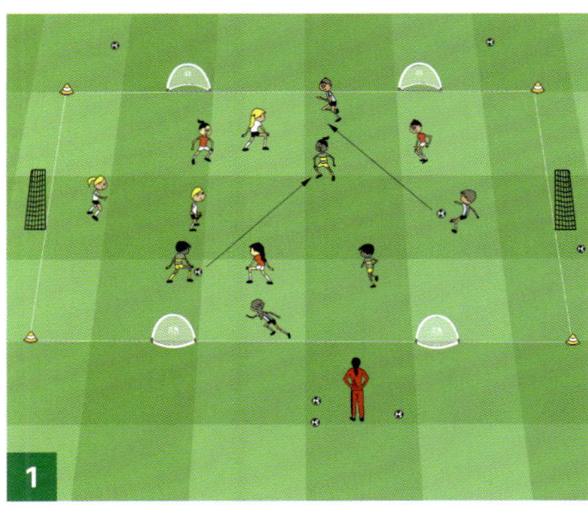
1

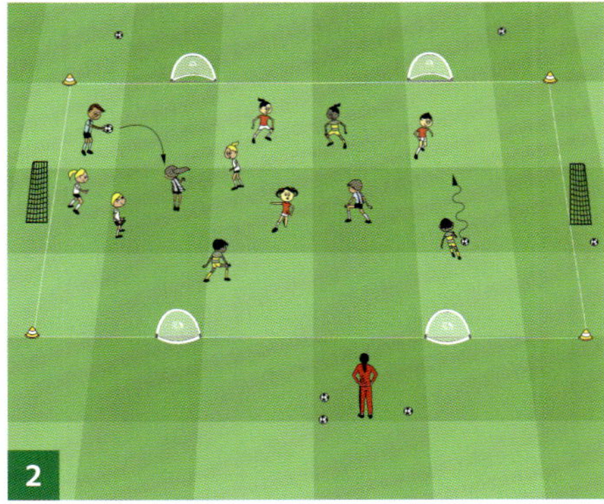
2

SPIELIDEE / ÜBUNGSLAUF

Der Trainer baut das abgebildete Feld auf (40 x 25 Meter) und teilt insgesamt vier Mannschaften mit je drei bis fünf Spielern ein. Team 1 spielt gegen Team 2 auf die E-Jugendtore in horizontaler Spielrichtung. Gleichzeitig spielt Team 3 gegen Team 4 Fußball auf die vier Mini-Tore in vertikaler Spielrichtung. Es finden also zweitgleich zwei Spiele parallel statt. Spieldauer ca. 7 Minuten, dann erfolgt eine neue Einteilung. Welches Team gewinnt die meisten Spiele? Oder welches Team erzielt insgesamt die meisten Tore? **(Grafik 1).**

VARIATIONEN

- **II** Es werden zeitgleich unterschiedliche Spiele gespielt: A spielt gegen B Handball (oder Handball-Kopfball) und C spielt gegen D Fußball **(Grafik 2)**
- **III** Mannschaft 1 und 2 verschmelzen zu einem Team und spielen Fußball gegen Team 3 und 4. Variante hierzu: es werden gleichzeitig unterschiedliche Spiele gespielt: Auf die E-Jugendtore Handball-Kopfball (mit Softball) und auf die Mini-Tore Fußball

HINWEISE

- Jedes Team spielt viermal in Folge, so dass im Uhrzeigersinn weitergerutscht werden kann und sich eine neue Spielkonstellation ergibt
- Ersatzbälle bereithalten
- Distanzschüsse sind nicht erlaubt
- Für die E-Jugendtore jeweils einen zusätzliche Torhüter einteilen oder die Regel vereinbaren, dass der letzte Spieler die Hände nutzen darf

GEWIMMEL

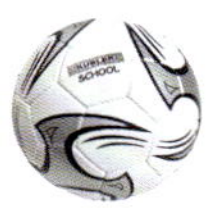
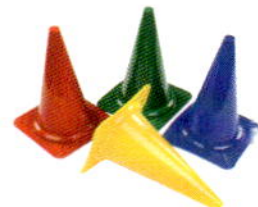
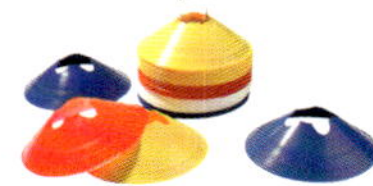

Räumliche Positions-verteilung erkennen	Zeitdruck Reaktion & Antritt	Zeitdruck Ablauf	II

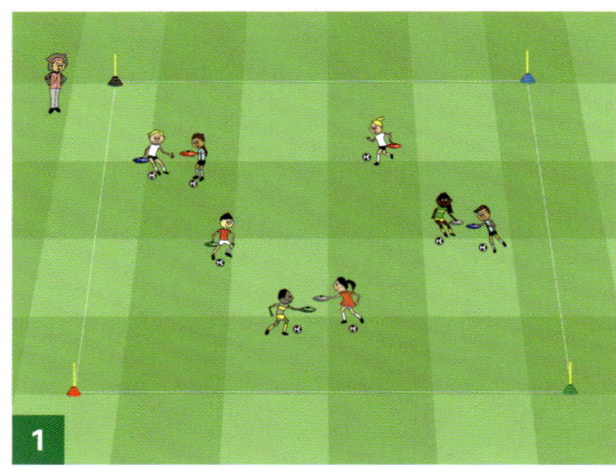
1

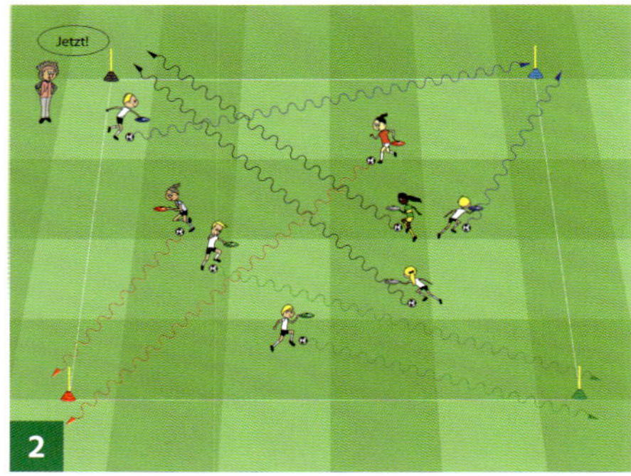

2

SPIELIDEE / ÜBUNGSLAUF

Der Trainer steckt mit vier unterschiedlich farbigen Hütchen ein Quadrat ab (ca. 10 x 10 Meter) und teilt dem Feld eine Gruppe von vier, acht oder zwölf Spielern zu. Jeder Spieler hat einen Ball am Fuß und ein flaches Hütchen in der Hand, das von der Farbe her einem der äußeren Hütchen entspricht. Im Feld dribbeln die Spieler durcheinander und tauschen fortwährend die Hütchen, so dass die Farben der Hütchen, die die Spieler in der Hand halten, ständig wechseln **(Grafik 1).** Auf Kommando des Trainers („Jetzt") lassen alle Spieler ihren Ball liegen und sprinten so schnell wie möglich zu dem äußeren Hütchen, das die gleiche Farbe hat wie das aktuelle flache Hütchen in ihrer Hand. Welcher Spieler einer Farbe ist zuerst am Hütchen bzw. welche Gruppe ist zuerst komplett? **(Grafik 2).**

HINWEISE

- Der Trainer kann zur Feldmarkierung auch Stangen verwenden, so dass die Spieler zusätzlich ihre (flachen) Hütchen nacheinander von oben einfädeln müssen

VARIATIONEN

I Die Spieler laufen ohne Ball durcheinander und sprinten zum entsprechenden Hütchen gemäß Farbkommando

II Nach dem Farbkommando des Trainers lassen die Spieler den Ball nicht liegen, sondern sprinten im Tempodribbling zum Hütchen

III Die Spieler dribbeln mit Ball am Fuß durcheinander. Bei einer Begegnung übergeben sie ihr Hütchen und ihren Ball. Anschließend machen sie nach einem Farbkommando ein Tempodribbling.

BALLWÄCHTER

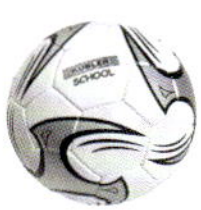
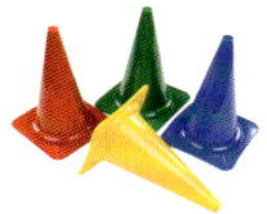

Räume verdichten	Lücke erkennen	Abschlussmöglichkeit nutzen	II

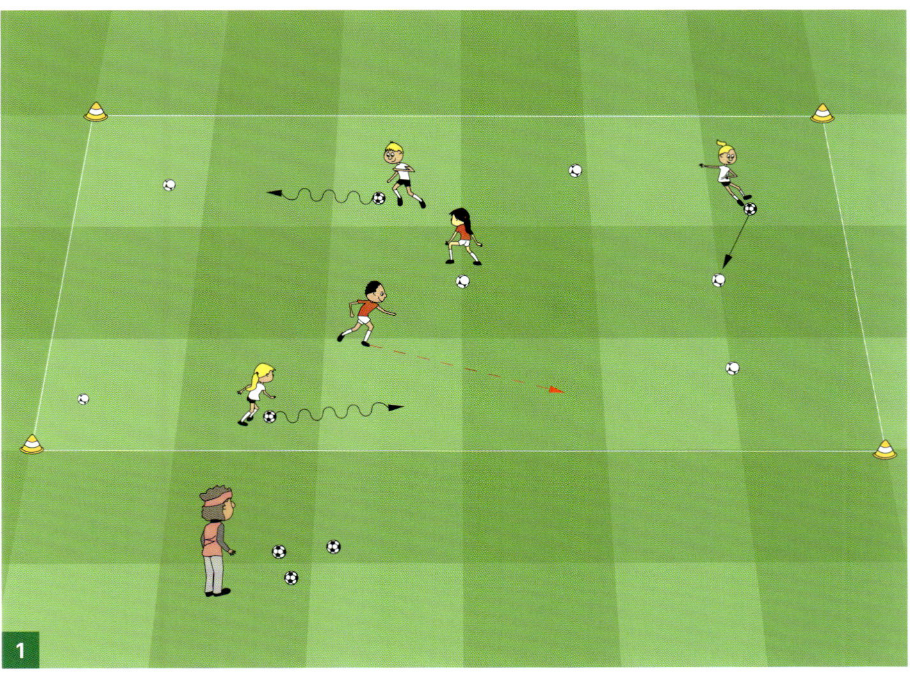

SPIELIDEE / ÜBUNGSLAUF

Der Trainer steckt ein rechteckiges Feld ab (ca. 12 x 18 Meter), verteilt ca. sechs Bälle im Feld und bestimmt drei Störenfriede (weiß; jeweils mit Ball) bzw. zwei Ballwächter (rot; ohne Ball). Die Störenfriede dribbeln im Feld umher und versuchen, einen der im Feld liegenden Bälle mit einem gezielten Pass zu treffen, was ein Punkt ergibt. Die Ballwächter versuchen, dies zu verhindern. Wichtig ist, dass die Ballwächter nur die im Feld herumliegenden Bälle schützen („Fuß vor") und nicht aktiv in den Zweikampf gehen sollen, um den Ball „wegzuspitzeln" oder zu erobern. Nach ca. 90 Sekunden werden neue Ballwächter bestimmt. Welcher Störenfried hat am Ende die meisten Treffer? **(Grafik 1).**

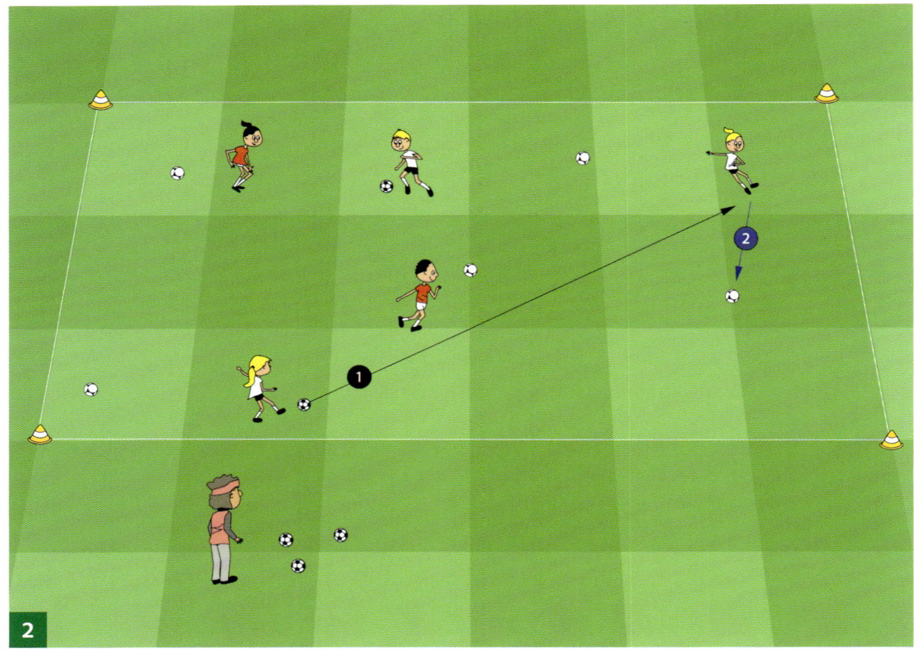

HINWEISE

- Die Spieleranzahl kann erhöht werden. Belastung für die Ballwächter beachten
- Als Ziele können – anstelle von Bällen – auch Kegel, PET-Flaschen oder Hütchen verwendet werden
- Je mehr Ziele, desto einfacher ist es für die Störenfriede. Bei weniger Zielen wird es für sie entsprechend schwieriger
- Anstatt eines Zielobjekts können Hütchentore aufgestellt werden, durch die durchgedribbelt oder durchgepasst und der Ball danach wiederaufgenommen werden muss
- Gegebenenfalls ein zweites Feld aufbauen

VARIATIONEN

II Auf Gleichzahl umstellen

III Die drei Störenfriede bekommen nur zwei Bälle (später nur noch einen Ball) und versuchen durch individuelles Dribbling, aber auch im Zusammenspiel untereinander einen Balltreffer zu erzielen **(Grafik 2)**

III Es wird „Jeder gegen Jeden" gespielt, d. h. die Ballwächter können den Ball vom Störenfried erobern und ihrerseits Treffer erzielen

STREETBALL

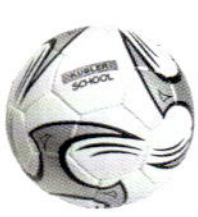
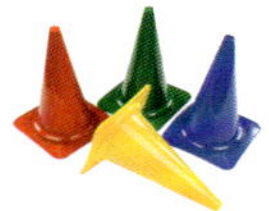
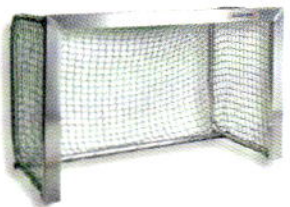

Räume verdichten	Kooperativ verteidigen	Anbieten & Orientieren	II

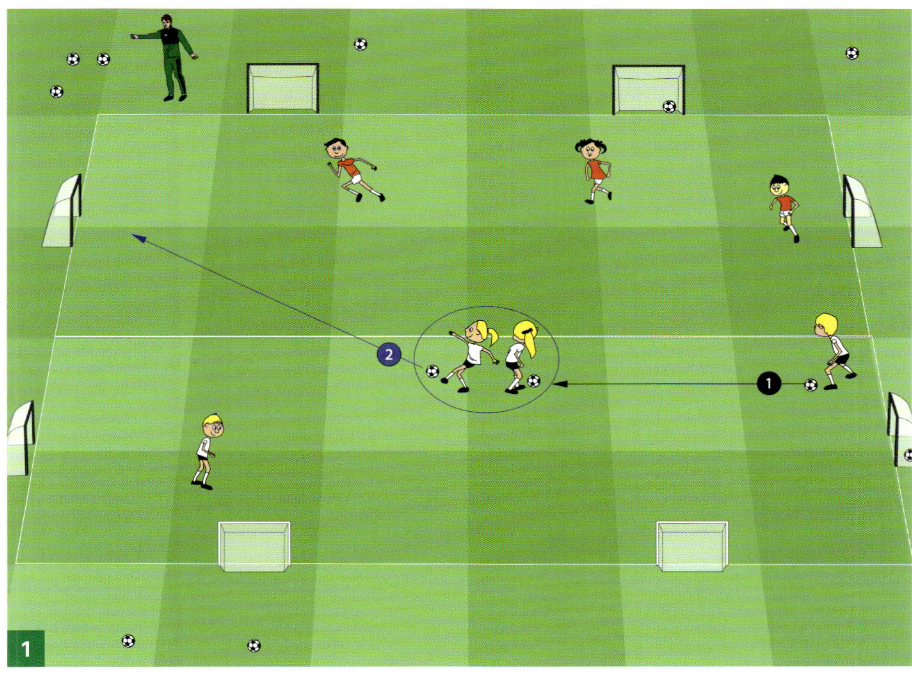

SPIELIDEE / ÜBUNGSLAUF

Der Trainer baut das abgebildete Feld auf (ca. 25 Meter breit und 20 Meter lang) und platziert pro Dreierteam vier Hütchentore (Passtore). Jedes Team muss seine vier Tore verteidigen und kann bei eigenem Ballbesitz versuchen, einen Treffer in ein gegnerisches Tor zu erzielen. Die Mittellinie darf nicht überquert werden. Der Spieler mit Ball kann frei dribbeln und einen seiner beiden Mitspieler, die sich ebenfalls frei bewegen dürfen, anspielen, um einen Moment oder guten Winkel für einen Treffer herauszuspielen. Das gegnerische Team versucht, in Abhängigkeit von der Spielsituation die gefährdeten Tore zu schützen. Welches Team erzielt mehr Treffer? **(Grafik 1)**

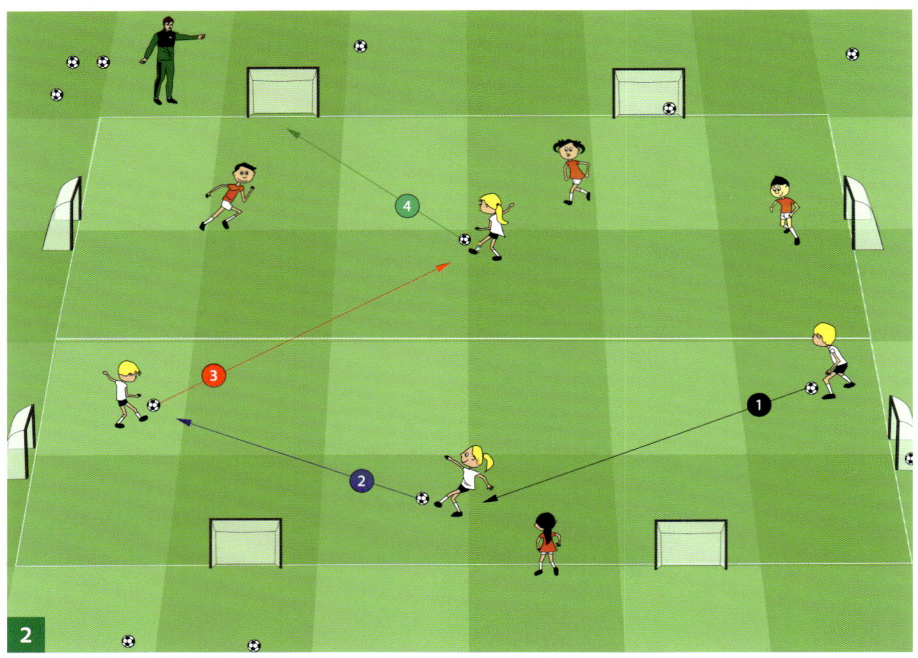

HINWEISE

- Als Tore können auch Mini-Tore oder Stangentore verwendet werden.
- Es kann auf jeweils vier Spieler mit fünf Toren erhöht werden. Immer zumindest ein Tor mehr als Spieler einer Mannschaft aufstellen
- Die Feld- und die Torgröße können dem Leistungsstand der Kinder angepasst werden
- Das Spiel kann für Torhüter mit der Hand gespielt werden, damit torwartspezifische Techniken wie das Rollen bzw. der Abwurf geübt werden

VARIATIONEN

II Mit Kontaktbegrenzung spielen, so dass jeder Spieler z. B. nur drei Kontakte hat

II Es kann (gerade bei Kontaktbegrenzung) ein neutraler Joker eingeteilt werden, der bei der Mannschaft in Ballbesitz als zusätzliche Anspielstation fungiert und hilft, weite Passdistanzen schneller zu überbrücken

III Es wird pro Team ein vierter Spieler hinzugenommen, der sich im gegnerischen Feld anbieten, aber den Spielaufbau nicht stören darf **(Grafik 2)**

III Zum Ende der Spielreihe darf der Spieler in der gegnerischen Hälfte den Spielaufbau stören

AUSBRECHER

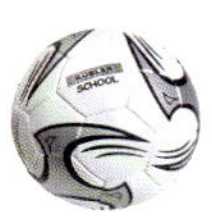
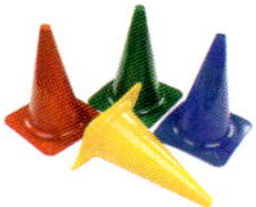
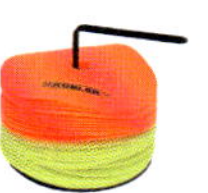
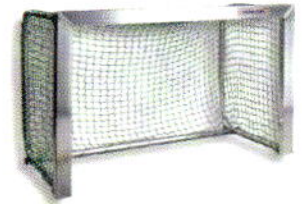

Räume verdichten	Kooperativ verteidigen	Zweikämpfe führen	II

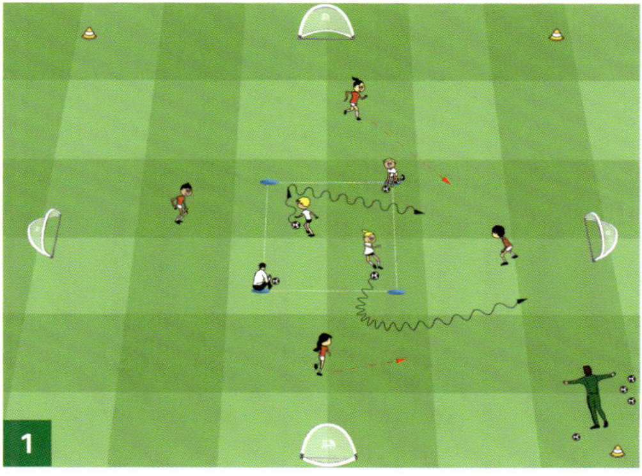

SPIELIDEE / ÜBUNGSLAUF

Der Trainer baut das abgebildete Feld auf. Im inneren abgesteckten Quadrat (Gefängnis mit einer Seitenlänge von 5 Metern) befinden sich zwei Spieler mit Ball (die Gefangenen) plus zwei weitere, die warten und nach einem abgeschlossenen Ausbruchsversuch aktiv werden. Außerhalb bewachen vier Wärter (ohne Ball) vier Mini-Tore, die im Abstand von ca. 15 Metern aufgestellt sind. Die Gefangenen starten einen Ausbruch, indem sie aus dem Gefängnis dribbeln. Sie versuchen, sich dadurch in Sicherheit zu bringen, dass sie einen oder mehrere miteinander kooperierende Wärter ausdribbeln und in eines der Tore passen. Die zu attackierenden Tore sind dabei nicht „eins zu eins" den „Ausbruchs-Seitenlinien" des Quadrats zugeordnet. Die Ausbrecher können z. B. zunächst ein Tor bestimmtes Tor attackieren und sich dann situativ umorientieren. Wie viele erfolgreiche Ausbruchsversuche lassen die Wärter zu?

VARIATIONEN

II Die Anzahl der Gefangenen schrittweise erhöhen bis zur Gleichzahl

III Die Gefangenen sind in Überzahl

HINWEISE

- Die Wächter müssen nicht in der Nähe „ihres" Tores bleiben, sondern sollen auch den anderen Wärtern helfen, insbesondere dann, wenn zwei Gefangene dasselbe Tor attackieren
- Die Tore können auch in den Ecken aufgestellt werden
- Die Verteidiger sollen sich nicht ins Mini-Tor stellen, sondern aktiv verteidigen

FUẞBALL-RUGBY

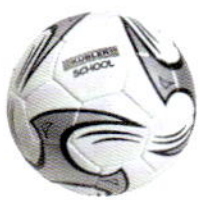
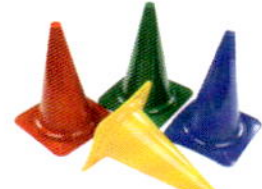
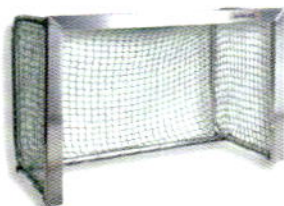

Kooperativ verteidigen	Räumlichen Vorteil herausspielen		II

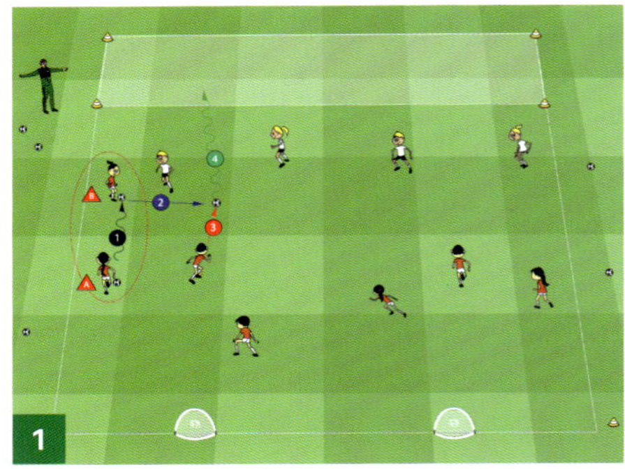
1

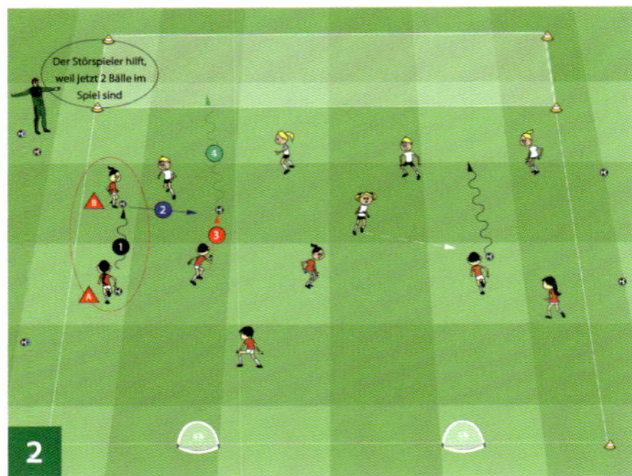

2

SPIELIDEE / ÜBUNGSLAUF

Der Trainer baut ein Feld (ca. 35 Meter lang und 25 Meter breit) mit einseitig angehängter Endzone (ca. 5 Meter) auf und teilt zwei Mannschaften ein. Das Team Rot greift mit sechs Spielern in Überzahl an. Team Weiß verteidigt mit vier Spielern in Unterzahl. Für die Unterzahlmannschaft sind zwei Kontertore positioniert. Ziel der Überzahlmannschaft ist es, dass es einem Spieler gelingt, mit einem Ball in die Endzone zu dribbeln. Dabei darf nur nach vorne gedribbelt oder quer bzw. nach hinten zum Mitspieler gepasst werden. Die verteidigende Mannschaft versucht, dies in Unterzahl zu verhindern und kann nach einer Balleroberung auf die Kontertore einen Treffer erzielen (im freien Spiel ohne Rugbyregeln). Spieldauer ca. 8 Minuten, dann die Mannschaften neu besetzen **(Grafik 1).**

HINWEISE

- Das Spielfeld relativ breit aufbauen und der Anzahl der Verteidiger anpassen
- Geduldig mit der angreifenden Mannschaft sein bis die Spielidee verinnerlicht ist
- Der angreifenden Mannschaft gegebenenfalls den Hinweis geben, die ganze Spielfeldbreite zu nutzen und das Andribbeln thematisieren

VARIATIONEN

II Mit der Hand spielen (Touch Rugby mit Fangen/Werfen). Der Spieler mit Ball darf vom Verteidiger nicht berührt werden! Ansonsten bleibt das Regelwerk gleich

III Einen zweiten Ball ins Spiel bringen. Sechs Spieler greifen an und die verteidigende Mannschaft positioniert sich mit einer Viererkette und einem Störspieler davor **(Grafik 2)**

VIER-TORE-BALL

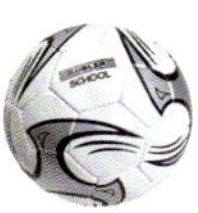
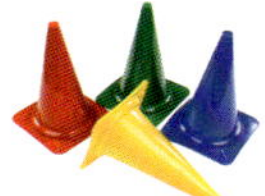
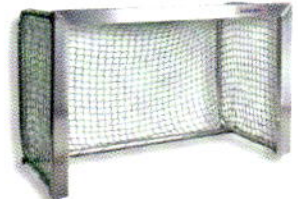

Kooperativ verteidigen	Räumliche Positionsverteilung erkennen		II

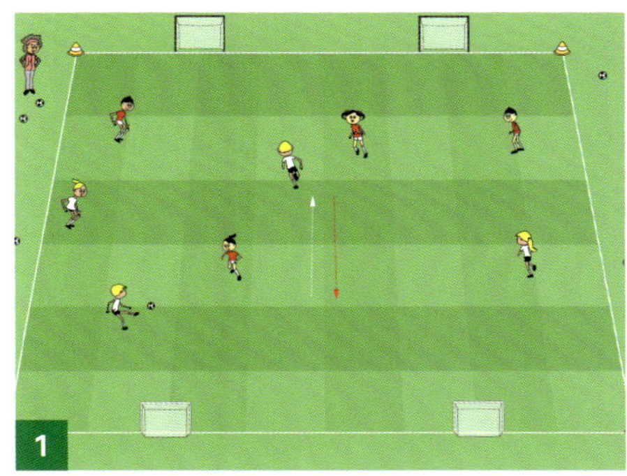
1

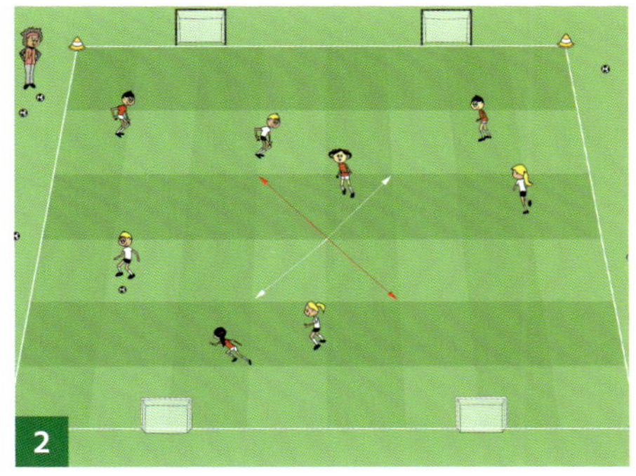
2

SPIELIDEE / ÜBUNGSLAUF

Der Trainer baut ein Feld auf (40 Meter x 25 Meter) und teilt zwei Mannschaften mit je vier bis sechs Spielern ein (ohne Torwart). Jede Mannschaft kann in Spielrichtung Treffer in zwei Tore erzielen und verteidigt gleichzeitig zwei eigene Tore. Wer schafft mehr Treffer? **(Grafik 1).**

VARIATIONEN

- **II** Treffer können nur auf die beiden diagonal stehenden Tore erzielt werden **(Grafik 2)**
- **II** Treffer können auf die beiden links (bzw. rechts) stehenden Tore erzielt werden
- **II** Tore können auf alle vier Tore erzielt werden
- **II** Bei höherer Spieleranzahl mit zwei Bällen gleichzeitig spielen
- **III** Die Tore nach hinten versetzt außerhalb des Feldes platzieren

HINWEISE

- Falls eine Mannschaft lediglich die Tore versperrt, kann man die Regel einführen, dass acht Pässe innerhalb eines Teams auch einen Punkt ergeben. Somit ist die verteidigende Mannschaft quasi zum Angreifen gezwungen
- Fernschüsse erlauben, falls sich die Gelegenheit dafür ergibt

MATRIX

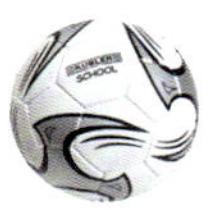
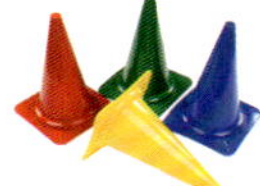
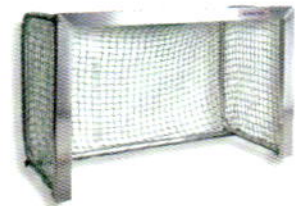
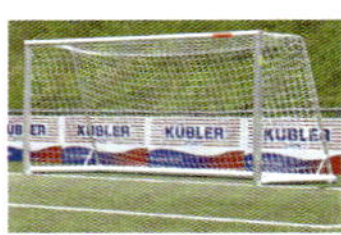

Kooperativ verteidigen	Räumlichen Vorteil herausspielen	Zweikämpfe führen	II

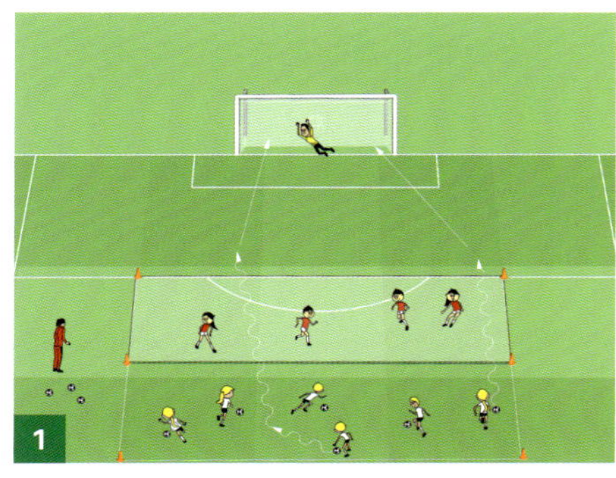
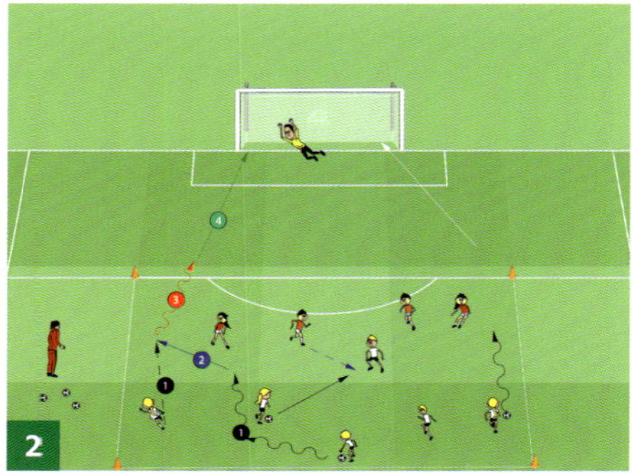

SPIELIDEE / ÜBUNGSLAUF

Der Trainer teilt die Kinder in zwei Gruppen ein, bestehend aus sechs weißen Angreifern (alle jeweils mit Ball) und vier roten Verteidigern (ohne Ball). Ein Kind geht als Torwart ins Tor. Die Angreifer positionieren sich ca. 25 Meter vom Tor entfernt und stellen sich nebeneinander auf. Die Verteidiger warten gegenüber ca. 18 Meter vor dem Tor. Auf Kommando des Trainers dribbeln alle Angreifer zeitgleich los und die Verteidiger versuchen, die Angreifer am Durchbruch zu hindern. Wie viele Tore schaffen die Angreifer? **(Grafik 1).**

HINWEISE

- Zuerst ohne Ball als Fangspiel spielen, bei dem die Angreifer versuchen, eine Ziellinie zu erreichen, ohne berührt zu werden (zuerst sind die Verteidiger in Gleichzahl dann in Unterzahl)
- Distanzschüsse unterbinden
- Positionen wechseln

VARIATIONEN

II Die Angreifer zuerst mit einem Spieler (später mit zwei Spielern) mehr starten lassen. Es empfiehlt sich, in kleineren Zahlenverhältnissen zu starten: „1 gegen 2“, „2 gegen 3“, „3 gegen 4“ usw. und jeweils die Spielfeldbreite anzupassen

III Angreifer in Überzahl, aber mit weniger Bällen als Spielern, so dass die Angreifer selbst im Dribbling, aber auch im Zusammenspiel mit den anderen Angreifern agieren können (z. B. sechs Angreifer mit zwei bis drei Bällen gegen vier Verteidiger). Es wird mit Abseits gespielt **(Grafik 2)**

8

BALLSCHULE FUßBALL

TECHNISCH-TAKTISCHE BASIS-KOMPETENZEN

FUßBALLSPEZIFISCH

Thorsten Damm & Maurice Müller

REGISTER

Name	Komplexität	Variation	Seite
Torvorlage			
Wer bietet sich an?	II	II, III	135
Schepperles	II	II, III	137
Die Zweite Welle	II	II, III	139
Torschuss			
Wunderkugel	I	II, III	141
Highway	I	II, III	142
Blinde Kuh	II	II, III	144
Gladiator	II	II, III	146
Umschalten			
Make it Take it	II	II, III	148
Fehlpass-Alarm	II	II, III	150
Nix wie weg	II	II, III	151
Zweikämpfe führen			
Fuß vor	I	II, III	152
Türsteher	II	I, III	154
Need for Speed	II	II, III	155

STÖRFALL

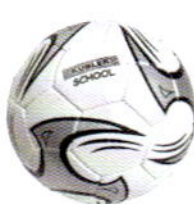
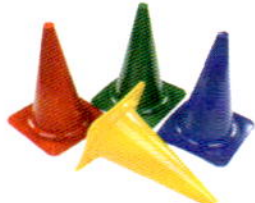
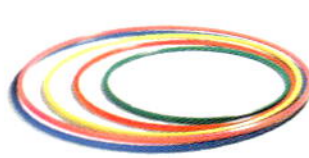

Dribbeln raumorientiert	Organisationsdruck Zeit		I

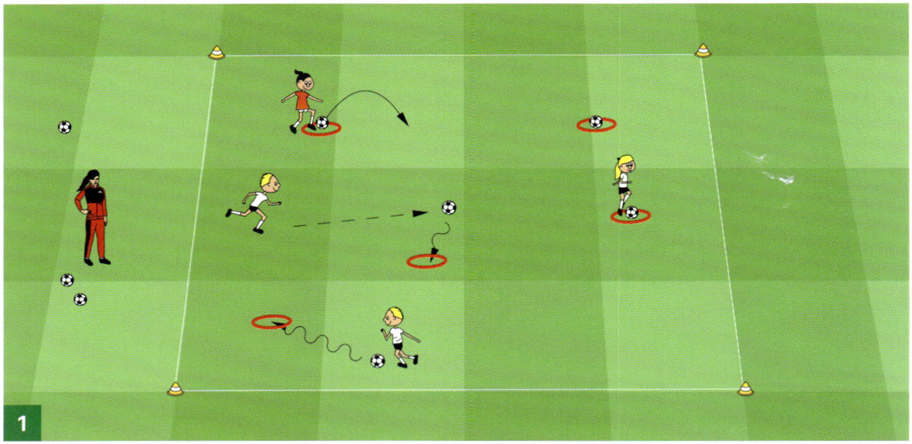

SPIELIDEE / ÜBUNGSLAUF

Der Trainer baut ein ca. 8 x 12 Meter großes Feld auf. Dort legt er fünf Gymnastikreifen ab, in denen jeweils ein Ball liegt. Er teilt einen Spieler ein (den Störenfried), der die abgelegten Bälle so aus den Reifen lupft (Störfall), dass sie das Feld nicht verlassen. Die anderen drei Kinder (Ordnungshüter) versuchen, diesen Störfall zu beheben, indem sie die Bälle schnellstmöglich wieder zurück in die Reifen dribbeln. Können die Ordnungshüter verhindern, dass es zu einem Blackout kommt, also dass alle Bälle zeitgleich aus den Reifen sind?

HINWEISE

- Spieldauer aufgrund der Belastung auf 60 bis 90 Sekunden beschränken
- Das Gruppenverhältnis kann beliebig verändert werden, z. B. „2 gegen 3" oder „2 gegen 4" und gegebenenfalls der gewählten Feldgröße angepasst werden
- Immer mehr Reifen im Vergleich zur Anzahl der Ordnungshüter auslegen

VARIATIONEN

I Technik der Störenfriede verändern: Ball muss mit dem schwachen Fuß gelupft werden bzw. anstatt zu lupfen, muss der Ball herausgenommen, hochgeworfen und weggeköpft werden

II Zwei Störenfriede einteilen

III Das Feld vergrößern, so dass der Ball auch weiter gelupft werden kann

WANDERBALL 2.0

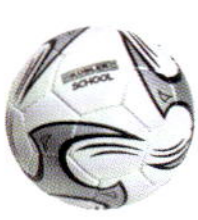 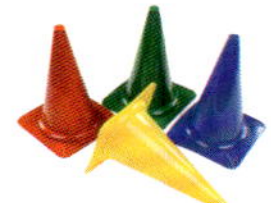 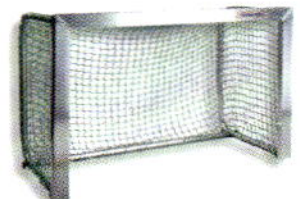

Dribbeln raumorientiert	Passen	Ballannahme/ -mitnahme	II

SPIELIDEE / ÜBUNGSLAUF

Der Trainer baut das abgebildete Feld auf und teilt zwei Gruppen mit je fünf Kindern ein. Die Kinder von Team A orientieren sich an den Hütchen in Zickzack-Aufstellung. Am Starthütchen liegen acht Bälle. Die Kinder von Team B versammeln sich mit Ball am Starthütchen des äußeren Rechtecks. Die Kinder vom Team A haben die Aufgabe, schnellstmöglich zum nächsten Mitspieler zu dribbeln und ihm den Ball zu übergeben. Dieser dribbelt ebenfalls zum nächsten Mitspieler usw. Nach der Ballübergabe bleiben die Kinder am jeweiligen Hütchen stehen. Ist der Ball beim letzten Mitspieler angelangt, dribbelt dieser in Richtung Mini-Tor, um dann ins Tor zu passen (= ein Punkt). Daraufhin sprintet er zum freigewordenen Starthütchen und dribbelt mit einem der Bälle wieder zum nächsten Mitspieler und der Ablauf startet erneut. Währenddessen läuft Team B in der Gruppe los (im Dribbling mit Ball am Fuß) und versucht, so viele Runden wie möglich zu laufen. Wie weit kommt Team B bis Team A mit allen Bällen fertig ist? Ein Fehlschuss bringt der laufenden Gruppe eine Zusatzstrecke von 10 Metern. Danach erfolgt ein Aufgabenwechsel. Wer schafft die längste Strecke?

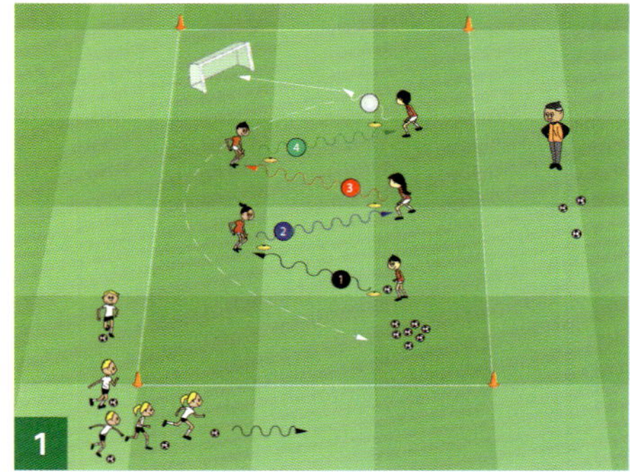

VARIATIONEN

II Den Schwerpunkt aufs Passen legen: Die Kinder von Team A passen den Ball zum nächsten Mitspieler und laufen dem gespielten Ball hinterher (zuerst zwei Pflichtkontakte, dann gegebenenfalls direkt)

HINWEISE

- Das Spiel kann auch mit beiden Gruppen zeitgleich auf zwei Feldern gespielt werden. Wer hat zuerst zehn Bälle im Tor?
- Gegebenenfalls pro Spieler zwei Hütchen als Ziellinie aufstellen, durch die vor der Ballübergabe durchgedribbelt werden muss

ESCAPE ROOM

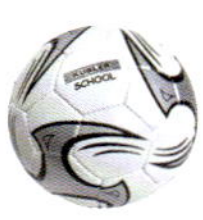
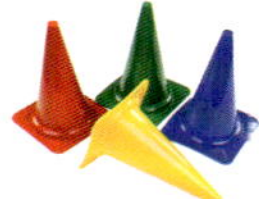
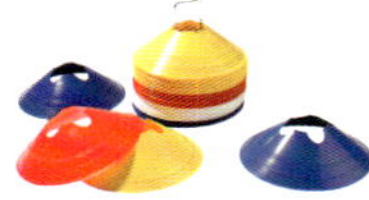

Dribbeln raumorientiert	Kooperativ verteidigen	Lücke erkennen	II

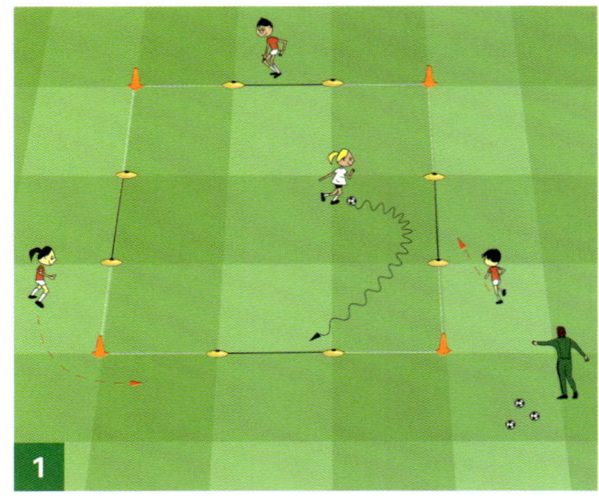
1

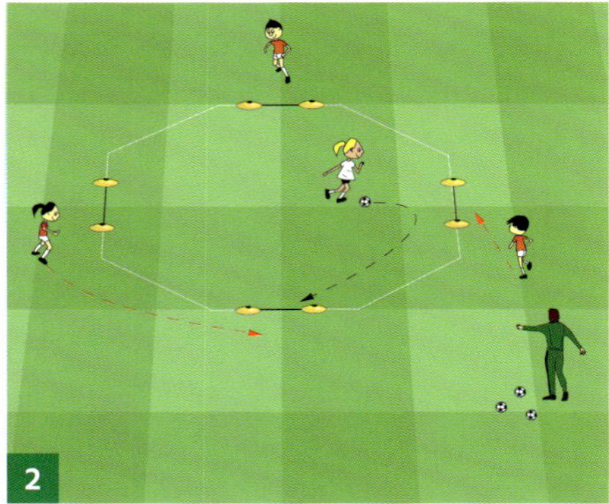
2

SPIELIDEE / ÜBUNGSLAUF

Der Trainer baut ein Quadrat mit einer Seitenlänge von ca. 6 Metern auf, in das auf jeder Seite ein Hütchentor (Breite 2 Meter) integriert ist. Die Kinder spielen in einer Vierer-Gruppe. Drei Spieler stehen außen und versuchen, die vier Hütchentore zu verteidigen, indem sie um das Feld herumlaufen und das freie Tor zustellen (sie dürfen nicht abkürzen und durch das Feld laufen). Der vierte Spieler in der Mitte hat die Aufgabe, zu erkennen welches Hütchentor gerade frei ist und mit seinem Ball durch dieses Tor hindurch zu dribbeln. Spielzeit ca. 45 bis 60 Sekunden, dann erfolgt ein Rollentausch. Welcher Spieler schafft die meisten Dribbeltore? **(Grafik 1).**

HINWEISE

- Mehrere Felder aufbauen
- Schafft es ein Spieler durch ein Dribbeltor, kehrt er direkt wieder ins Feld zurück und dribbelt weiter

VARIATIONEN

- II Bei ungerader Gruppengröße ein Feld gegebenenfalls als Dreieck aufbauen
- III Der Ball muss mit dem schwachen Fuß gedribbelt werden
- III Die Ecken des Quadrats werden zu einem Achteck gekürzt, so dass die Verteidiger schneller verschieben können **(Grafik 2)**

FADENKREUZ

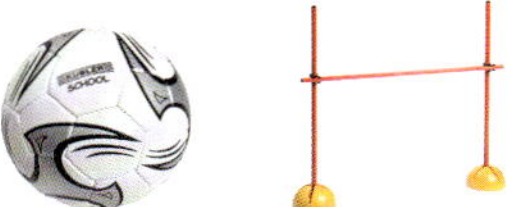

Passen	Präzisionsdruck Ergebnis	Ballannahme/ -mitnahme	I

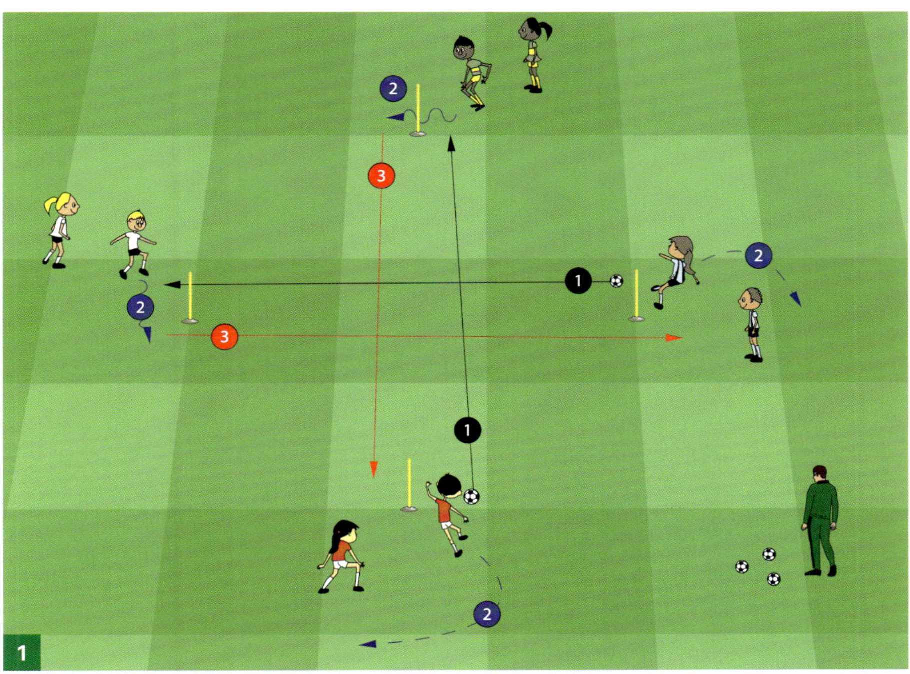

SPIELIDEE / ÜBUNGSLAUF

Der Trainer baut mit vier Stangen ein Passkreuz auf. Diese werden in den Seitenmitten eines Quadrats (6x6 bis 8x8 Meter) platziert. An jeder Stange befinden sich zwei Spieler. Von den Spielerpaaren, die sich gegenüberstehen, hat eines einen Ball. Die vier Spielerpaare spielen kooperativ und nicht gegeneinander. Sie versuchen, die beiden Bälle im Viereck über Kreuz zu passen, ohne dass sie sich berühren. Auf ein Startsignal werden beide Bälle gleichzeitig angespielt. Danach muss der Gegenüber den Ball um das Hütchen mitnehmen (ohne Kontaktbegrenzung) und zurückspielen. Der Bewegungsablauf darf beschleunigt oder verlangsamt werden, um dem anderen Pass auszuweichen. Der Ball darf aber nicht zum Stillstand kommen. Wer gepasst hat, stellt sich hinter seinem Partner an. Wie viele Pässe schafft die Gruppe ohne Fehler? Wenn die Bälle sich berühren, muss die Gruppe eine Zusatzaufgabe durchführen **(Grafik 1)**.

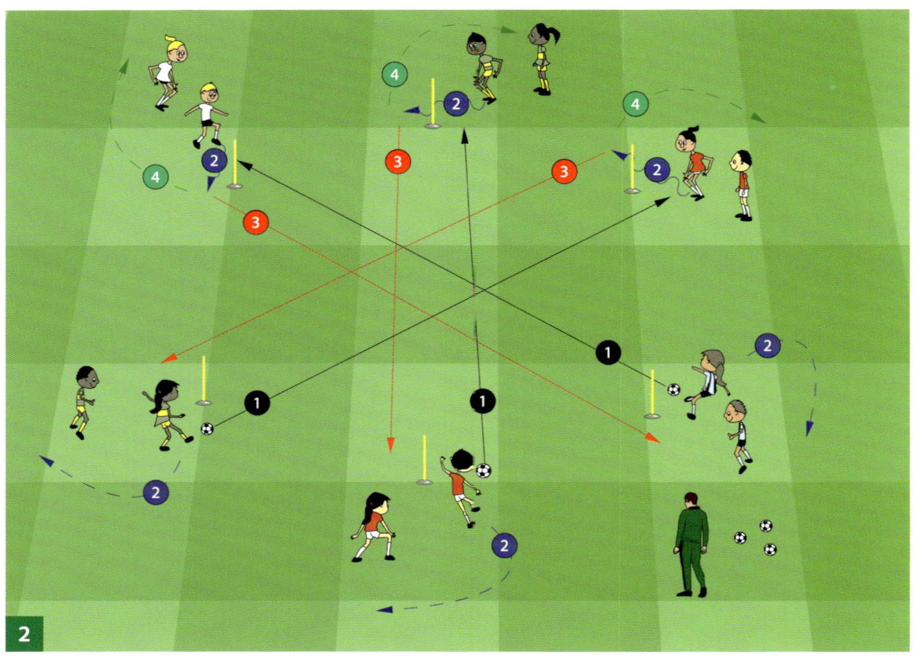

HINWEISE

- Es können mehrere Felder aufgebaut werden und die Gruppen spielen gegeneinander im Wettbewerb: Wer bleibt die längste Zeit ohne Fehler? Wer schafft in einer bestimmten Zeit die meisten Pässe?
- Es kann auch ein Kreis aufgebaut werden, durch den sich die gegenüberstehenden Spieler zupassen

VARIATIONEN

I Die Spieler wechseln nach ihrem Pass im/gegen den Uhrzeigersinn zur nächsten Position

II Statt eines Quadrats ein Sechseck (sechs Spielerpaare, drei Bälle) aufbauen **(Grafik 2)**

II Es sind nur noch drei Kontakte für die Bewegung um die Stange erlaubt

III Die Spieler, die an der Reihe sind, dribbeln vor die Stange, passen direkt auf die andere Seite und stellt sich wieder hinten an

BILLARD

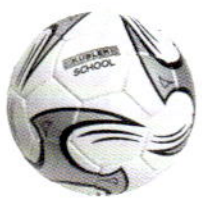
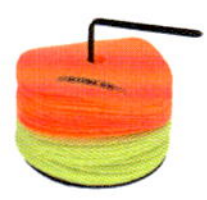
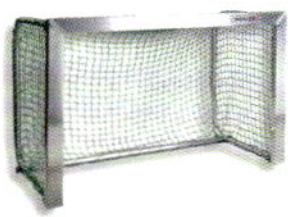

Passen	Räumlichen Vorteil herausspielen	Präzisionsdruck Ergebnis	II

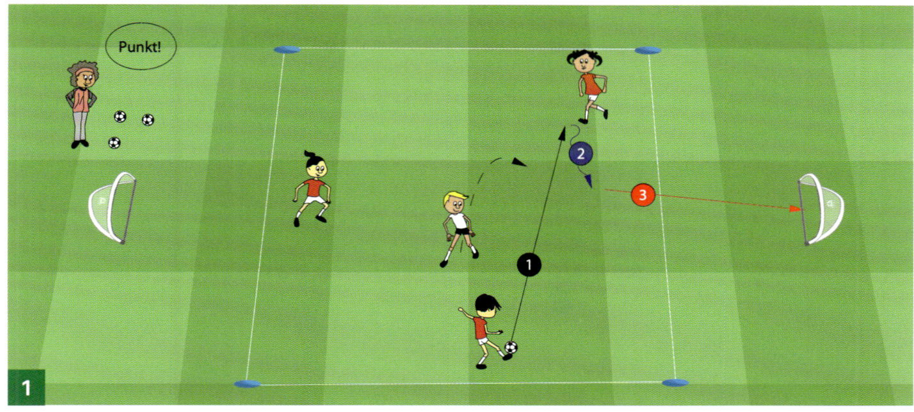

SPIELIDEE / ÜBUNGSLAUF

Der Trainer baut ein quadratisches Feld mit einer Seitenlänge von ca. 8 Metern auf. Es werden Vierergruppen gebildet. Gespielt wird „3 gegen 1". Ziel des Dreierteams ist es, sich den Ball so zuzupassen, dass eine freie Schussbahn auf eines der beiden – ca. 5 Meter außerhalb des Feldes platzierten – Mini-Tore entsteht. Die Rollen werden nach 2 bis 3 Minuten gewechselt, so dass immer ein anderes Kind in der Mitte ist. Welches Kind hat am Ende der Spielzeit die wenigsten Treffer zugelassen?

VARIATIONEN

- II Zwei weitere kleinere Ziele hinzunehmen und die Treffer unterschiedlich gewichten, z. B. ein Punkt für einen Pass in ein Mini-Tor, drei Punkte für einen außerhalb des Feldes abgelegten Ball und fünf Punkte, für das Treffen einer Stange
- III Das Überzahlverhältnis auf „3 gegen 2" verringern
- III In einem freien Spiel in Gleichzahl „3 gegen 3" spielen

HINWEISE

- Das Spiel kann zu Beginn mit der Hand gespielt werden (Rollen, Werfen, Fangen), damit sich die Spielidee festigt bzw. auch Torwarttechniken verwendet werden können
- Es können Hütchen- oder Stangentore genutzt werden, um bei Bedarf das Tor breiter zu machen
- Ersatzbälle für Fehlschüsse usw. bereithalten

GASSENBALL

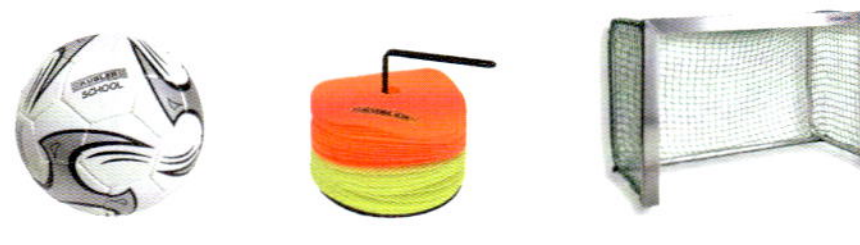

Passen	Räumlichen Vorteil herausspielen	Ballbesitz sichern	II

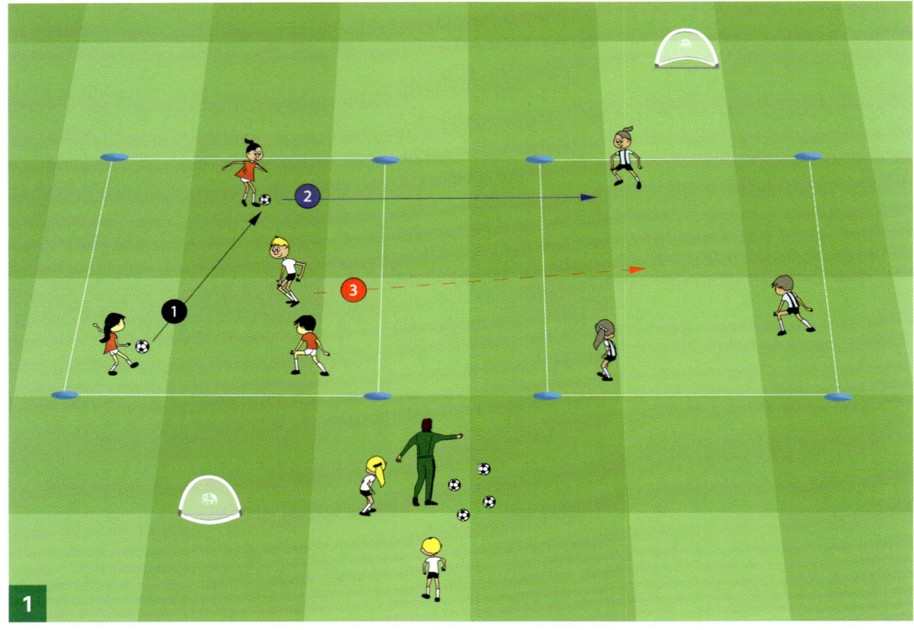

SPIELIDEE / ÜBUNGSLAUF

Der Trainer steckt zwei Quadrate mit einer Seitenlänge von 6 bis 8 Metern ab, die 3 bis 4 Meter voneinander entfernt sind. Im linken Feld wird „3 gegen 1" gespielt mit dem Ziel, möglichst viele Kontakte innerhalb des Dreierteams zu spielen, ohne dass das Kind in der Mitte an den Ball kommt (acht Kontakte ergeben einen Punkt). Gleichzeitig versucht das Dreierteam, Situationen herauszuspielen, die es ermöglichen, einen Pass in das rechte Feld zu spielen (eine Feldverlagerung gibt zwei Punkte). Dort wartet das andere Dreierteam, das ebenfalls auf Kontakte spielt bzw. eine erneute Feldverlagerung versucht. Es ist dabei nicht erlaubt, direkt zwischen den beiden Feldern hin und her zu spielen. Der in Unterzahl agierende Spieler folgt dem gespielten Pass ins andere Feld und jagt dem Ball weiter hinterher. Nach der zweiten Feldverlagerung sprintet der zweite außerhalb wartende Spieler ins Feld und löst den bisherigen Verteidiger ab usw. Gelingt einem Verteidiger eine Balleroberung oder fängt er einen Pass ab, kann er selbst einen Treffer ins Kontertor erzielen. Er muss allerdings von dort passen, wo er steht, darf aber nicht angegriffen werden. Wie viele Punkte muss das verteidigende Dreierteam hinnehmen? Nach ca. 5 Minuten wird ein neues Dreierteam benannt, das verteidigt **(Grafik 1).**

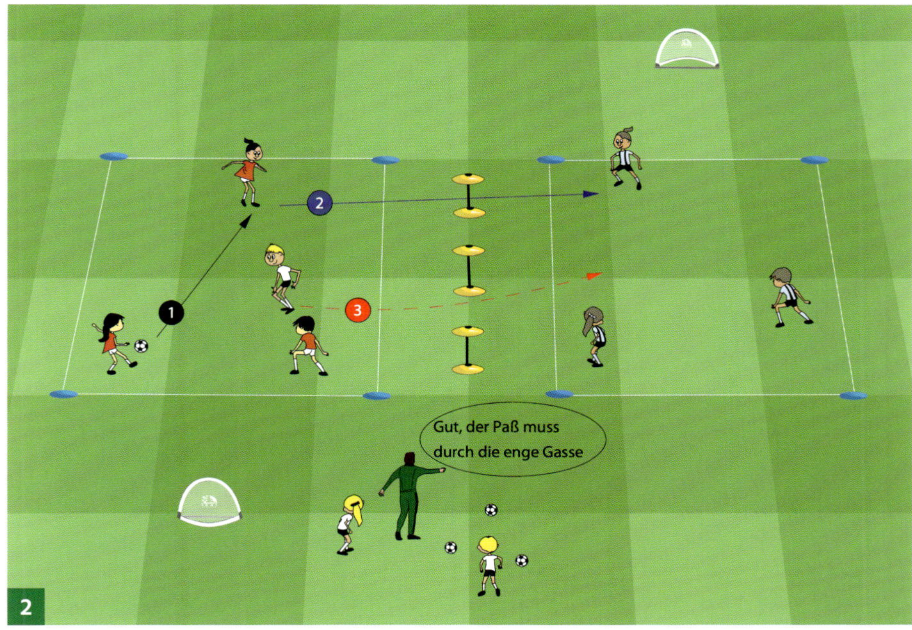

VARIATIONEN

- Die Feldverlagerung ist nicht mehr über die ganze Breite möglich, sondern muss durch eine der drei Gassen (jeweils ca. 1,5 m breit) erfolgen **(Grafik 2)**
- Nach einem Ballgewinn des Verteidigers darf das Überzahlteam aktiv nachsetzen, um den Verteidiger am Torerfolg zu hindern

HINWEISE

- Spielfeldgröße dem Könnensstand der Kinder anpassen
- Zu Beginn mit freien Kontakten beginnen und dann gegebenenfalls die Kontaktzahl auf drei Kontakte begrenzen
- Ersatzbälle bereithalten

KARUSSELL

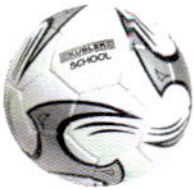

Ballannahme/ -mitnahme	Passen	Ballbesitz sichern	I

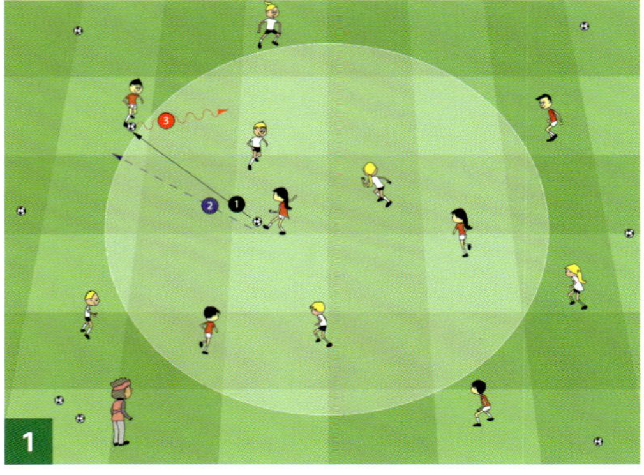

SPIELIDEE / ÜBUNGSLAUF

Der Trainer baut einen Kreis mit einem Durchmesser von 12 bis 15 Metern oder ein Quadrat mit einer Seitenlänge von 9 Metern auf. Er teilt zwei Gruppen mit sechs bis zehn Kindern ein, von denen sich jeweils die Hälfte ins Feld begibt und sich die andere Hälfte außen positioniert. Das Team in Ballbesitz versucht, in Ballbesitz zu bleiben und eine günstige Position für ein Anspiel zu einem der außen wartenden Mitspieler herauszuspielen, um mit ihm die Position zu tauschen. Die Außenspieler haben zu Beginn eine feste Position und dürfen sich untereinander nicht decken oder angreifen. Das Spiel kann als Parteiballspiel gestaltet werden. Der Trainer kann auch die Pässe bei Ballbesitz oder die Anzahl der Pässe nach außen zählen.

HINWEISE

- Bei einem Fehlpass eines Spielers vom Team A von innen zum Außenspieler von Team B, bleibt Team B in Ballbesitz (ohne Platzwechsel)
- Die Kinder sollen versuchen, die Ballannahme außerhalb des Feldes und die Ballmitnahme ins Feld mit einem Kontakt zu gestalten
- Nach dem Pass auf ein hohes Lauftempo beim Verlassen des Feldes achten

VARIATIONEN

II Die Außenspieler sind nicht positionsgebunden, sondern dürfen sich frei um das Feld herumbewegen und anbieten

III Die Außenspieler dürfen sich um den kompletten Kreis herum anbieten und sich dabei untereinander decken/stören

BULL'S EYE

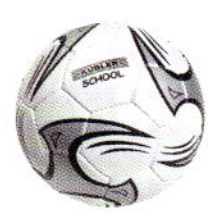

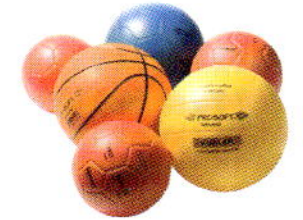

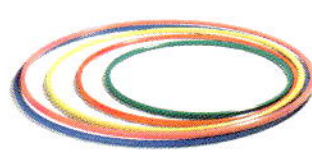

Ballannahme | II

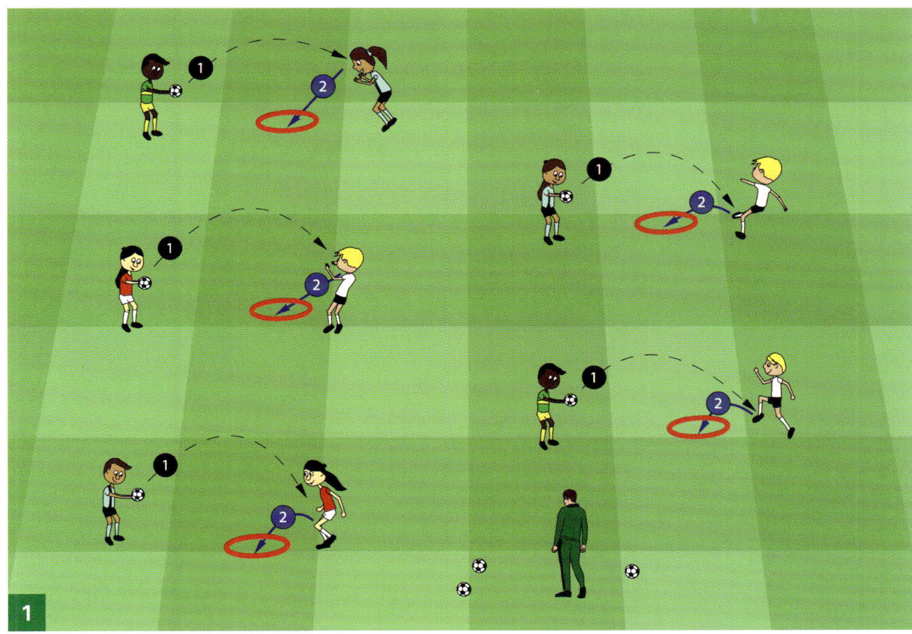

SPIELIDEE / ÜBUNGSLAUF

Innerhalb der Gruppe gehen zwei Spieler zusammen. Spieler A und B stehen ca. 3 Meter voneinander entfernt. Zwischen ihnen liegt ein Reifen auf dem Boden. Spieler A hat einen (Soft-)Ball in der Hand und wirft ihn zu Spieler B, der versucht, den Ball

- in den Reifen zu köpfen
- von der Brust abtropfen zu lassen, so dass er im Reifen aufspringt (hierfür stellt sich Spieler B direkt hinter den Reifen)
- vom Oberschenkel abtropfen zu lassen, so dass er im Reifen aufspringt (hierfür geht Spieler B ebenso direkt hinter den Reifen)
- volley mit der Innenseite in den Reifen zu spielen, also so zu stoppen bzw. abprallen zu lassen, dass er im Reifen aufspringt
- volley mit dem Spann abtropfen zu lassen, so dass er im Reifen aufspringt

Jedes Kind hat fünf Versuche, dann erfolgt ein Wechsel. Zuerst einfach üben, dann im Wettkampf: Wer schafft mehr Treffer? Hinweis: Um zu verhindern, dass ein Kind unfair zuwirft, können auch die Treffer beider Kinder addiert und mit den anderen Gruppen verglichen werden **(Grafik 1)**.

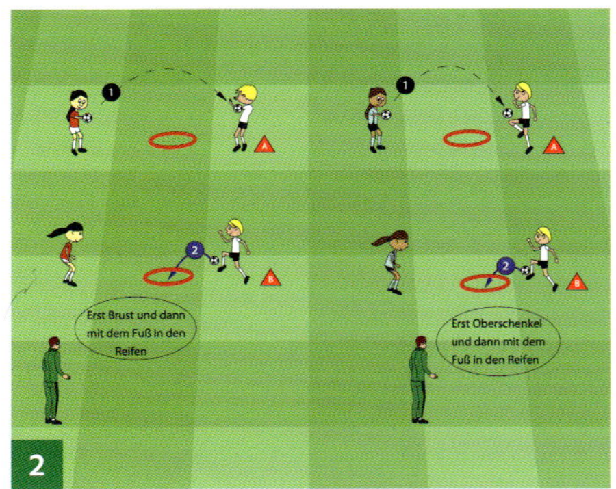

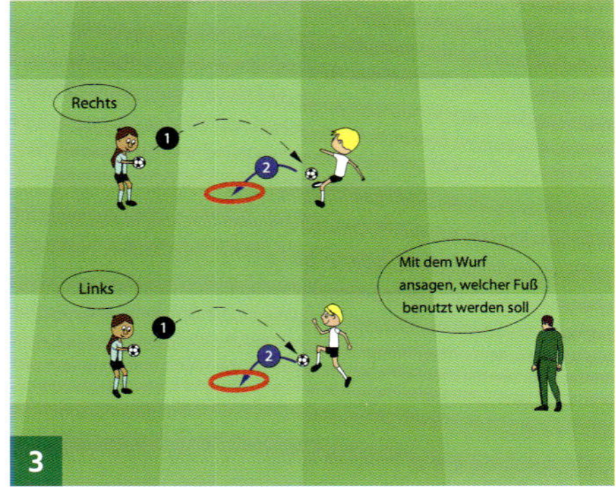

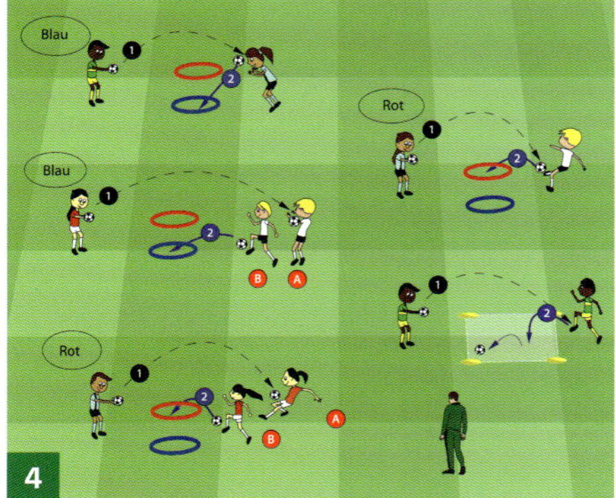

HINWEISE

- Statt einem Reifen kann auch ein Fahrradreifen genommen werden. Weitere mögliche Ziele sind eine Trinkflasche, die getroffen werden muss, oder ein Leibchen als Trefferfläche
- Diese Übung findet als Technikelement im Spiel „Eierlegen“ (S. 73) Anwendung und kann dementsprechend als Vorübung für dieses Baustein-Spiel genutzt werden
- „Profis“ können auch probieren, nach dem Ablauf „Brust, Oberschenkel, Fuß“ in den Reifen zu treffen (Dreifachaktion)

VARIATIONEN

II Doppelaktion bei der Technik mit der Brust und dem Oberschenkel. Nach dem Zuwurf wird der Ball mit der Brust/dem Oberschenkel gestoppt und mit dem Fuß direkt aus der Luft in den Reifen gespielt **(Grafik 2)**

II Variation bei der Technik mit dem Fuß: Mit dem Zuwurf sagt der Werfer an, ob der Partner den linken/rechten Fuß benutzen soll **(Grafik 3)**

II Vor dem Kind liegen zwei Reifen in unterschiedlicher Farbe (z. B. blau und rot). Mit dem Zuwurf gibt der Werfer ein Farbkommando, in welchem Reifen der Ball aufspringen soll **(Grafik 4).** Als Erschwerung kann zusätzlich das Kommando „rechts/links“ eingeführt werden, so dass nach dem Zuruf „blau/rechts“ der Ball mit dem rechten Fuß in den blauen Reifen zu spielen ist

III Statt des Reifens wird mit Hütchen ein Zielbereich markiert (Seitenlänge ca. 1,5 Meter), in dem der Ball nicht nur aufspringen, sondern auch darin liegen bleiben muss **(Grafik 4; rechts unten)**

WILDER WESTEN

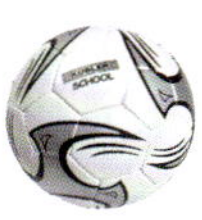
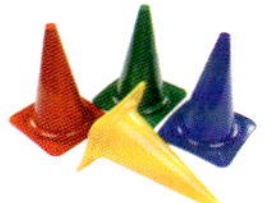
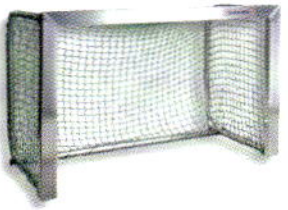

Ballannahme/ -mitnahme	Abschlussmöglichkeit nutzen	Zweikämpfe führen	II

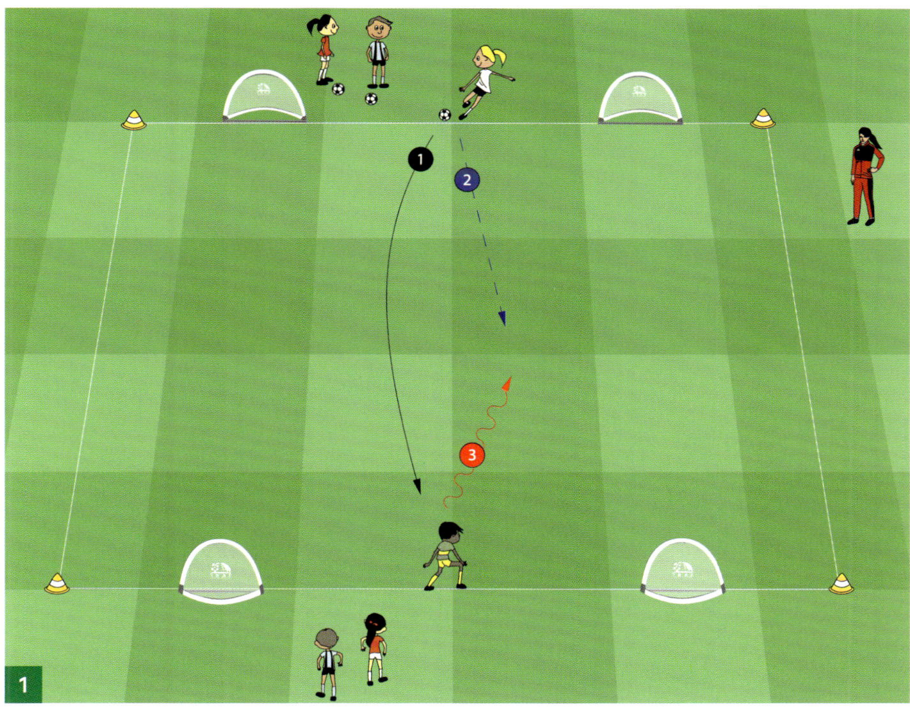

SPIELIDEE / ÜBUNGSLAUF

Der Trainer baut ein Feld (ca. 20 Meter lang und 10 Meter breit) mit jeweils zwei Mini-Toren an den Enden (insgesamt vier) auf und teilt zwei Gruppen mit je fünf Kindern ein, die sich mittig an der Grundlinie gegenüberstehen. Der Spieler der angreifenden Gruppe erwartet das frontale Zuspiel vom gegnerischen Verteidiger. Mit der Ballannahme startet der Spieler seine Angriffsaktion, wobei gleichzeitig der verteidigende Spieler in das Feld hinein läuft. Der Angreifer kann in eines der beiden Mini-Toren einen Treffer erzielen, was der Verteidiger zu verhindern versucht bzw. er kann seinerseits versuchen, in Ballbesitz zu kommen und nach der Balleroberung einen Treffer zu erzielen. Nach zwei bis drei Durchgängen erfolgt ein Aufgabenwechsel. Welche Gruppe hat am Ende insgesamt mehr Treffer erzielt? **(Grafik 1).**

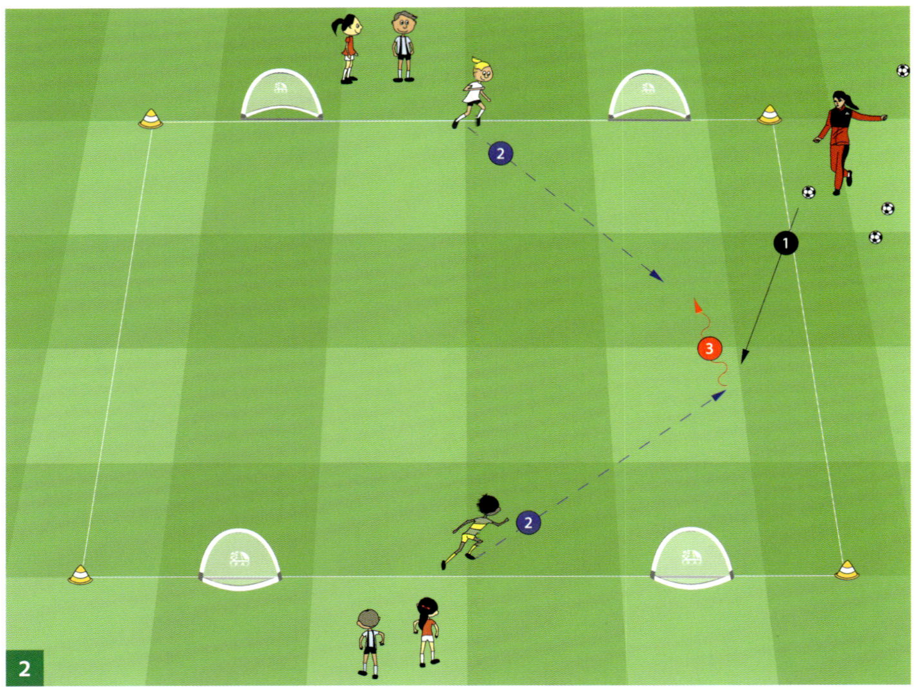

2

HINWEISE

- Der Angreifer kann per Dribbling die Aktion einleiten, ohne vorher einen Ball annehmen zu müssen. Mit Beginn des Dribblings rückt der Verteidiger heraus
- Zu Beginn kann auch der Trainer den Pass spielen
- Die Themen Ballannahme/-mitnahme in die Bewegung und Richtungswechsel (Angreifer) sowie Rausrücken und Distanz verringern (Verteidiger) besprechen

VARIATIONEN

- II Der Trainer spielt ein und variiert die Zuspiele (Flachpass, Flugball bzw. aufspringende Zuspiele)
- II Der Trainer spielt ein und variiert die Zuspielrichtung, d. h. nicht immer auf den Spieler, sondern in den Raum vor ihn oder seitlich spielen **(Grafik 2)**
- II Die Mini-Tore durch ein E-Jugendtor mit Torwart ersetzen
- III Es gibt keine feste Rollenverteilung mehr. Wer zuerst am Ball ist, wird Angreifer. Hierbei kann die Startposition variiert werden (stehen, sitzen, liegen)

PAC-MAN

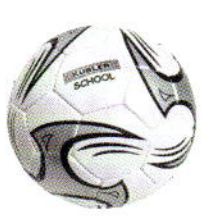
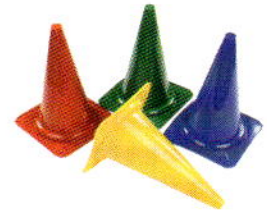
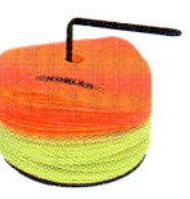

Dribbeln gegnerorientiert	Lücke erkennen	Zweikämpfe führen	I

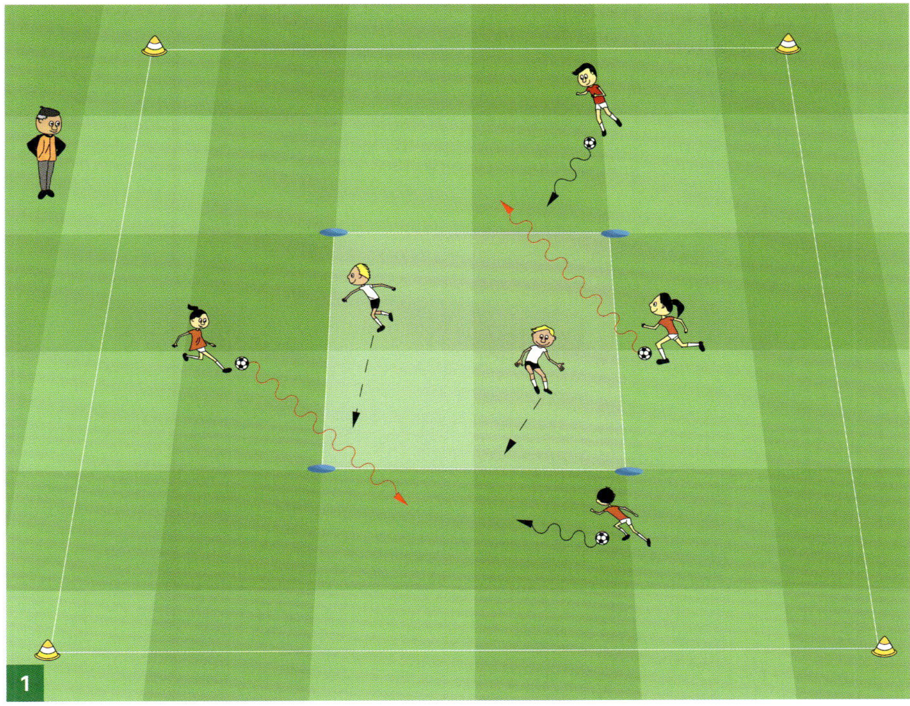

SPIELIDEE / ÜBUNGSLAUF

Der Trainer baut ein Quadrat mit einer Seitenlänge von ca. 12 Meter auf, in dem ein weiteres kleineres Quadrat (Seitenlänge ca. 6 Meter) markiert wird. Im inneren Quadrat befinden sich die beiden Pac-Men mit gelben Leibchen. Sie haben die Aufgabe, die von außen eindringende Spieler am Durchqueren ihres Feldes zu hindern (Berühren reicht). Die äußeren vier bis sechs Spieler dribbeln mit Ball am Fuß frei herum und entscheiden sich, wann sie im Tempodribbling, gegebenenfalls mit Richtungswechseln, einen Versuch starten, in das innere Feld einzudringen und durch eine beliebige Seite wieder heraus zu dribbeln. Nach ca. 3 bis 4 Minuten erfolgt ein Rollenwechsel. Wie viele Eindringlinge werden von den beiden Pac-Men berührt? Welcher Spieler schafft die meisten Durchquerungen, ohne berührt zu werden? **(Grafik 1)**

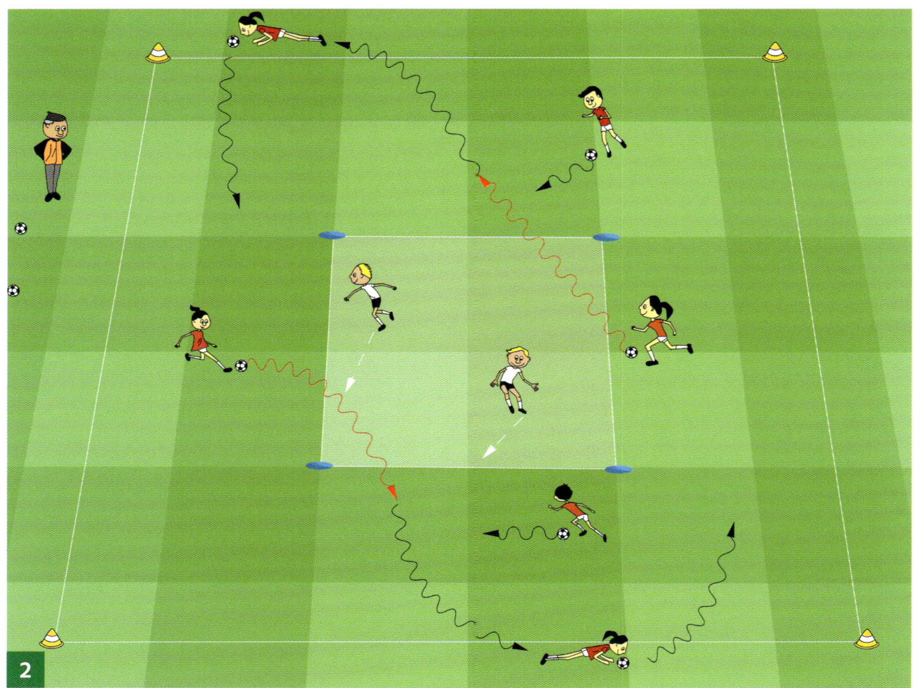

HINWEISE

- Das Spiel kann zu Beginn ohne Ball als reines Fangspiel gespielt werden
- Um zu verhindern, dass sich die äußeren Kinder nur um das innere Quadrat herum aufhalten, kann die Regel eingeführt werden, dass nach jedem erfolgreichen Versuch das große Quadrat im Dribbling verlassen werden muss (u. U. mit Zusatzaufgabe; z. B. zwei Liegestütze; siehe **Grafik 2**)

VARIATIONEN

I Eine Durchquerung zählt nur, wenn das Feld durch die gegenüberliegende Seite wieder verlassen wird

II Beide Pac-Men haben ebenfalls einen Ball am Fuß (Berühren der Eindringlinge mit der Hand reicht)

III Die beiden Pac-Men haben keinen Ball und versuchen aktiv, den Ball vom Gegenspieler zu berühren (später zu erobern)

FLUCHTWEG

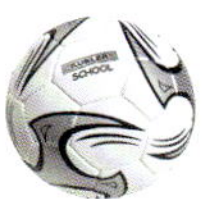
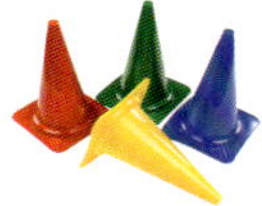

Dribbeln gegnerorientiert	Lücke erkennen		II

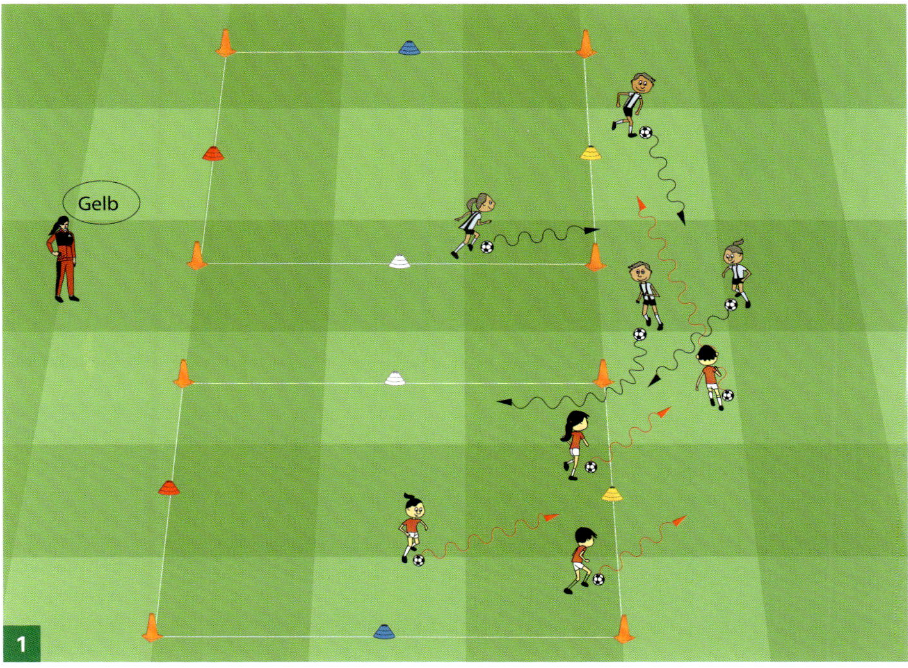

SPIELIDEE / ÜBUNGSLAUF

Der Trainer baut zwei Felder (je ca. 8 x 8 Meter) auf und teilt jedem Feld vier bis sieben Kinder mit Ball zu. Die Seiten des Quadrats unterscheiden sich durch die Farbe der zugeordneten Markierungshütchen. Die Kinder dribbeln im Feld. Auf ein Kommando des Trainers, z. B. gelb, müssen alle Kinder sowohl ihr jeweiliges Feld durch die genannte Seitenlinie verlassen (ganze Breite), als auch durch die entsprechende Seitenlinie ins andere Feld reindribbeln. Zuerst ein paar Durchgänge zum Eingewöhnen machen, dann wettkampforientiert gestalten, z. B. fünf Durchgänge, wobei die Gruppe, die zuerst komplett im anderen Feld angekommen ist, einen Punkt bekommt **(Grafik 1)**. Man kann die Kommandos relativ schnell auf zwei Farben erweitern, z. B. „gelb, rot" bedeutet, dass das Feld durch die gelbe Seite zu verlassen und das andere Feld durch die rote Seite zu betreten ist.

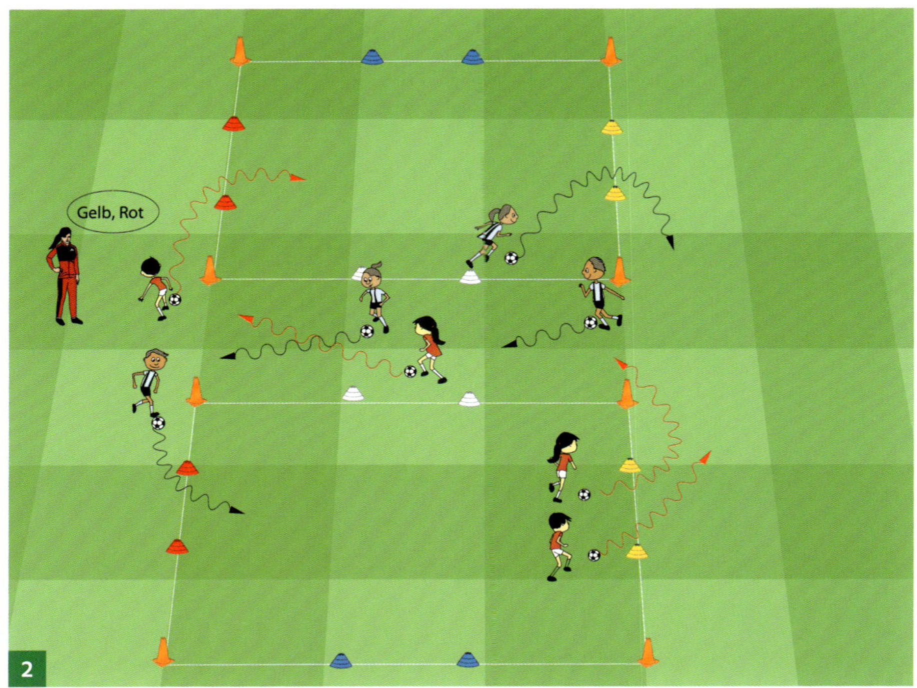

HINWEISE

- Kann gut ins Warm Up integriert und ohne Ball als Laufspiel durchgeführt werden: Welche Gruppe ist zuerst komplett im anderen Feld (und hat den richtigen Fluchtweg genommen)?
- Nach Möglichkeit gleichgroße Gruppen einteilen
- Die Kinder begegnen sich beim Feldwechsel, dürfen einander aber nicht stören (z. B. den Ball eines anderen wegspitzeln)
- Die Ausgänge können auch durch Zahlen oder Uhrzeiten unterschieden werden

VARIATIONEN

I Es wird im Feld umhergedribbelt und bei Kommando der Ball auf den Boden gelegt. Die Kinder sprinten dann ohne Ball ins andere Feld, um mit einem der dort liegenden Bälle weiterzudribbeln

II Die Ausgänge der Fluchtwege verkleinern, so dass nicht mehr durch die ganze Breite, sondern durch einen kleineren Korridor raus/rein gedribbelt werden muss (Grafik 2)

III Vier Kommandos geben und somit zwei Feldwechsel aneinanderreihen, z. B. „blau, gelb, weiß, rot" bedeutet: aus der blauen Seite raus, im anderen Feld durch die gelbe Seite rein, dort wieder aus der weißen Seite raus und durch die rote Seite zurückkehren

EBBE UND FLUT

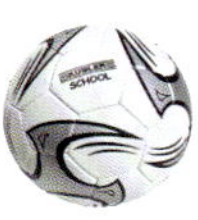
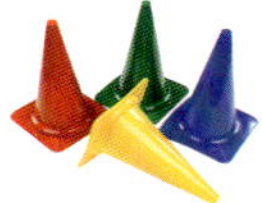
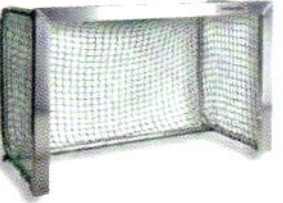

Dribbeln gegnerorientiert	Zweikämpfe führen	Zeitdruck Reaktion	II

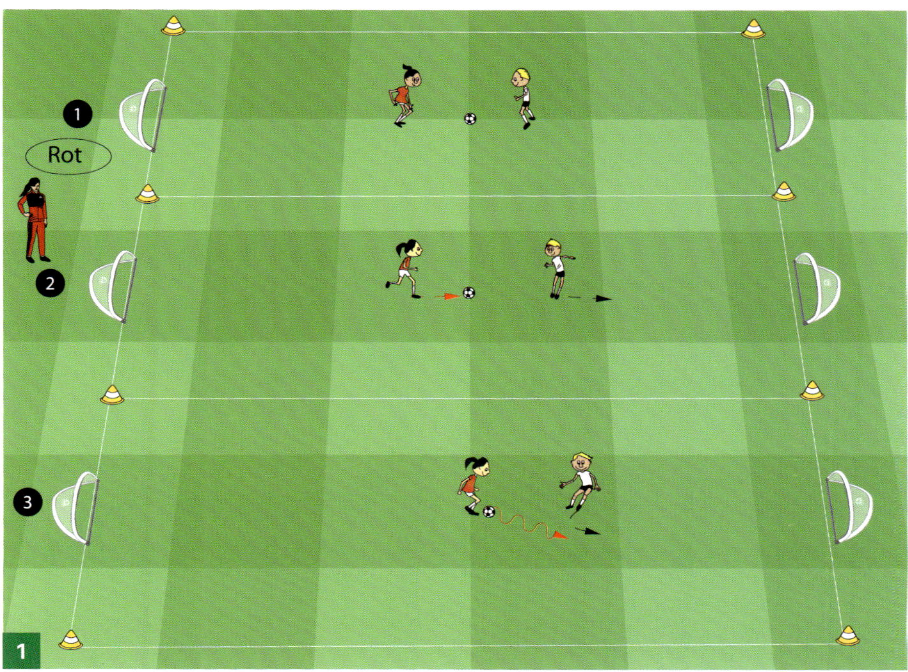

SPIELIDEE / ÜBUNGSLAUF

Drei bis fünf Felder werden nebeneinander aufgebaut (Länge ca. 15 Meter und Breite ca. 8 Meter) mit jeweils zwei 2 Meter breiten Hütchentoren an den Enden. In jedem Feld stehen sich zwei Spieler im Abstand von 2 bis 4 Metern mittig gegenüber. Zwischen ihnen liegt ein Ball. Wenn der der Trainer" „Rot" ruft, laufen die roten Spieler schnell zum Ball und greifen an. Die Spieler vom Team Weiß weichen zurück in die Verteidigungsposition **(Grafik 1)**. Erobert ein Verteidiger den Ball, darf er seinerseits angreifen. Jeder Spieler zählt seine Punkte. Nach zwei bis drei Durchgängen wechselt jedes Kind im Uhrzeigersinn ein Feld weiter und hat einen neuen Gegner. Dadurch wechseln die Kinder irgendwann auch das Team, also vom Team Schwarz zu Rot (oder umgekehrt) und müssen sich an das neue Kommando gewöhnen.

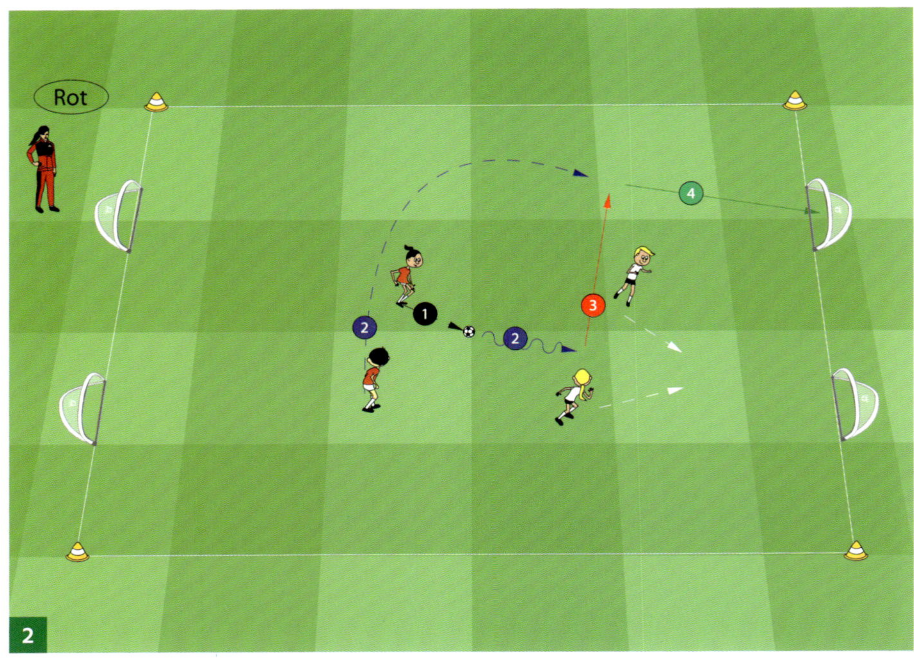

HINWEISE

- Es kann auch ein Feld aufgebaut werden und die restlichen Kinder warten bzw. rutschen nach (vgl. Organisationsform bei Wilder Westen S. 121)
- Das Spiel kann zu Beginn ohne Ball als reines Fangspiel durchgeführt werden, indem versucht wird, den anderen zu fangen, bevor er seine Grundlinie erreicht hat

VARIATIONEN

II Die Startposition verändern (aus dem Sitzen oder Liegen usw.)

II Das Kommando wechselt und bezeichnet nun das Team, das verteidigt (statt angreift)

II Die Kinder stehen sich nicht mehr direkt gegenüber, sondern seitlich versetzt und haben jeweils einen eigenen Ball. Je nach Kommando müssen sie entweder ihren Ball liegen lassen und verteidigen oder können schnell zu ihrem Ball laufen und angreifen

III Es wird „2 gegen 2" in einem Feld auf je zwei Mini-Tore gespielt **(Grafik 2)**

NACHTWÄCHTER

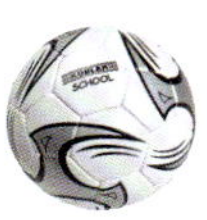
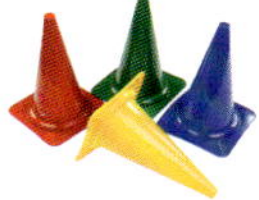
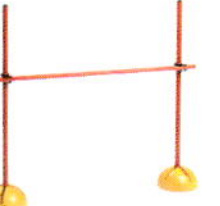
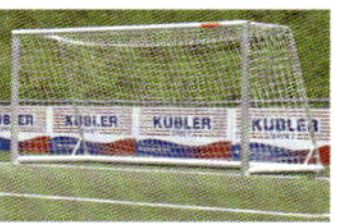

Direktspiel	Anbieten & Orientieren	Umschalten	II

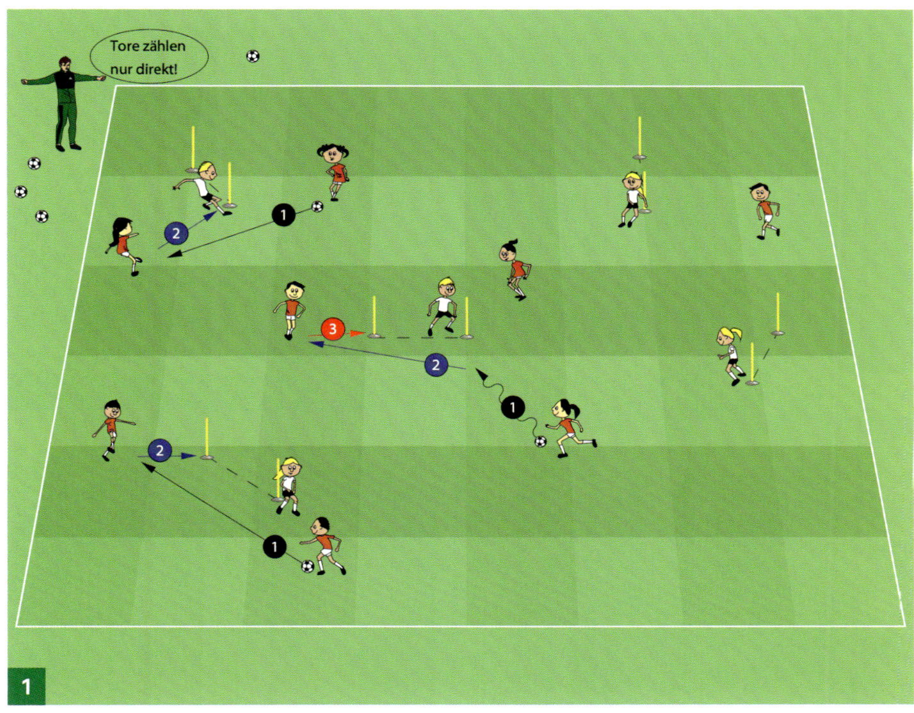

SPIELIDEE / ÜBUNGSLAUF

Der Trainer steckt ein rechteckiges Feld ab (ca. 25 x 35 Meter) und stellt fünf breite Stangentore auf (Stangen 2,50 Meter voneinander entfernt). Er bestimmt fünf Nachtwächter, die jeweils für ein Tor verantwortlich sind und acht Angreifer, die drei Bälle bekommen. Das Ziel der Angreifer ist es, sich durch Zusammenspiel und geschickte Positionierung einem Stangentor zu nähern, so dass nach Pass von einem Angreifer zum anderen dieser per Direktspiel eine der Stangen trifft. Der Nachtwächter bewacht demnach nicht das Tor, sondern die Stangen. Dabei kann er sich entweder vor die Stangen stellen oder zwischen ihnen hin und her laufen. Die Angreifer dürfen nicht gleichzeitig ein Stangentor mit zwei Bällen attackieren. Nach 5 Minuten werden neue Nachtwächter bestimmt. Welche Nachtwächter lassen die wenigsten Stangentreffer zu?

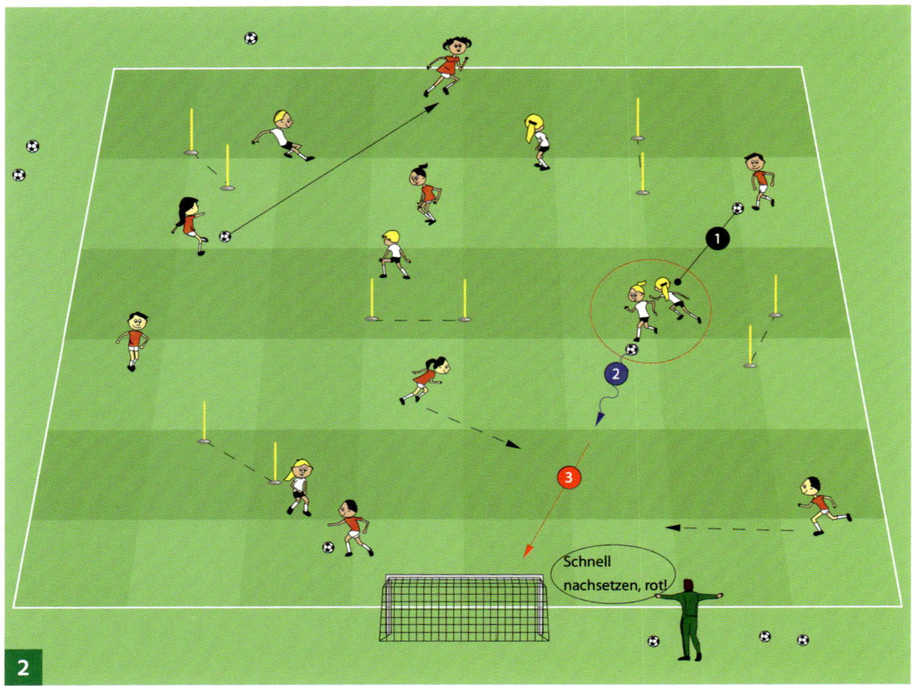

HINWEISE

- Statt Stangen können Hütchen, Kegel oder PET-Flaschen als Torpfosten verwendet werden
- Zu Beginn können Treffer gezählt werden, die nicht direkt, sondern mit dem zweiten Kontakt erzielt wurden (stoppen und passen)
- Bei Bedarf die Stangen weiter auseinanderstellen, damit für die Angreifer nach einem Querpass ein erfolgreicher Treffer leichter möglich ist

VARIATIONEN

I Die Spieler dürfen selbst auf eine Stange zudribbeln und versuchen, sie ohne vorherigen Querpass eines Mitspielers zu treffen

II Der Nachtwächter darf sich nicht nur auf der Verbindungslinie, sondern frei bewegen und sein Tor auch verlassen

III Es wird ein Kontertor für die Nachtwächter am Feldrand platziert. Diese können sich weiterhin frei bewegen und – nachdem sie einen Ball von den Angreifern abgefangen haben – versuchen, in das Kontertor zu passen (gegebenenfalls ein Dribbeltor verwenden, durch das hindurch gedribbelt werden muss) **(Grafik 2)**

NUMMERNBALL

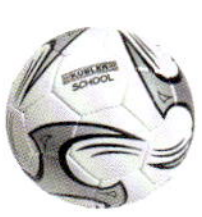
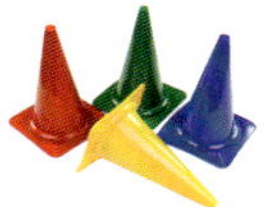
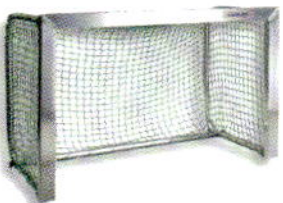

Direktspiel	Passen		II

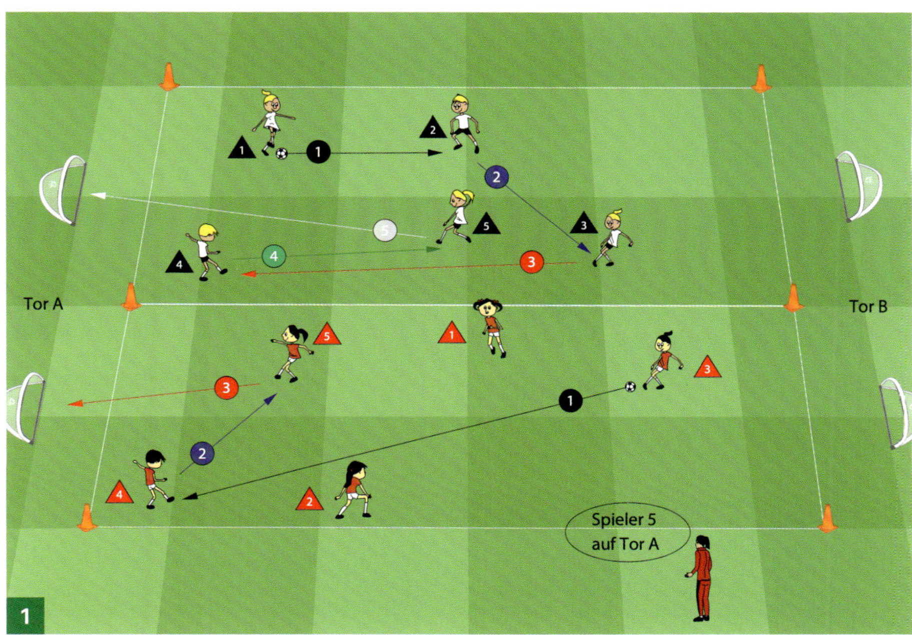

SPIELIDEE / ÜBUNGSLAUF

Es werden zwei Mannschaften gebildet, denen ein eigenes Spielfeld zugeteilt wird (ca. 12 Meter breit und 18 Meter lang). An den Enden steht auf beiden Seiten etwas nach hinten versetzt (ca. 5 Meter) jeweils ein Mini-Tor. Die Kinder jeder Gruppe sind durchnummeriert. Sie bewegen sich in ihrem Feld und spielen sich den Ball in der Reihenfolge der Nummern zu: Spieler 1 spielt zu 2, Spieler 2 zu 3 usw. Das Kind mit der höchsten Nummer passt dann wieder zu Spieler 1. Der Ball muss dabei fortlaufend gepasst werden. Zeitgewinnendes Dribbling oder Ballhalten sind nicht erlaubt. Nach Kommando des Trainers (z. B. Spieler 5, Tor A) müssen die Kinder den Ball in aufsteigender Reihenfolge zu Spieler 5 passen, der direkt in das Mini-Tor A schießen muss. Im besten Fall hat Spieler 4 den Ball, im schlechtesten der Spieler 5. Er darf nicht direkt schießen, sondern muss zu Spieler 1 passen und das Team muss schnellstmöglich wieder zu ihm zurückpassen. Wessen Ball ist zuerst im Tor? **(Grafik 1)**

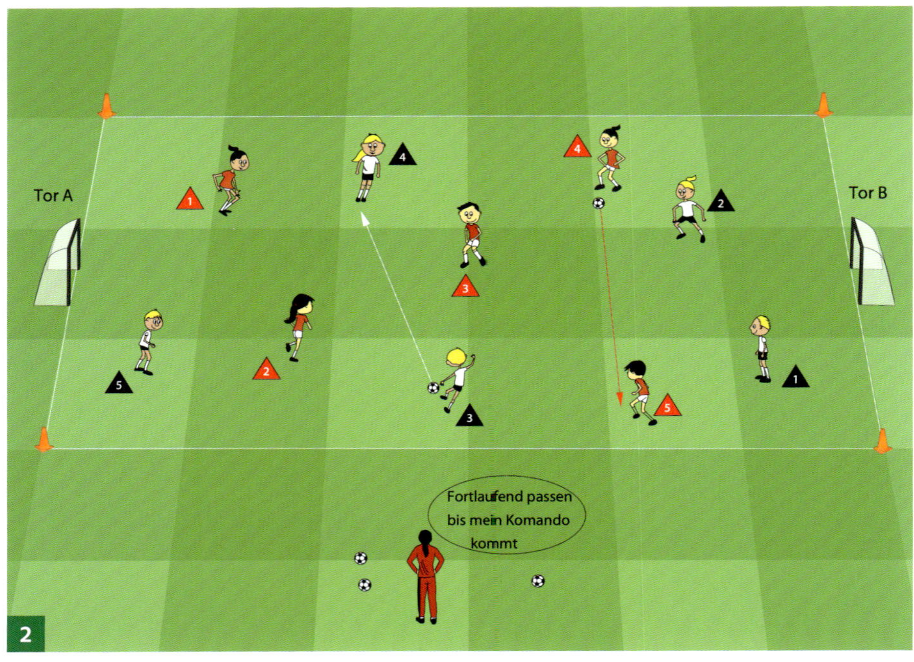

VARIATIONEN

- In absteigender Reihenfolge passen (Spieler 5 zu Spieler 4 usw.)
- Bei Gruppen ab sieben Spielern mit zwei Bällen spielen, die innerhalb der Gruppe (ausgehend von Spieler 2 und 5) gepasst werden
- Beide Gruppen bewegen sich im selben Feld, in dem auch rechts und links nur ein Tor steht. Dadurch muss noch variabler gepasst werden muss. Man darf die gegnerischen Passfolgen aber nicht absichtlich stören **(Grafik 2)**

HINWEISE

- Bei Anfängern kann auch ein streckenweises Dribbling erlaubt werden
- Die Tore können an unterschiedlichen Stellen aufgebaut werden

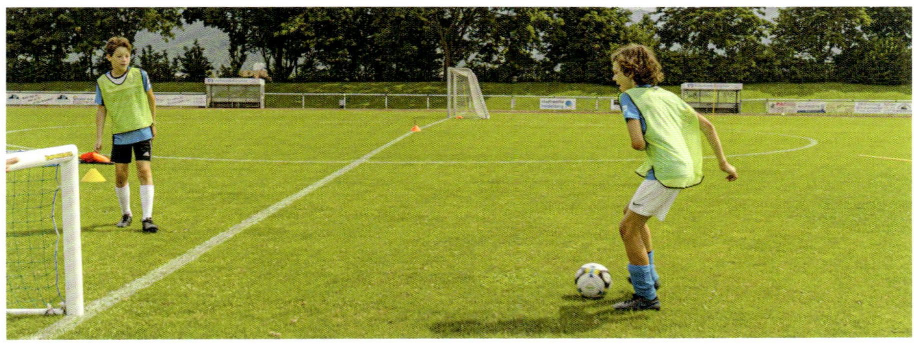

VERKEHRTE WELT

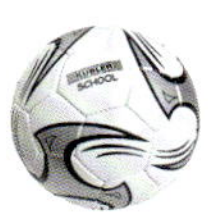
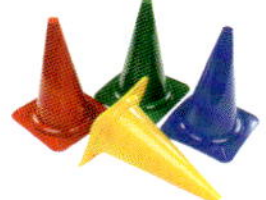
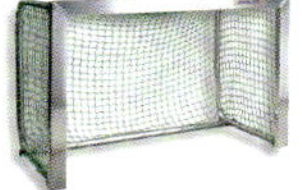
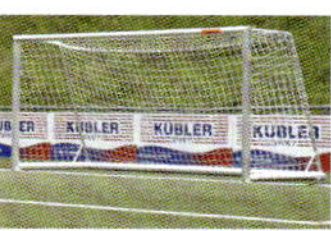

Direktspiel	Ballannahme/ -mitnahme		II

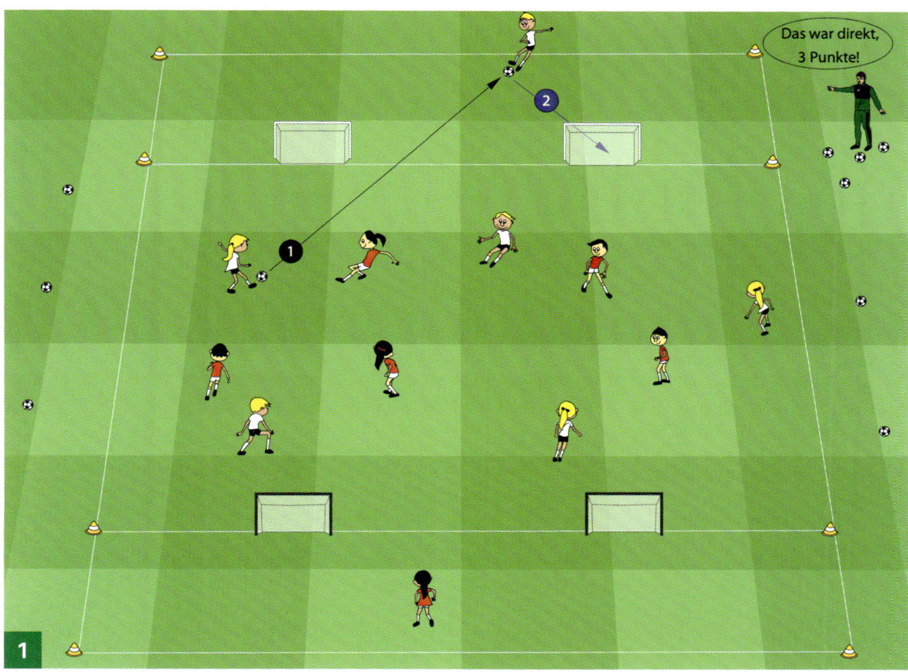

SPIELIDEE / ÜBUNGSLAUF

Der Trainer baut ein ca. 35 x 15 Meter großes Feld auf. Die Endzonen verlängern das Spielfeld um jeweils ca. 10 Meter. Die Tore (Mini-Tore oder Jugendtore) zeigen mit der Öffnung zu den Spielern in der Endzone. Die beiden Teams spielen um den Ballbesitz mit dem Ziel, ihren Spieler in der Endzone anzuspielen (flaches Zuspiel oder Flugball). Gelingt das Zuspiel und erzielt der Zielspieler per Direktabnahme einen Treffer, ergibt dies drei Punkte (Provokationsregel). Nimmt der Angreifer zwei Kontakte (stoppen und schießen bzw. Ballannahme/-mitnahme) gibt es zwei Punkte, benötigt er drei Kontakte (stoppen, vorlegen und schießen), gibt es nur einen Punkt. Spieldauer 12 bis 15 Minuten. Der Zielspieler wird kontinuierlich durchgewechselt. Wer gewinnt das Spiel? **(Grafik 1)**

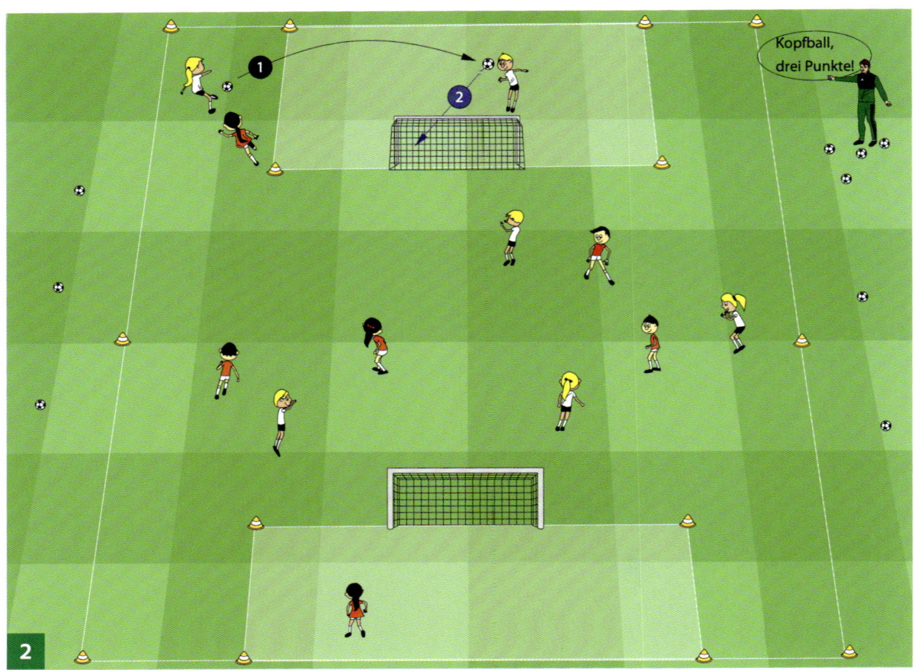

HINWEISE

- Spielfeldabmessungen dem Alter und der Spieleranzahl anpassen
- Bei Jugendtoren das Spielfeld verlängern
- Bei Jugendtoren, die Kinder zu Flug- und Chipbällen ermutigen (gegebenenfalls auch zu Diagonalbällen)
- Schießt das Kind in der Endzone am Tor vorbei zurück ins Feld, geht das Spiel weiter. Landet der Ball im Aus, bekommt die andere Mannschaft den Ball

VARIATIONEN

- Mit jeweils mittig positionierten Jugendtoren spielen (zuerst ohne, später mit Torwart)
- Statt der breiten Endzone eine zentrale Zone abstecken, so dass auch seitliche Flanken möglich sind **(Grafik 2)**
- Ein Spieler der verteidigenden Mannschaft darf nach dem Zuspiel in die Endzone, um den Angreifer am Torschuss zu hindern
- Es wird kein fester Zielspieler in der Endzone positioniert. Aus dem Spiel heraus kann ein Spieler der ballbesitzenden Mannschaft in die Endzone laufen und sich dort anbieten. Die Mannschaft spielt dann in Unterzahl auf dem Feld weiter

WER BIETET SICH AN?

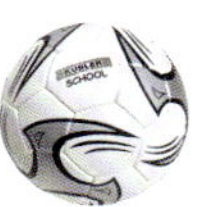
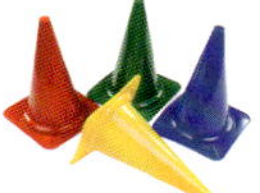
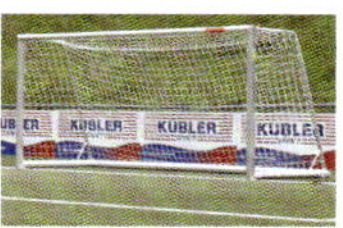

Torvorlage	Abschlussmöglichkeit nutzen	Zweikämpfe führen	II

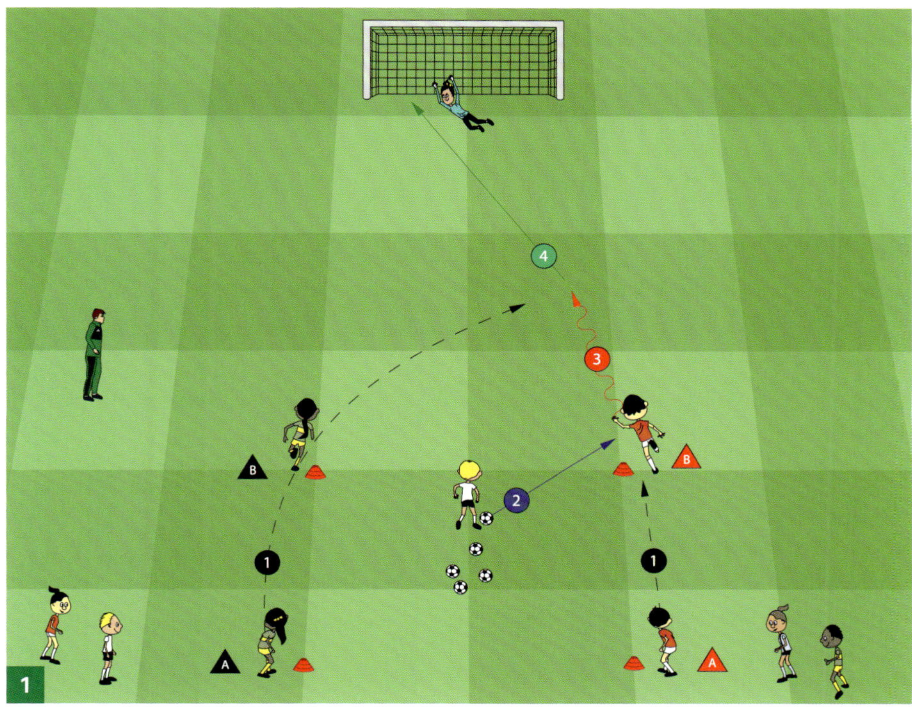

SPIELIDEE / ÜBUNGSLAUF

Der Trainer bildet eine Gruppe mit 8 bis 10 Spielern und bestimmt zusätzlich einen Zuspieler sowie einen Torwart. Der Zuspieler steht in zentraler Position mit Blickrichtung zum ca. 20 bis 25 Meter entfernten Jugendtor. Die beiden Gruppen sind nochmals ca. fünf bis acht Meter halblinks/-rechts hinter dem Zuspieler positioniert. Von jeder Gruppe laufen gleichzeitig zwei Kinder in hohem Tempo los und am Zuspieler vorbei. Eines der Kinder bietet sich auf Höhe des Zuspielers durch Armheben an (wer das ist, wurde vorher ausgemacht bzw. vom Trainer vorgegeben). Sobald der Zuspieler dieses Signal wahrnimmt, passt er dem Kind reaktionsschnell den Ball zu. Danach entsteht ein Laufduell/Zweikampf zwischen den beiden Kindern. Schafft es der Angreifer, ein Tor zu erzielen? Wenn dem Verteidiger eine Balleroberung gelingt, darf er ebenfalls aufs Tor schießen **(Grafik 1)**.

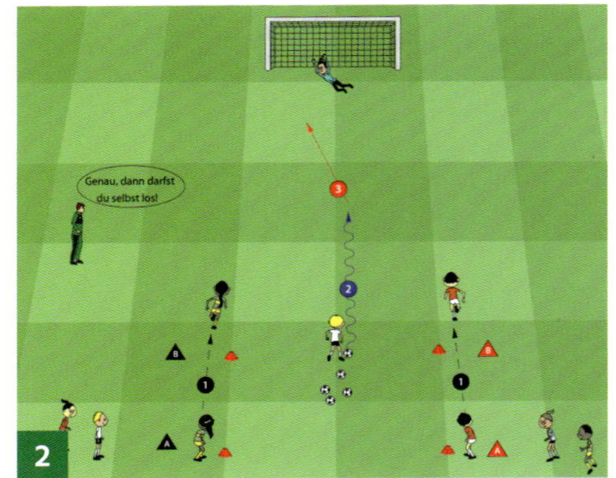

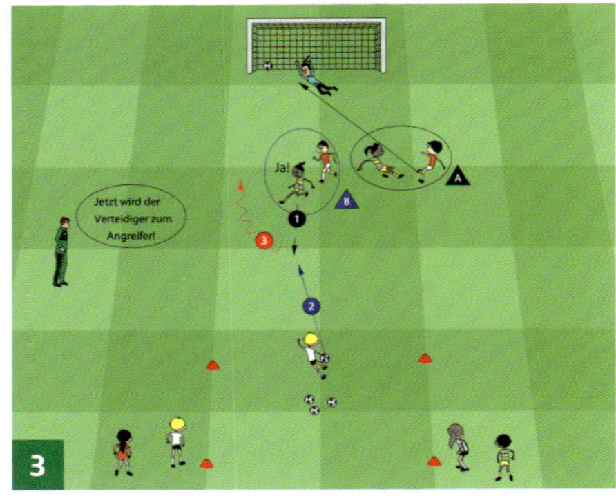

VARIATIONEN

II Statt durch Armheben wird immer das Kind angespielt, das ein Leibchen trägt (wichtig: die Kinder bzw. auch die Positionen der Spieler mit Leibchen ständig wechseln)

II Akustisches Signal: Der Spieler, der angespielt werden soll, fordert den Ball verbal, z. B. durch ein lautes „Ja!"

II Fordert kein Kind den Ball, darf der Zuspieler selbst losdribbeln und aufs Tor schießen **(Grafik 2)**

III Doppelaktion: Ist der oben beschriebene Zweikampf abgeschlossen, wechseln die Rollen. Der Verteidiger wird zum Angreifer und bietet sich nach dem Torschuss für ein zweites Zuspiel beim Zuspieler an, um gegen den ehemaligen Angreifer, der jetzt verteidigt, ein Tor zu erzielen **(Grafik 3)**

HINWEISE

- Die Positionen (wer links und wer rechts steht) sowie wer angespielt werden soll, können ständig gewechselt werden. Damit es nicht zu Streitigkeiten kommt, kann der Trainer auch die Rollenverteilung durch Handzeichen vorgeben
- Der Pass beim ersten Zuspiel soll zumindest in den Fuß bzw. nach Möglichkeit „in den Lauf" gespielt werden, nicht aber „in den Rücken" des Spieler

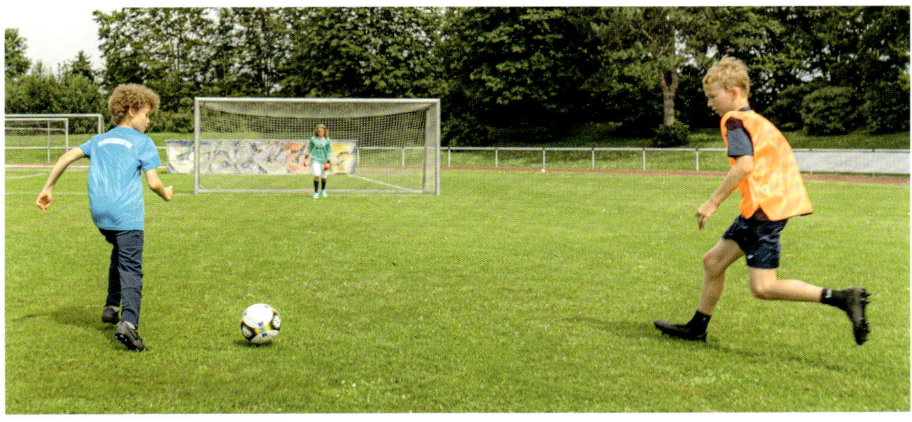

SCHEPPERLES

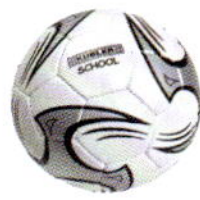

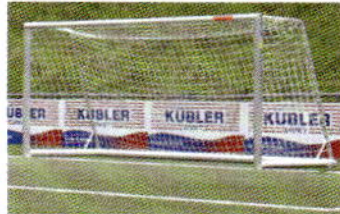

Torvorlage	Torschuss		II

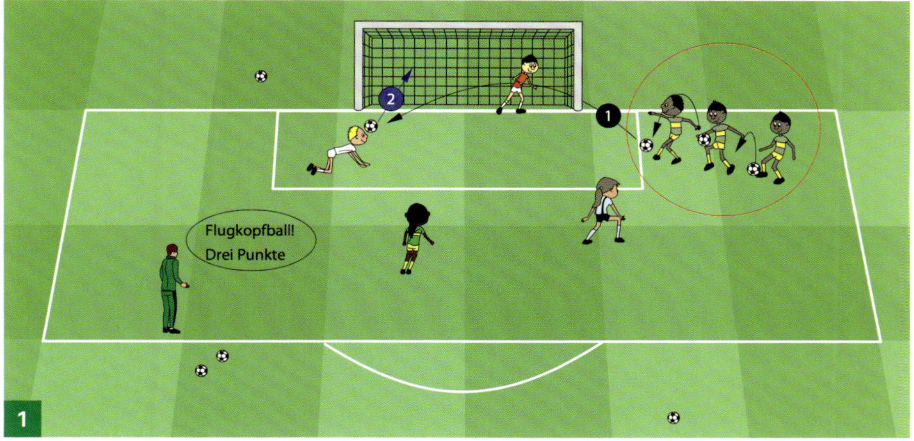

SPIELIDEE / ÜBUNGSLAUF

Der Trainer bildet eine Gruppe von drei bis sechs Spielern. Einer der Spieler ist zu Beginn Torwart. Gespielt wird auf ein Jugendtor und jeder Spieler startet mit einem Punktepolster von 10 Punkten. Die Spieler versuchen, Treffer zu erzielen, indem sie den Ball volley aus der Luft auf das Tor schießen. Sie können sich den Ball selbst hochspielen oder einem Mitspieler eine Vorlage geben, damit dieser volley abschließt. Bei einem Treffer bekommt der im Tor stehende Spieler etwas von seinem Punktepolster abgezogen. Für die folgende Zoneneinteilung – Zone 1 (innerhalb des 5-m-Raums), Zone 2 (ab 5-m-Raum bis zum 16-m-Raum) und Zone 3 (außerhalb des 16-m-Raums) – gilt:

- Kopf: Zone 1: zwei Punkte, Zone 2: drei Punkte.
- Flugkopfball: Zone 1: drei Punkte, Zone 2: vier Punkte.
- Oberschenkel: Zone 1: zwei Punkte, Zone 2: drei Punkte.
- Fuß (Spann oder Innenseite): In Zone 1: verboten, Zone 2: einen Punkt und Zone 3: fünf Punkte.
- Spezial: Fallrückzieher (Zone 1: zwei Punkte, Zone 2: drei Punkte und Zone 3: zehn Punkte)

Erfolgt die Vorlage mit dem Kopf, gibt es immer noch einen Zusatzpunkt. Wenn der Schütze vorbeischießt oder der Torwart den Ball hält, muss dieser ins Tor. Hat ein Spieler sein Punktepolster verbraucht scheidet er aus. Spieldauer ca. 10 Minuten. Wer hat am Ende das größte Punktepolster übrig?

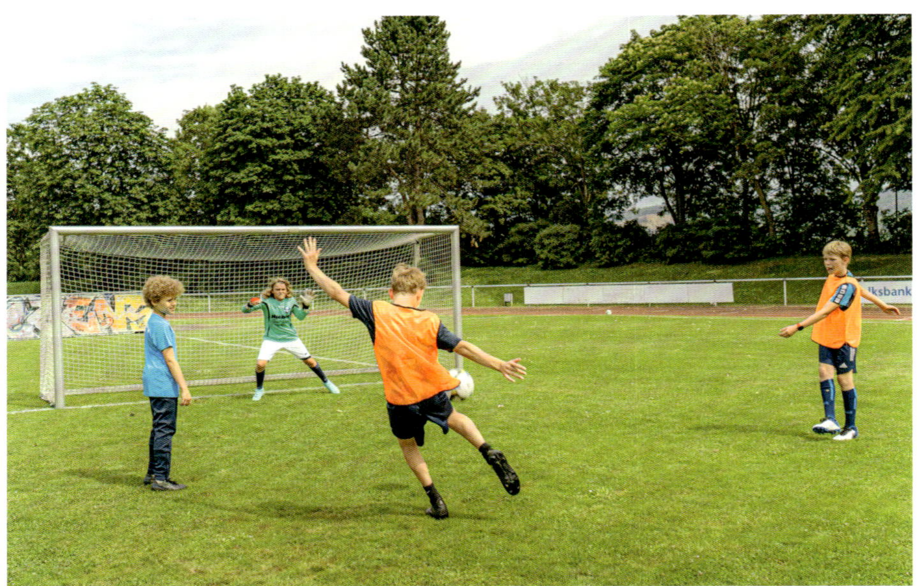

HINWEISE

- Die Mindestanzahl beläuft sich auf zwei teilnehmende Spieler (Schütze und Torwart). Ab drei Spielern ist es möglich, durch Zuspiele Treffer zu erzielen
- Es kann auch mit festem Torwart gespielt wird und die Feldspieler zählen ihre Treffer innerhalb der Spielzeit

VARIATIONEN

II Welcher Spieler bleibt als Letztes übrig? Die ausgeschiedenen Spieler spielen währenddessen Flamingo (aus Säule A)

III Treffer nach eigener Vorlage zählen nur, wenn vorher dreimal hintereinander jongliert wurde

III Treffer zählen nur nach Zuspiel vom Partner. Treffer zählen doppelt, wenn eine Zwischenstation dabei war, die den Ball direkt weitergeleitet hat (also Spieler A nimmt den Ball hoch, leitet ihn nach mehreren Kontakten zu Spieler B weiter, der direkt zu C weiterleitet, der direkt volley ein Tor erzielt)

DIE ZWEITE WELLE

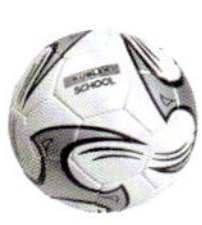 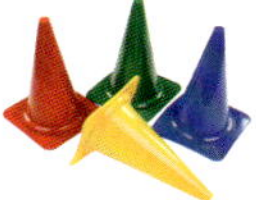 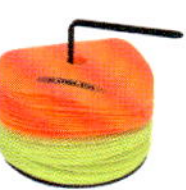 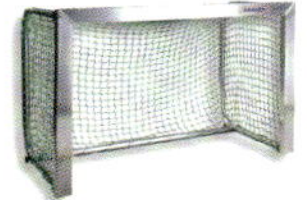

Torvorlage	Ballbesitz sichern	Umschalten	II

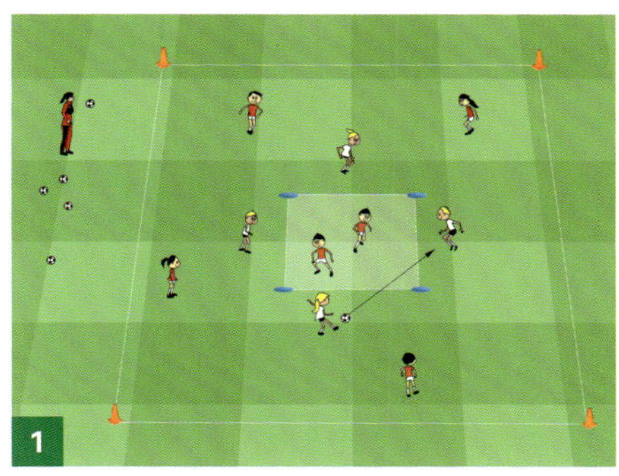

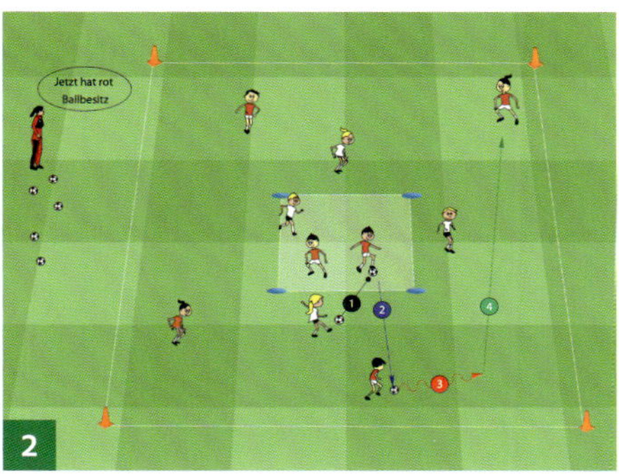

SPIELIDEE / ÜBUNGSLAUF

Der Trainer baut ein äußeres Quadrat (Seitenlänge ca. 12 Meter) mit kleinerem inneren Quadrat (Seitenlänge ca. 4 Meter) auf. Um das innere Quadrat herum wird „4 gegen 2" gespielt. Die vier äußeren (weißen) Spieler dürfen nicht ins Feld, versuchen aber, durch das Feld zum Mitspieler zu passen (ohne Kontaktbegrenzung; **Grafik 1**). Die zwei inneren (roten) Spieler dürfen das Feld nicht nach außen verlassen und versuchen, die Pässe abzufangen. Bei Balleroberung der zwei Spieler in Unterzahl, dürfen diese ihre vier (roten) Mitspieler außerhalb anspielen **(Grafik 2)**. Wie viele Kontakte schaffen die Weißen im „4 gegen 2" und wie viele Kontakte schafft das rote Team im „6 gegen 4" nach dem Ballbesitzwechsel?

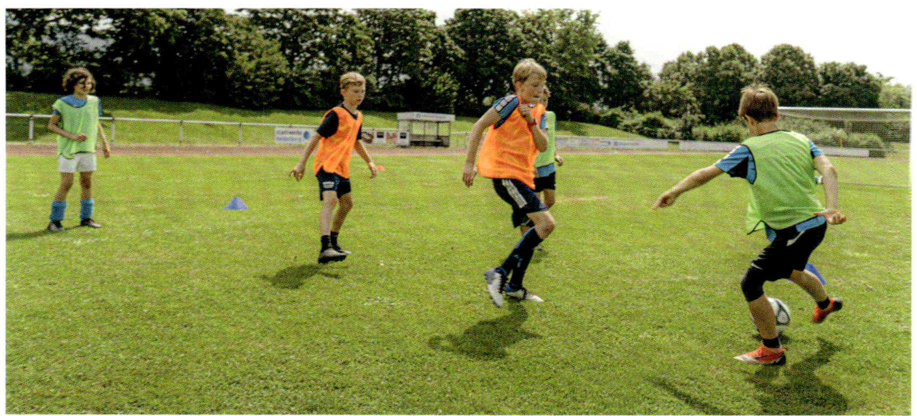

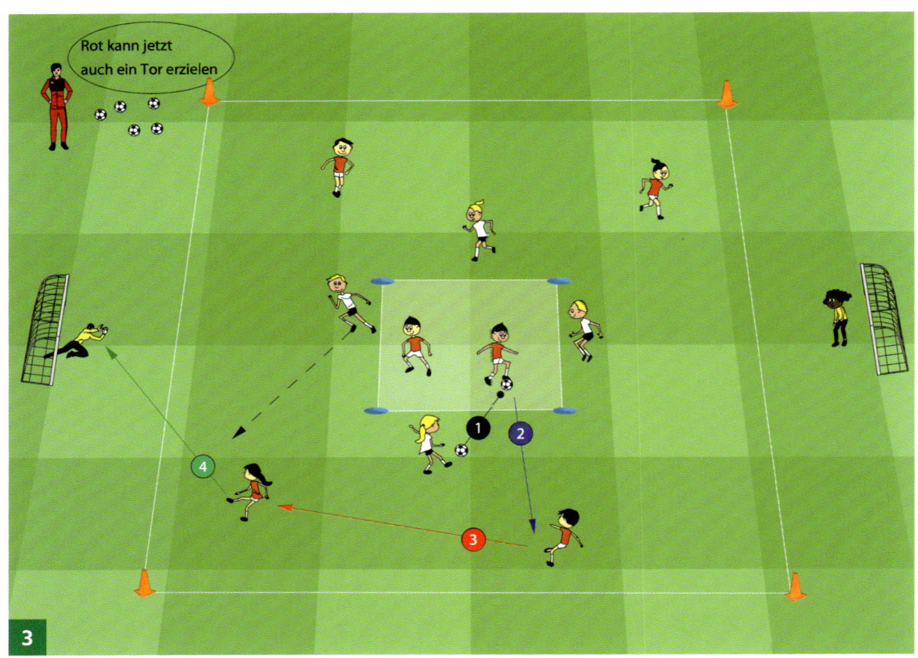

HINWEISE

- Zum Aufbau des inneren Feldes können Markierungsscheiben verwendet werden
- Ersatzbälle bereithalten
- Der Aufbau im Inneren kann auch als Dreieck erfolgen, so dass „3 gegen 1" innen und „3 gegen 5" im ganzen Feld gespielt wird
- Die Spielfeldgröße innen und außen dem Könnensstand anpassen. Spielanfänger brauchen eher mehr Platz als Fortgeschrittene
- Die Tore eventuell außerhalb des Feldes nach hinten versetzt aufstellen, damit die Torschussdistanz vergrößert wird

VARIATIONEN

II Zusatzregeln für Weiß: Der Ball darf nie ruhen (bei freien Kontakten) bzw. Begrenzung auf drei Kontakte

II Die äußeren vier Spieler von Weiß sind auch im inneren Quadrat und es wird dort „4 gegen 2" gespielt

III Team Rot darf nach Balleroberung einen Treffer auf eines der beiden Tore erzielen (statt Jugendtore mit Torwart können auch Mini-Tore aufgestellt werden). Falls es wieder zu einer Ballrückeroberung durch Team Weiß kommt, geht das Spiel bis zum Torabschluss weiter **(Grafik 3)**

WUNDERKUGEL

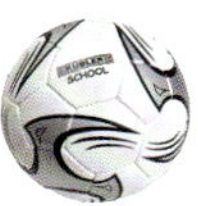
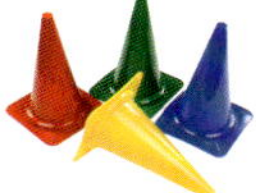
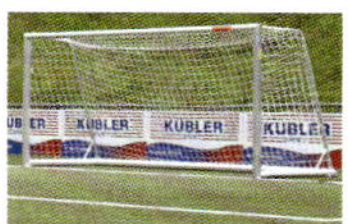

Torschuss	Abschlussmöglichkeit nutzen	Zweikämpfe führen	I

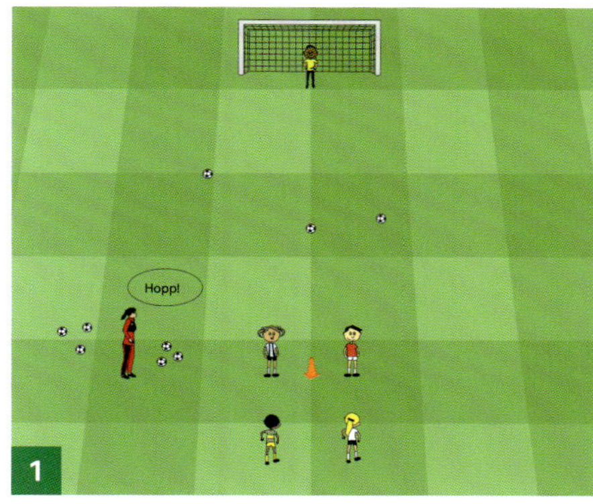

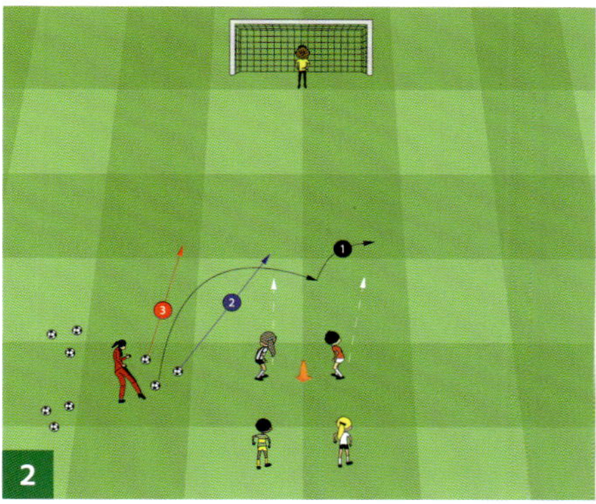

SPIELIDEE / ÜBUNGSLAUF

Die Spieler kommen paarweise zum Starthütchen und stehen in ca. 18 Meter Entfernung mit dem Rücken zu einem Jugendtor. Ein Torwart steht im Tor. Der Trainer platziert drei Bälle zwischen 8 und 14 Metern vor dem Tor. Auf ein Kommando („Hopp") drehen sich die Spieler um, orientieren sich, erlaufen jeweils einen Ball und schießen auf das Tor (gegebenenfalls mit vorherigem Dribbling) Danach beginnt die Jagd auf den dritten Ball: Wer schießt ihn zuerst aufs Tor bzw. ist als Erster beim dritten Ball und versucht, im „1 gegen 1" zum Torabschluss zu kommen? Wem gelingen mehr Tore? **(Grafik 1)**

VARIATIONEN

II Die Spieler blicken in Torrichtung. Der Trainer spielt mit minimaler Pause relativ schnell nacheinander drei Bälle flach in den 16m-Raum. Wenn der erste Ball von den Spielern erspäht wird, geht es wie oben beschrieben los. Wer schafft mehr Tore?

III Der Trainer spielt aus der Hand hohe Bälle, so dass eine Ballmitnahme oder eine direkte Volleyabnahme erfolgen kann **(Grafik 2)**

HINWEISE

- Die Platzierung der Bälle sollte nach jedem Durchgang variiert werden
- Man muss nicht mit dem ersten Kontakt schießen. Es ist auch erlaubt, noch weiter zu dribbeln, um einen besseren Winkel zum Tor oder eine größere Nähe zum dritten Ball zu erwirken
- Statt Jugendtoren mit Torwart können Mini-Tore verwendet werden

HIGHWAY

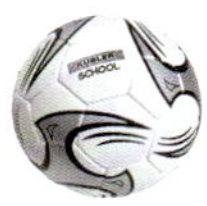

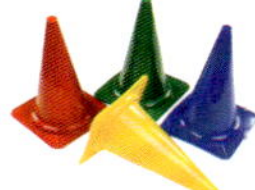

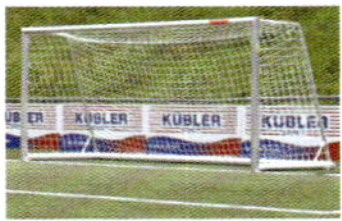

Torschuss			I

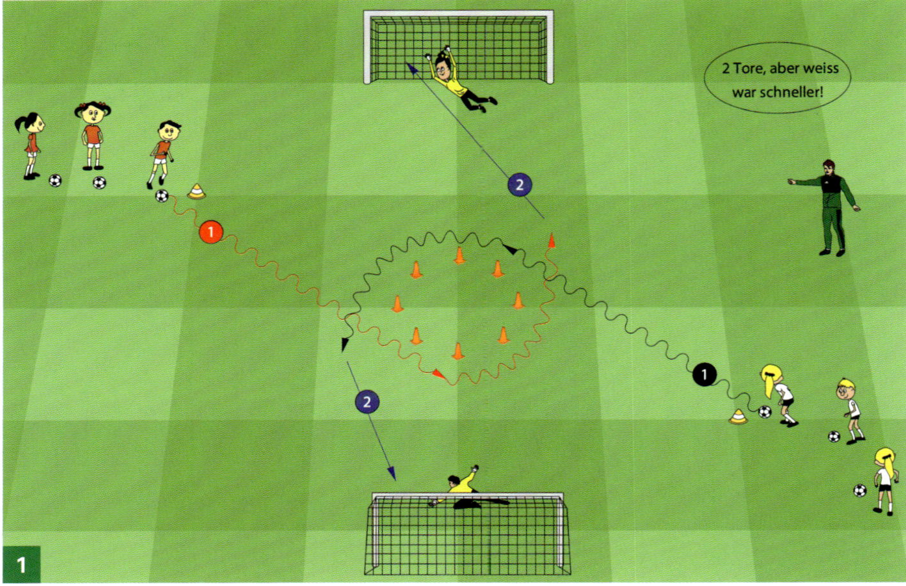

HINWEISE

- Die wartenden Kinder sollen nicht direkt neben dem Tor stehen, damit sie nicht getroffen werden können
- Feste Torhüter einteilen oder die Regel vereinbaren: Wer geschossen hat, geht ins Tor
- Die Distanz beim Torschuss an den Könnensstand der Kinder anpassen bzw. gegebenenfalls sogar ohne Torwart spielen und ein Hütchentor verwenden

SPIELIDEE / ÜBUNGSLAUF

Der Trainer baut den abgebildeten Parcours auf (Durchmesser des Kreises ca. 4 bis 5 Meter; die Jugendtore stehen ca. 25 Meter voneinander entfernt) und teilt zwei Teams ein. Auf ein Kommando starten die jeweils ersten Spieler beider Teams im direkten Duell, dribbeln zuerst gerade, dann um den Halbkreis herum und schießen auf das Tor, von dem sie gestartet sind. Dort stellen sie sich auch wieder an. Welcher Spieler erzielt einen Treffer? Erzielen beide einen Treffer, zählt nur das zuerst erzielte Tor. Jetzt starten die nächsten Spieler usw. (Grafik 1).

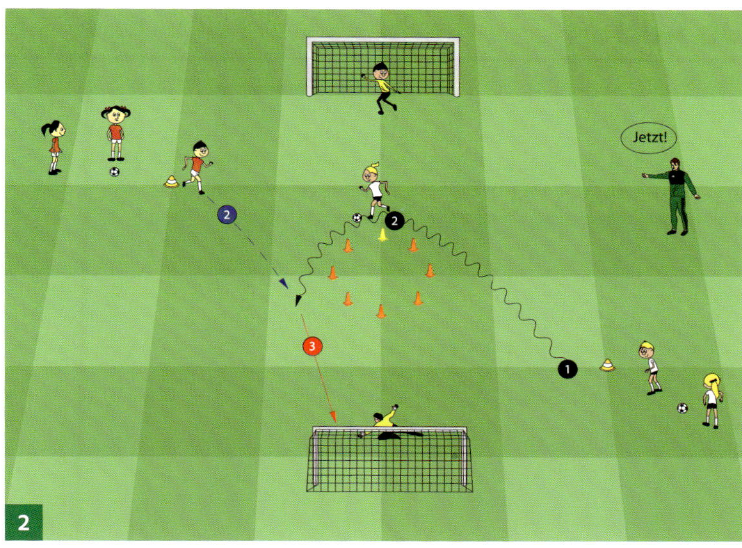

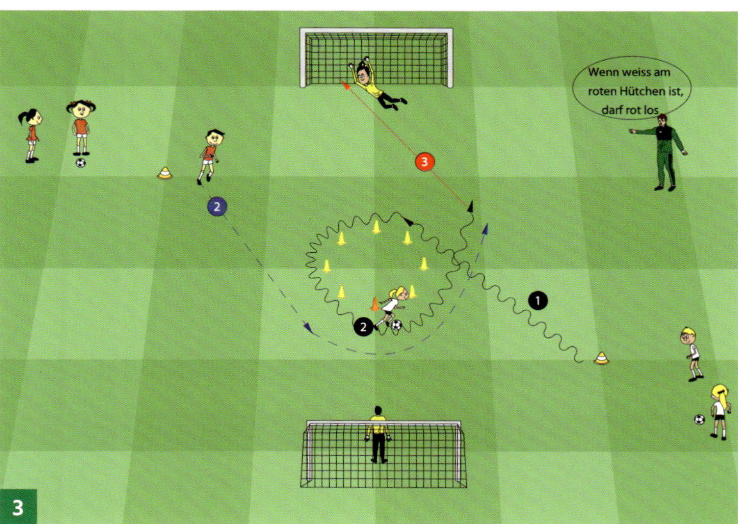

VARIATIONEN

- II Die Kinder dribbeln gleichzeitig um den ganzen Kreis herum und schießen dann auf das gegenüberliegende Tor, wo sie sich dann auch anstellen
- III Nur ein Kind dribbelt und schießt nach Umdribbeln des Halbkreises auf das Tor, von dem es gestartet ist (immer abwechselnd). Wenn das dribbelnde Kind am gelben Markierungshütchen ist, darf das andere lossprinten und es verfolgen, so dass es zu einem Torschuss unter Zeitdruck oder sogar einem seitlichen/frontalen Zweikampf kommt **(Grafik 2)**
- III Das Kind mit Ball dribbelt um den ganzen Kreis und schießt auf das gegenüberliegende Tor. Die Verfolgung startet dann ab dem roten Markierungshütchen **(Grafik 3)**

BLINDE KUH

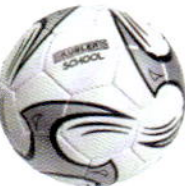
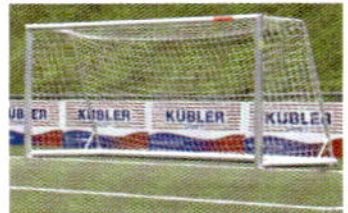

Torschuss	Ballannahme/-mitnahme	Direkspiel	II

Ball hochwerfen und Augen schließen

A

In die Hände klatschen, wenn man glaubt, dass der Ball aufkommt und schnell wieder die Augen aufmachen.

B

Klatsch!

Schnell zum Ball laufen, ihn mit in die Bewegung nehmen und ins Eins-gegen-Eins auf den Torwart zudribbeln.

C

1

SPIELIDEE / ÜBUNGSLAUF

Der Trainer teilt eine Torschussgruppe – fünf bis sechs Spieler jeweils mit Ball – und einen Torwart ein.

- Schwerpunkt (A): Torabschluss nach Ballannahme und -mitnahme/Positionierung der Spieler 15 bis 18 Meter vom Tor entfernt: Der Spieler wirft den Ball in die Luft, schließt die Augen und klatscht in die Hände, wenn er denkt, dass er aufkommt. Nach dem Klatschen macht das Kind schnell die Augen auf und orientiert sich, um nach erfolgter Ballannahme und -mitnahme weiter zu dribbeln und aus dem Dribbling auf das Tor zu schießen **(Grafik 1)**
- Schwerpunkt (B): Direktabnahme/Positionierung der Spieler 12 bis 15 Meter vom Tor entfernt: Der Spieler wirft den Ball in die Luft, schließt die Augen und klatscht in die Hände, wenn er denkt, dass er aufkommt. Nach dem Klatschen öffnet das Kind schnell die Augen, orientiert sich und führt – nachdem der Ball zweimal aufgesprungen ist – einen Volley-Torschuss aus **(Grafik 2)**

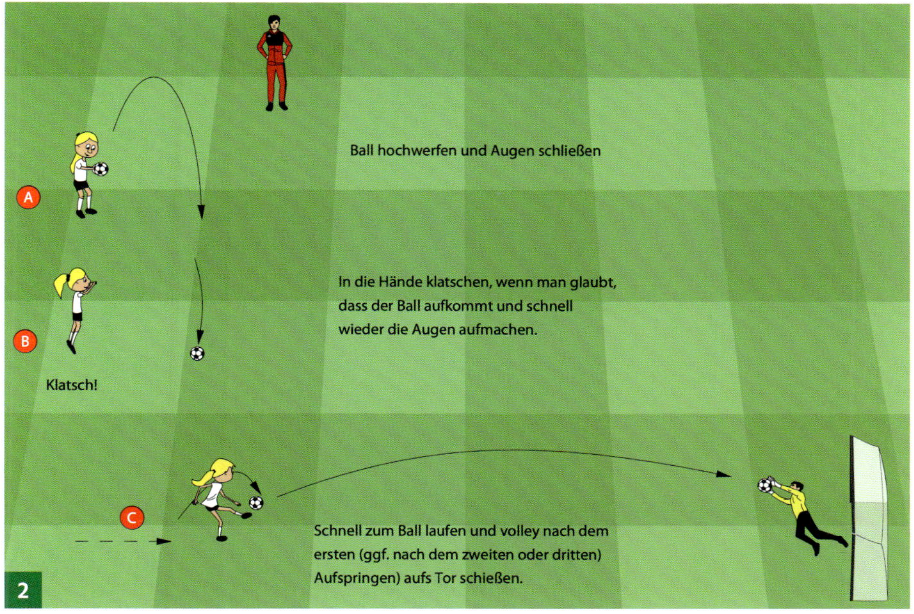

VARIATIONEN

- II Der Trainer wirft vor den Augen der Kinder die Bälle hoch
- II Zu (A): Nach Ballannahme/-mitnahme kann ins „1 gegen 1" auf den Torwart zugelaufen werden
- III Zu (B): Der Ball darf nur einmal springen und muss vor dem zweiten Aufspringen auf das Tor geschossen werden

HINWEISE

- Gegebenenfalls mehrere Stationen aufbauen und mehrere Gruppen gleichzeitig üben lassen
- Zu B: Die Kinder ermutigen, sich schnell zum Ball zu bewegen und ihn mit dem ersten Kontakt (Kopf, Brust, Oberschenkel oder Fuß) mit in die Bewegung zu nehmen

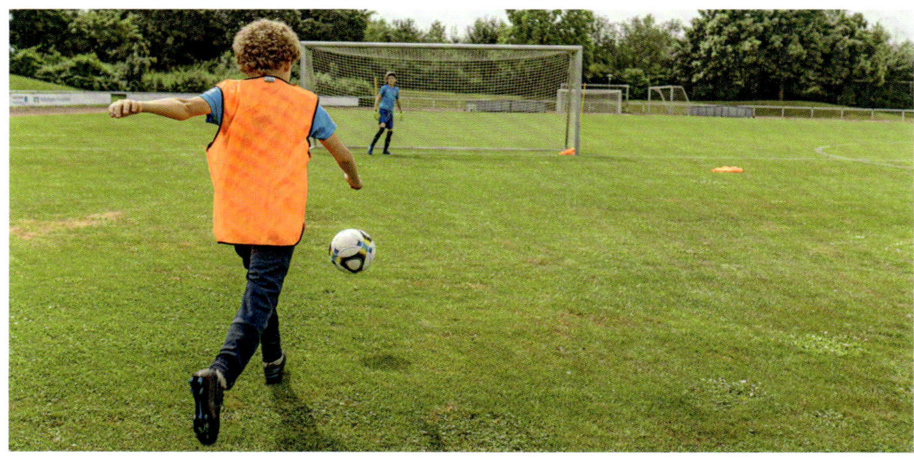

GLADIATOR

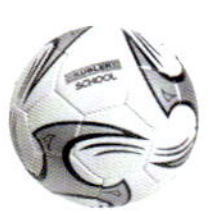
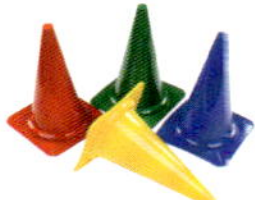
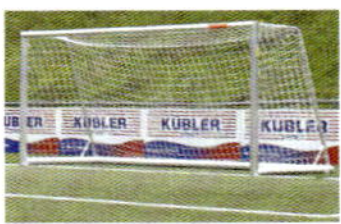

Torschuss	Zweikämpfe führen	Umschalten	II

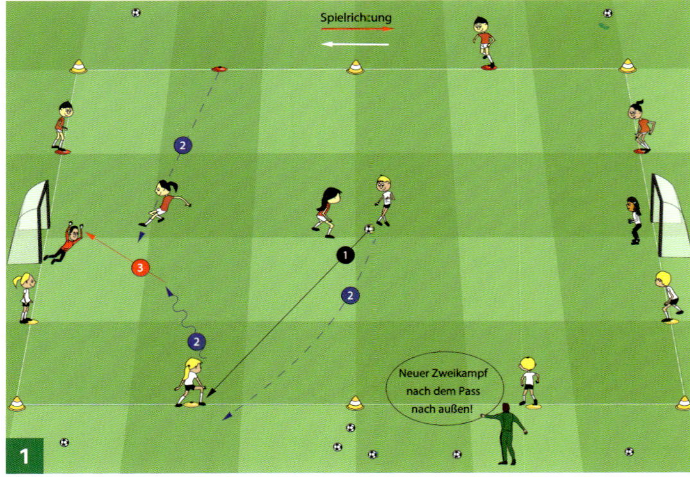

SPIELIDEE / ÜBUNGSLAUF

Der Trainer baut ein Feld auf (ca. 35 Meter lang und 20 Meter breit) und bildet zwei Teams mit jeweils fünf Spielern und einem Torhüter. Er teilt den Spielern die in Grafik 1 dargestellten Positionen zu. Das Spiel beginnt mit Anspiel für eine der Mannschaften, so dass direkt ein Zweikampf der beiden aktiven Spieler von Team A und Team B stattfinden kann. Der ballbesitzende Spieler hat zwei Optionen. Er kann versuchen, seinen Gegner zu umspielen und aufs gegnerische Tor zu schießen oder den Ball zu einem seiner Mitspieler nach außen zu passen, mit dem er dann die Position tauscht, d. h. der angespielte Außenspieler darf nach erfolgter Ballannahme und -mitnahme ins Feld und ebenfalls versuchen, ein Tor zu erzielen. Gleichzeitig erfolgt beim gegnerischen Team auch ein Spielerwechsel. Sobald klar ist, welcher Außenspieler der angreifenden Mannschaft angespielt wird, macht sich auch der zugeteilte Gegenspieler bereit, nach Ballannahme seines Gegenspielers aufs Feld zu stürmen, um zu verteidigen bzw. den Ball seinerseits zu erobern. Hält der Torwart den Ball bei einem Schussversuch, bringt er den Feldspieler seines Teams ins Spiel. Gelingt eine Balleroberung, versucht der betreffende Spieler seinerseits, ein Tor zu erzielen oder einen seiner Außenspieler anzuspielen, mit dem er dann die Position wechselt. Der Ablauf wiederholt sich dann. Spieldauer ca. 10 Minuten. Wer schießt mehr Tore? **(Grafik 1)**

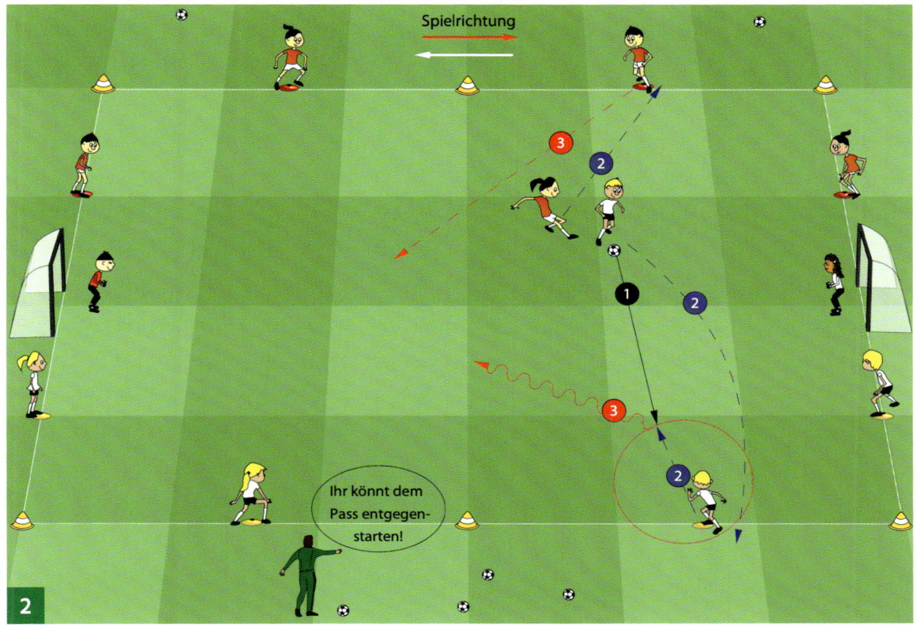

VARIATIONEN

- II Der angespielte Außenspieler muss nicht warten bis der Ball außen bei ihm ist, sondern kann dem Ball ins Feld entgegenstarten, ebenso wie der zugeordnete Verteidiger des anderen Teams **(Grafik 2)**
- II Die Spielerverteilung abwechselnd gestalten, so dass auf beiden Außenlinien die Spieler von Team A und B abwechselnd positioniert werden, wodurch Anspiele auf beide Seiten möglich sind
- III Hält der Torwart den Ball, darf er einen beliebigen Spieler der Mannschaft anspielen/anwerfen, die gerade in Ballbesitz ist – also auch einen außen postierten Spieler, so dass ein Spielerwechsel stattfindet, der durch den Torwart initiiert wurde
- III Es werden keine Leibchen verwendet. Die Kinder müssen sich die Außenspieler merken bzw. anhand der Hütchenfarbe erkennen: z. B. Team A = gelbe Hütchen bzw. Team B = rote Hütchen.

HINWEISE

- Das Spiel erfordert ein wenig Geduld seitens des Trainers bis die Spielidee verinnerlicht wurde und sich ein Spielfluss entwickelt
- Auf schnelles Lauftempo beim Positionswechsel achten (also mit Tempo dem nach außen gespielten Ball nachlaufen)
- Auf die Wichtigkeit des ersten Kontakts als Ballannahme mit gleichzeitiger Mitnahme in Spielrichtung hinweisen
- Statt auf Jugendtore mit Torwart kann auf Mini-Tore gespielt werden
- Nach einiger Zeit kann sich sogar ein Zusammenspiel entwickeln, bei dem der außen angespielte Spieler gar nicht den Weg zum Tor, sondern nach kurzem Dribbling schon den nächsten Pass zum Mitspieler sucht

MAKE IT TAKE IT

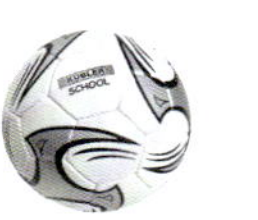
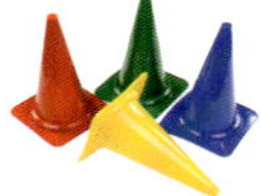
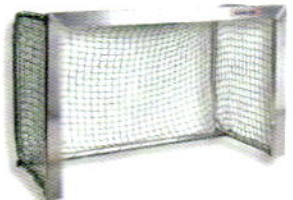
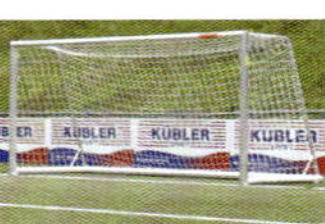

Umschalten	Torschuss		II

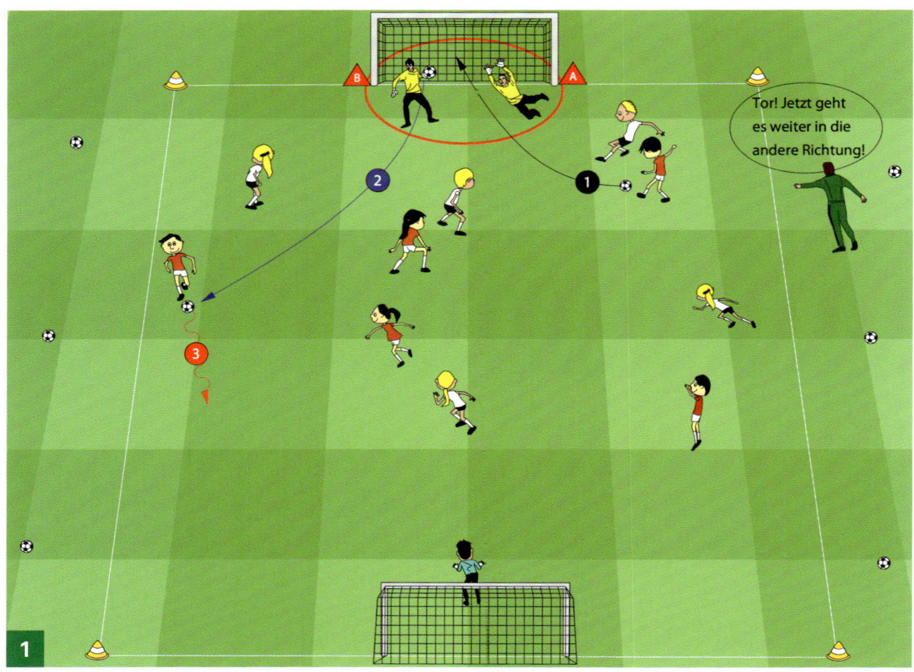

SPIELIDEE / ÜBUNGSLAUF

Der Trainer baut ein Feld für das Spiel „5 gegen 5" plus Torhüter auf. Erzielt eine Mannschaft ein Tor, wechselt für beide Mannschaften die Spielrichtung und die Mannschaft, die gerade das Tor erzielt hat, bleibt in Ballbesitz (Make It, Take It). Misslingt der Torabschluss, bleibt es bei der bisherigen Spielrichtung. Je nach Situation muss also das offensive Team erneut offensiv und das defensive erneut defensiv umschalten (Treffer) oder das Umschalten erfolgt von offensiv auf defensiv bzw. umgekehrt (kein Treffer). Die Torhüter wechseln dabei immer wieder die Teams. Wenn sie ein Gegentor hinnehmen mussten, leiten sie schnell den Spielaufbau der Mannschaft ein, die gerade das Tor erzielt hat. Spieldauer 8 bis 10 Minuten. Welches Team erzielt mehr Treffer? **(Grafik 1)**

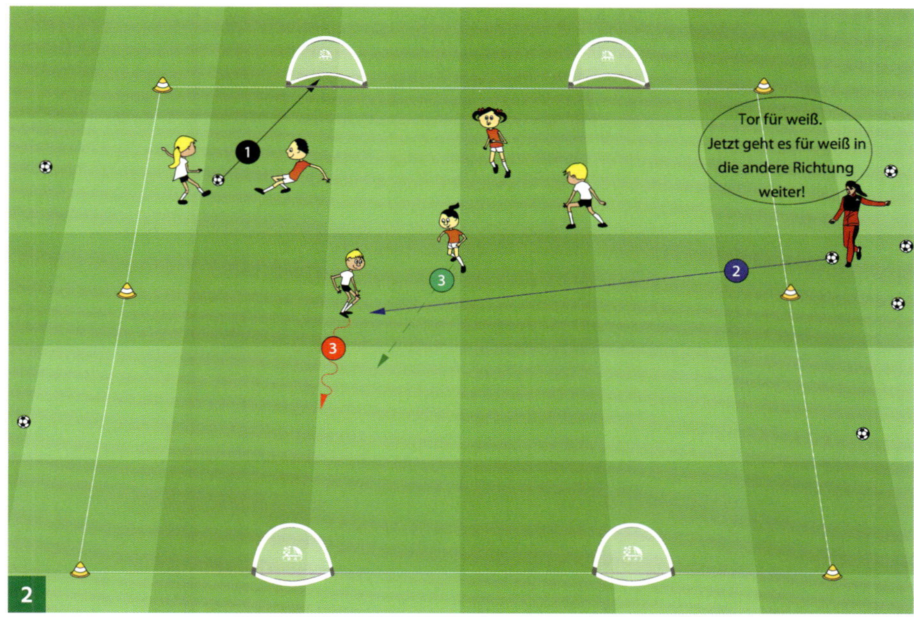

VARIATIONEN

II Gespielt wird „3 gegen 3". Jede Mannschaft greift auf zwei Mini-Tore an und verteidigt zwei Tore. Nach einem Torerfolg wechselt die Spielrichtung und der Trainer spielt – auf Höhe der Mittellinie stehend – den nächsten Spieler der Mannschaft an, die gerade ein Tor erzielt hat **(Grafik 2)**

III Es werden keine Leibchen verwendet, die Spieler müssen sich ihre Mitspieler merken

HINWEISE

- Die Spielidee kann mit jeder Spielerzahl durchgeführt werden (also vom „1 gegen 1" bis hin zum „8 gegen 8"). Die Spielfeldgröße muss dementsprechend angepasst werden
- Die Torhüter dazu auffordern, das Spiel nach jedem (Gegen-)Tor schnell zu machen
- Schnelles Umschalten und das „hinter den Ball kommen" thematisieren

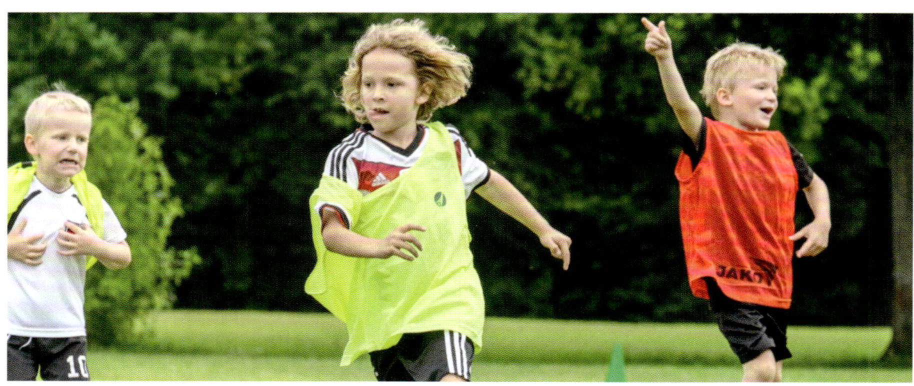

FEHLPASS-ALARM

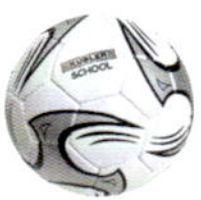
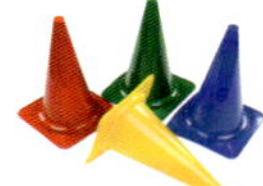
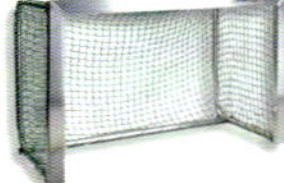
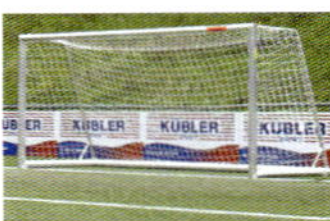

Umschalten	Ballannahme/ -mitnahme		II

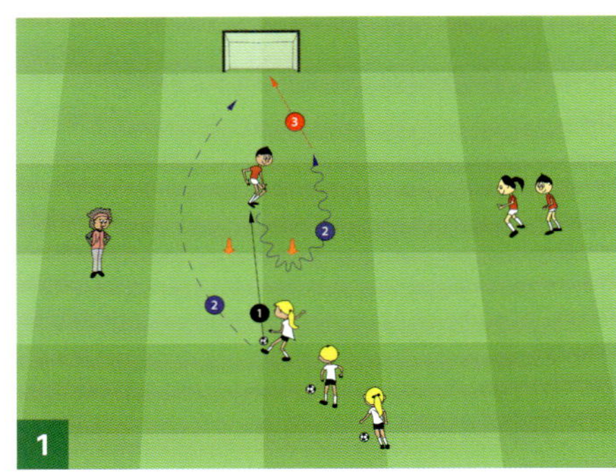

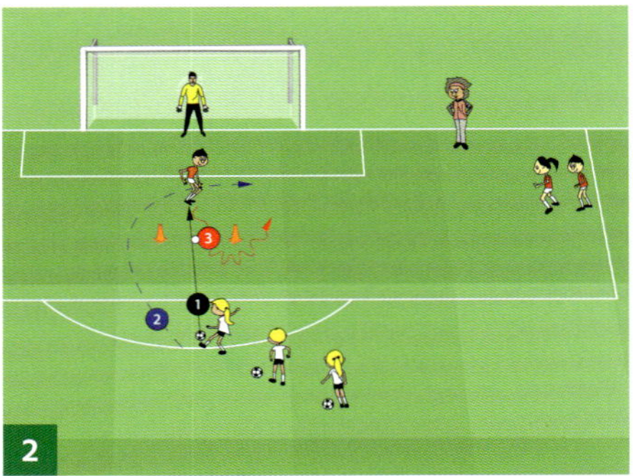

SPIELIDEE / ÜBUNGSLAUF

Der Spieler 1 (weiß) steht zentral ca. 16 Meter vor einem Mini-Tor und der Spieler 2 (rot) steht ihm mit ca. 6 Metern Abstand mit dem Rücken zum Tor gegenüber. Etwa 1,50 Meter vor Spieler 2 befindet sich ein 2 Meter breites Hütchentor. Spieler 1 spielt einen Fehlpass auf Spieler 2, der den Ball annimmt, um das linke oder rechte Hütchen herumdribbelt und ins Mini-Tor passt. Spieler 1 schaltet nach seinem Fehlpass sofort um und sprintet in Richtung Mini-Tor, um das Tor zu verteidigen bzw. den Treffer zu verhindern. Ist Spieler 2 schnell genug, um ein Tor zu erzielen? Schafft es Spieler 1 rechtzeitig in Richtung Tor, um es zu verhindern? **(Grafik 1).**

HINWEISE

- Die Abstände der Spieler zum Tor bzw. der Pass- und Dribbelwege so wählen, dass ein minimaler Vorteil für Spieler 2 gegeben ist
- Spieler 1 nimmt danach die Rolle von Spieler 2 ein. Spieler 2 holt den Ball und stellt sich hinten an
- Es kann auch bereits zu Beginn auf ein E-Jugend-Tor mit Torwart gespielt werden

VARIATIONEN

- II Der Trainer oder ein wartender Spieler spielt den Pass zu Spieler 2 durch die Beine von Spieler 1, der danach schnell umschaltet und hinterher sprintet
- II Die Ballannahme bei Spieler 2 variieren, z. B. mit der Brust/dem Oberschenkel nach fairem Zuwurf durch Spieler 1
- III Spieler 1 betreibt nicht nur Torsicherung, sondern kann aktiv Spieler 2 angreifen (**Grafik 2** im 16-m-Raum mit Torwart)

NIX WIE WEG

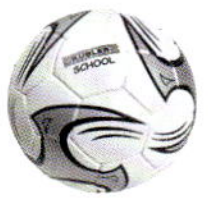
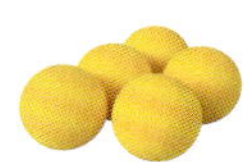
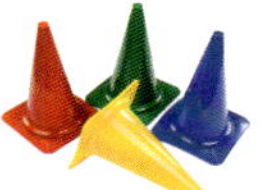
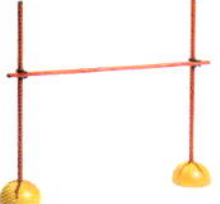

Umschalten	Ballbesitz sichern	Kooperativ verteidigen	II

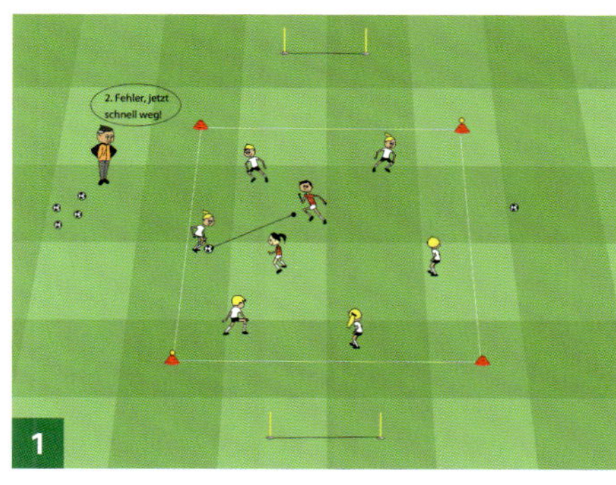

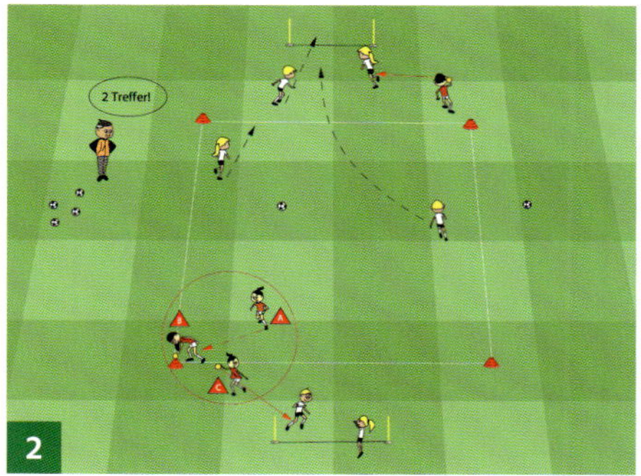

SPIELIDEE / ÜBUNGSLAUF

Der Trainer baut ein quadratisches Feld mit 8 bis 10 Meter Seitenlänge auf. An zwei Ecken des Spielfeldrandes legt er jeweils einen Softtennisball auf ein Hütchen. In ca. 8 Meter Entfernung vom Spielfeld stehen zwei 2,50 Meter breite Stangentore. Im Feld wird „5 gegen 2" gespielt. Die Außenspieler spielen mit zwei Bällen auf Ballbesitz. Die beiden Spieler in der Mitte versuchen, an den Ball zu kommen (Berühren reicht). Verlieren die Außenspieler den ersten Ball, wird mit dem verbliebenen Ball weitergespielt. Verlieren sie auch diesen **(Grafik 1)**, versuchen die Außenspieler, sich in ein Stangentor zu retten. Die Kinder in der Mitte holen sich schnell die Softbälle, um die fliehenden Kinder vor dem Erreichen der Ziellinie abzuwerfen. Spieldauer 8 Minuten. Danach dürfen zwei neue Spieler in die Mitte. Wie viele fliehende Kinder werden von den beiden Spielern in der Mitte getroffen? **(Grafik 2)**.

VARIATIONEN

- **II** Die Außenspieler bekommen nur einen Ball. Damit wird die Häufigkeit der Umschaltaktionen erhöht
- **III** Die beiden Spieler in der Mitte haben bereits einen Softtennisball in der Hand
- **III** Es wird ohne Softtennisball gespielt. Nach Ballverlust jagen die beiden Kinder in der Mitte die fliehenden Außenspieler und versuchen, sie vor der Ziellinie mit der Hand zu berühren

HINWEISE

- Das Überzahlverhältnis dem Könnensstand anpassen. Zu Beginn kann auch „6 gegen 2" bzw. sogar „7 gegen 2" gespielt werden

FUß VOR

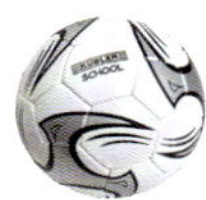
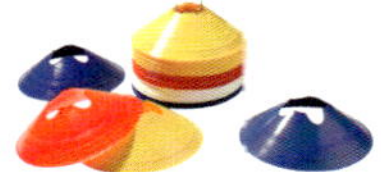
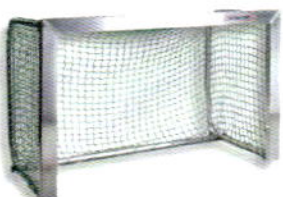

Zweikämpfe führen	Zeitdruck		I

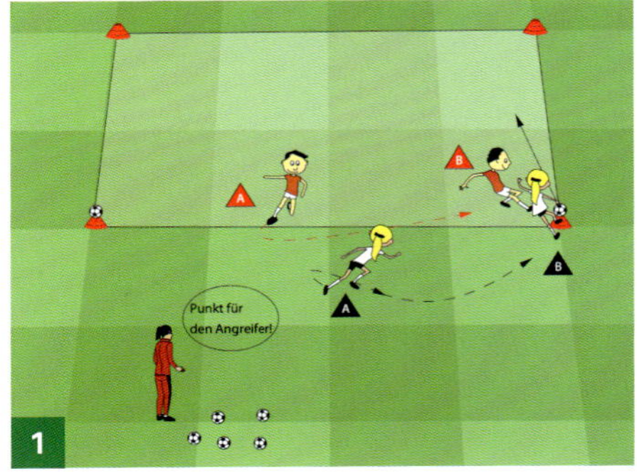

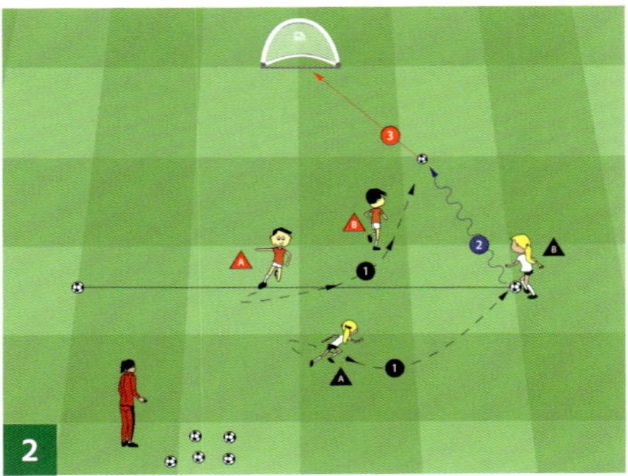

SPIELIDEE / ÜBUNGSLAUF

Die Kinder gehen paarweise zusammen (ein Verteidiger und ein Angreifer). Der Trainer stellt für jedes Paar zwei flache Hütchen auf, die ca. 3 Meter voneinander entfernt sind und auf die er jeweils einen Ball legt. Der rote Verteidiger steht hinter der Verbindungslinie zwischen den beiden Hütchen. Der Angreifer positioniert sich davor. Ziel des weißen Angreifers ist es, durch Tempo- und Richtungswechsel bzw. Lauftäuschungen einen der Bälle in das Feld des Verteidigers zu spielen. Der Verteidiger versucht, den Ball zu blocken, abzufälschen oder abzugrätschen, damit er nicht in sein Feld rollt, denn dies würde einen Punkt für den Angreifer geben. Ein erfolgreicher Verteidigungsversuch ergibt ebenfalls einen Punkt. Nach fünf Durchgängen erfolgt ein Rollenwechsel. Wer schafft insgesamt mehr Punkte? **(Grafik 1).**

VARIATIONEN

II Es gibt einen Punkt für den Angreifer, wenn er den Ball vom Hütchen spitzelt und er im Feld des Verteidigers liegen bleibt. Der Verteidiger kann ausgleichen (bekommt ebenfalls einen Punkt), wenn er es schafft, den Ball aus seiner Zone zu befördern, bevor er dort ruht

III Der Trainer platziert die beiden Bälle auf dem Boden und hinter dem Verteidiger ein Tor. Der Angreifer versucht, durch Täuschungen einen Ball mit in die Bewegung zu nehmen und ein Tor zu erzielen (Mini-Tor oder Jugendtor mit Torwart; **Grafik 2**)

III Bei beiden Varianten kann nach dem ersten gespielten Ball direkt mit dem zweiten Ball weitergespielt werden (Doppelaktion)

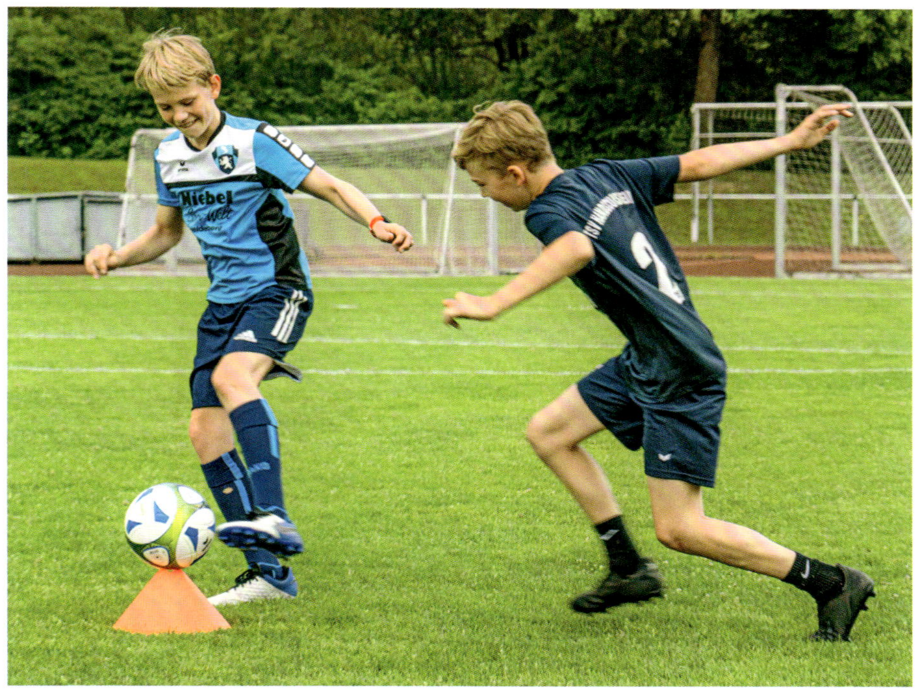

HINWEISE

- Abwehrgrundstellung thematisieren (seitlich auf den Fußballen stehen, in die Knie gehen mit etwas tieferem Körperschwerpunkt usw.)
- Pressschlag, Grätschen und Nachsetzen thematisieren
- Kinder sollen aktiv verteidigen und sich nicht ins Feld oder vor das Tor stellen
- Wettkampfcharakter mit Elementen aus Matrix (S. 106) (Säule B)

TÜRSTEHER

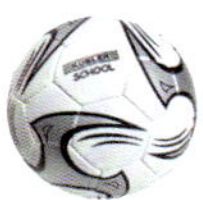
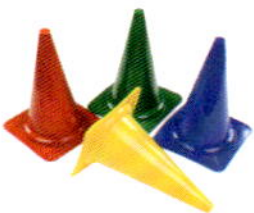

Zweikämpfe führen	Dribbeln gegnerorientiert		II

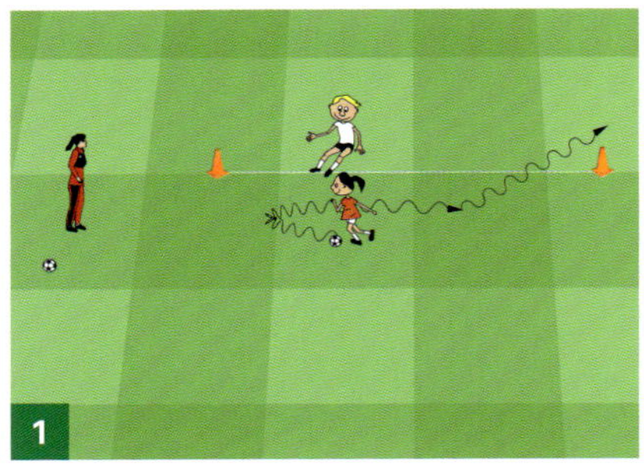

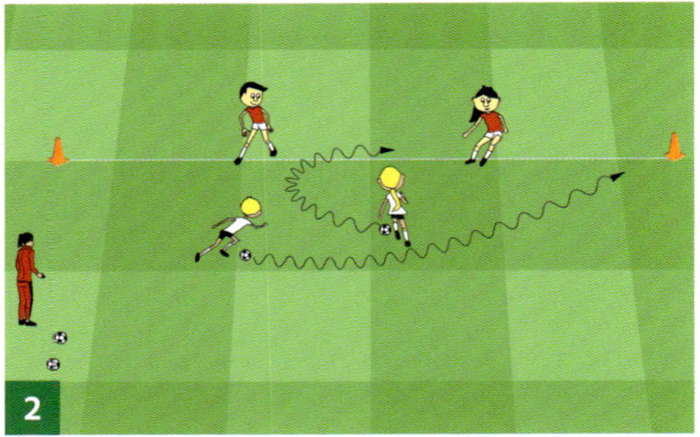

SPIELIDEE / ÜBUNGSLAUF

Die Kinder gehen paarweise zusammen (ein Verteidiger und ein Angreifer). Der Trainer stellt für den Verteidiger zwei Hütchen auf, die ca. 5 Meter voneinander entfernt sind. Der Verteidiger steht auf der Verbindungslinie zwischen den beiden Hütchen. Der Angreifer positioniert sich ca. 1 Meter davor mit Ball am Fuß. Ziel des Angreifers ist es, durch Tempo- und Richtungswechsel bzw. Finten die Linie zu überqueren, ohne dass der Verteidiger ihn berührt. Dafür hat er 15 Sekunden Zeit. Nach drei Durchgängen die Rollen wechseln. Wer schafft mehr Überquerungen, ohne berührt zu werden? **(Grafik 1).**

HINWEISE

- Abwehrgrundstellung thematisieren (seitlich auf den Fußballen stehen, in die Knie gehen mit etwas tieferem Körperschwerpunkt, ca. eine Armlänge Abstand halten usw.)
- Wettkampfcharakter mit Elementen aus Matrix (S. 106) (Säule B)

VARIATIONEN

I Der Angreifer (zuerst ohne, später mit Ball) darf ca. 5 Meter Anlauf nehmen bzw. mit Ball andribbeln

I Beide Kinder haben jeweils einen Ball und der Angreifer versucht, über die Linie zu dribbeln, ohne berührt zu werden

III Die Hütchen weiter auseinanderstellen und auf zwei Verteidiger bzw. zwei Angreifer mit Ball erhöhen, die ca. 3 Meter von den Verteidigern entfernt positioniert sind **(Grafik 2)**

NEED FOR SPEED

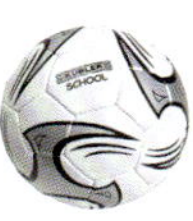
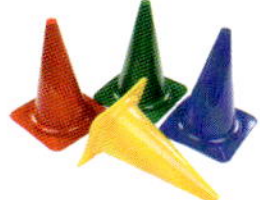
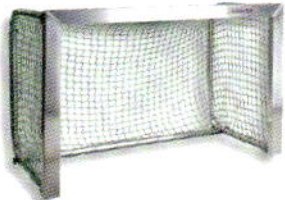

Zweikämpfe führen	Zeitdruck		II

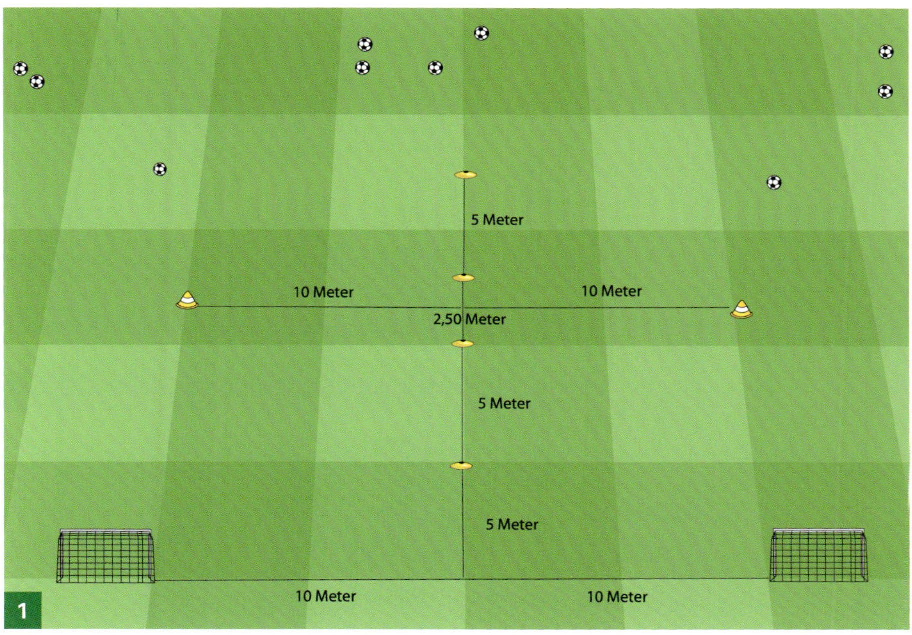

SPIELIDEE / ÜBUNGSLAUF

Der Trainer baut das abgebildete Feld auf **(Grafik 1)** und teilt zwei Gruppen ein (Angreifer, Verteidiger). Auf ein Kommando des Trainers sprinten der Verteidiger und der Angreifer nach vorne aufeinander zu und um das Hütchen herum nach links. Der Angreifer sprintet zum Ball und versucht, ins Mini-Tor zu passen, während der Verteidiger in Richtung des Passweges läuft, um den Treffer zu verhindern. Danach sprinten beiden nach rechts zum anderen Ball. Der Angreifer versucht, ins Mini-Tor zu passen, der Verteidiger den Treffer zu verhindern. Wer ist schneller bzw. wie viele Treffer kann der Verteidiger verhindern? **(Grafik 2)**

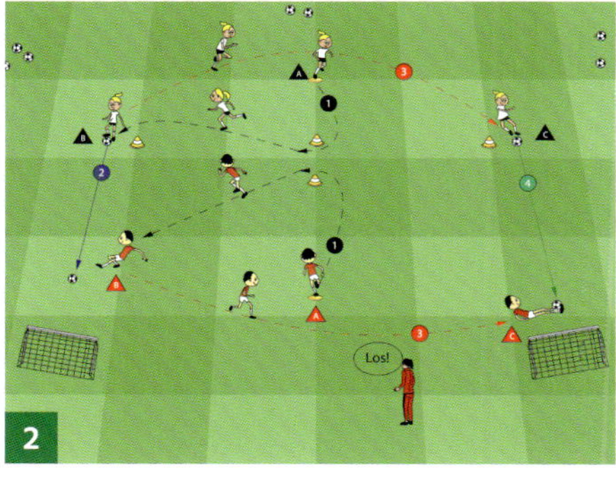

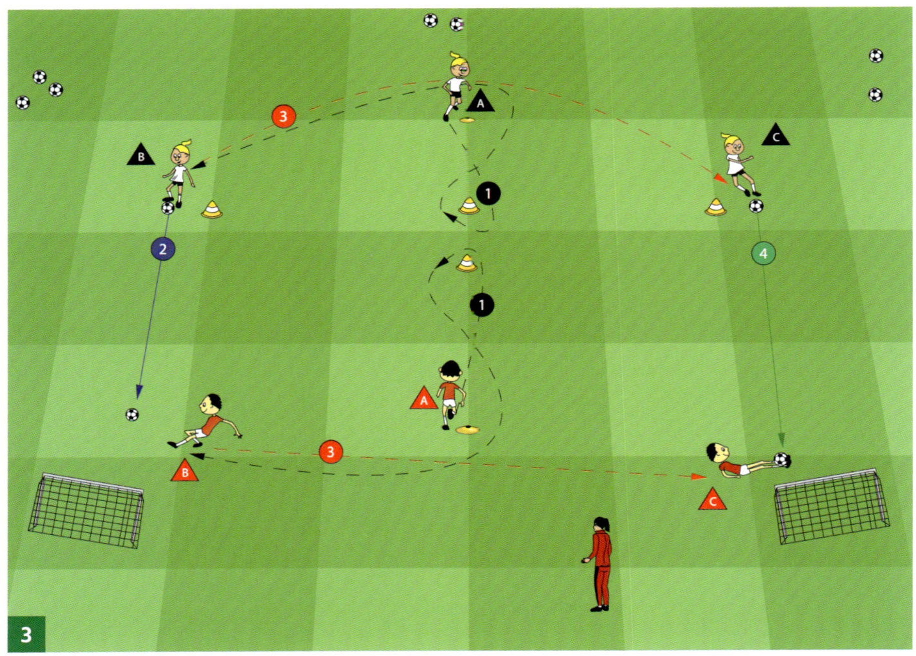

VARIATIONEN

II Bei der Anfangsaktion wird in Form einer Acht nach vorne und wieder zurück gesprintet **(Grafik 3)**

III Die Anfangsaktion wird mit Ball gestaltet und es gibt keine festen Ablauf mehr. Der Angreifer passt auf den herausrückenden Verteidiger, der den Ball zurück zum Angreifer prallen lässt. Danach kann der Angreifer frei wählen, ob er zuerst nach links oder rechts sprintet, worauf der Verteidiger schnell reagieren muss

HINWEISE

- Die Abmessungen dem Alter bzw. Könnensstand der Kinder anpassen
- Darauf achten, dass sich die wartenden Kinder nicht im Laufweg des Angreifers aufhalten und dass dort keine Bälle hereinrollen
- Die Tore gegebenenfalls etwas seitlich versetzt aufstellen, da sonst der Verteidiger einen Vorteil aufgrund seines kürzeren Wegs hat

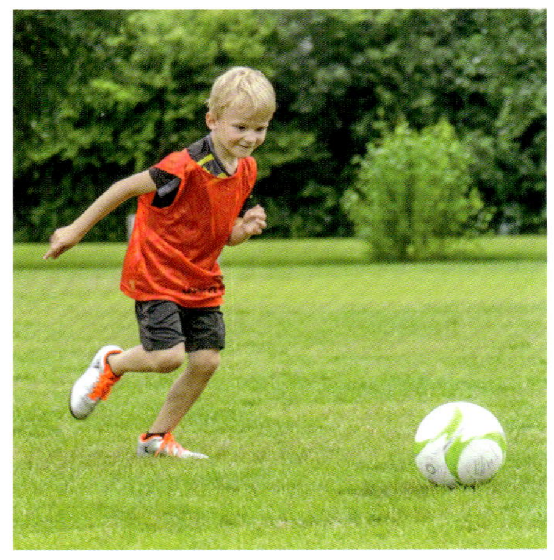

BALLSCHULE FUßBALL

BASIS-KOMPETENZEN TORWARTSPIEL

Stefan Wessels

REGISTER

BALL UNTER DER SCHNUR

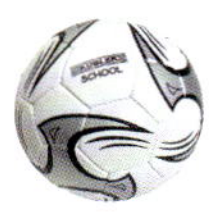
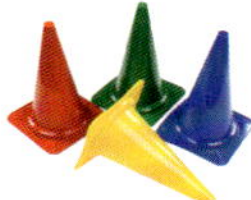
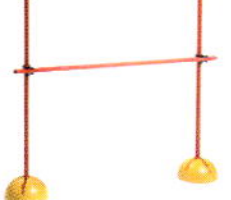

Zielverteidigung	Offensivspiel		I

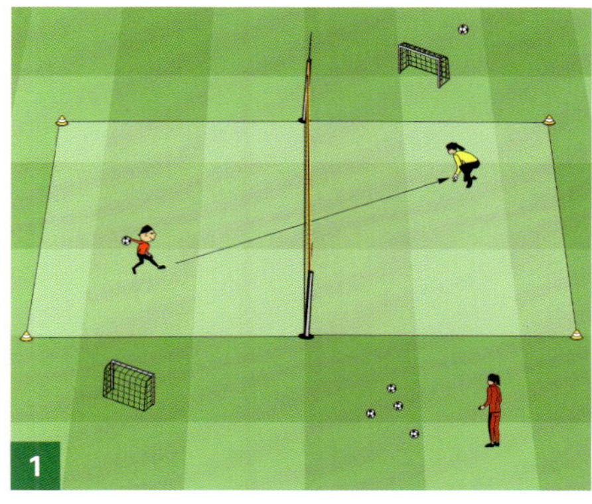

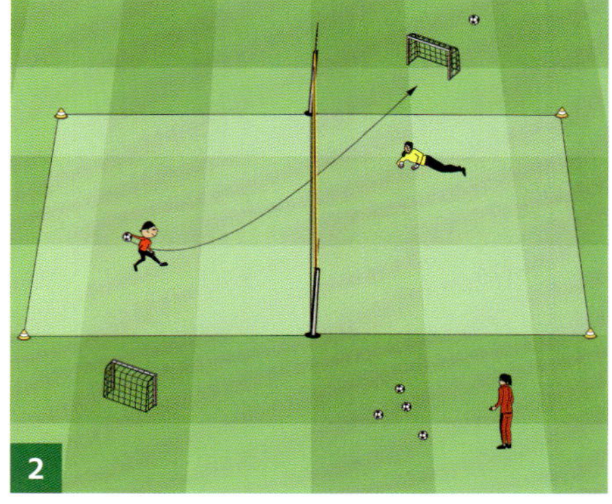

SPIELIDEE / ÜBUNGSLAUF

Das Spielfeld ist ein ca. 10 x 5 Meter großes Rechteck. In der Mitte wird quer zum Feld ein Absperrband zwischen zwei Stangen gespannt. In jeder Feldhälfte befindet sich ein Spieler. Ziel ist es, den Ball so unter dem Band hindurchzurollen, dass er – für den Gegenspieler unerreichbar – durch das gegenüberliegende Feld rollt bzw. aus diesem herausrollt **(Grafik 1).**

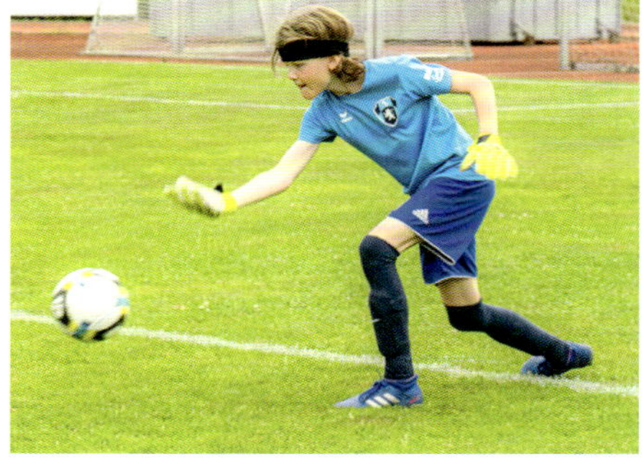

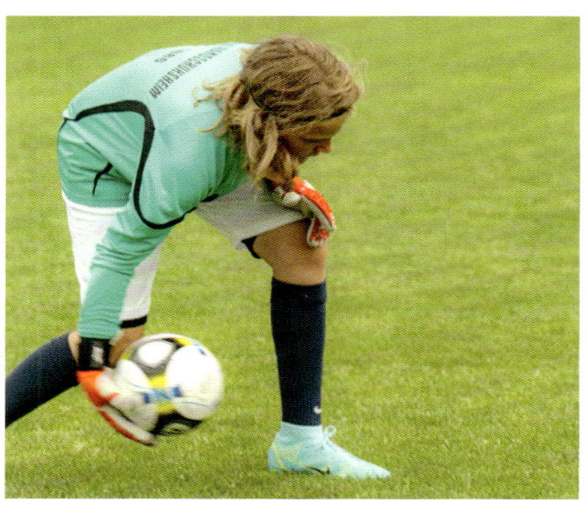

VARIATIONEN

- Der Ball kann auch flach mit dem Fuß geschossen werden
- Es gibt ebenfalls einen Punkt, wenn ein Treffer in das seitlich aufgestellte Mini-Tor gelingt **(Grafik 2)**

HINWEISE

- Das Band sollte möglichst flach – etwa in Hüfthöhe – gespannt werden

TIEFFLIEGER

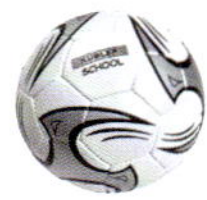
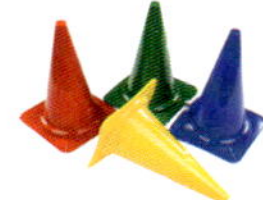
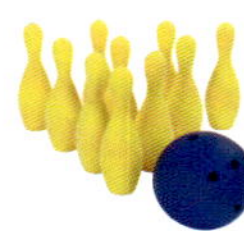

Zielverteidigung	Offensivspiel		II

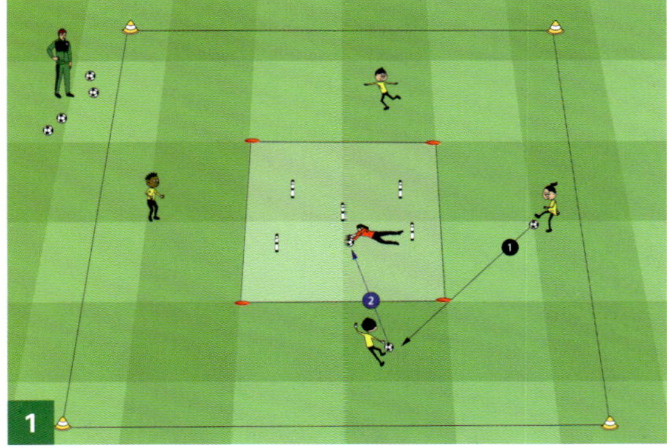

SPIELIDEE / ÜBUNGSLAUF

Das Spielfeld ist ein 15 x 15 Meter großes Quadrat, in dem in der Mitte ein weiteres Teilfeld (ca. 5 x 5 Meter) abgegrenzt ist. Die vier Spieler des gelben Teams dürfen sich frei bewegen (also auch umherdribbeln) und spielen sich untereinander den Ball zu. Ziel ist es, eine freie Schussbahn auf einen Kegel herauszuspielen, um diesen umzuschießen. Der Torwart im Zentrum versucht, die Kegel durch schnelles Verschieben und Hechten innerhalb seines Feldes zu verteidigen (per Fußabwehr, den Ball abfälschen, wegfausten usw.). Wird ein Kegel getroffen, stellt ihn der Torwart wieder auf. Spieldauer ca. 3 Minuten, dann erfolgt ein Torwartwechsel. Wie viele Treffer erzielen die äußeren Spieler innerhalb der Spielzeit?

HINWEISE

- Statt Kegel können auch PET-Flaschen oder Hütchen als Ziele verwendet werden
- Die gelben Spieler erhalten keine Kontaktbegrenzung, da die Sinnhaftigkeit eines schnellen Passspiels früh deutlich wird
- Ersatzbälle bereithalten
- Torwartgrundstellung thematisieren

VARIATIONEN

III Hinter jedem äußeren Spieler ist ein Hütchen- oder Stangentor positioniert. Gelingt es dem Torwart in der Mitte, einen Zielschuss festzuhalten oder so abzuwehren, dass er in seinem Teilfeld liegen bleibt, darf er versuchen, per Abwurf, im Dribbling „1 gegen 1“, per Torschuss oder per Abschlag aus der Hand einen Treffer zu erzielen

VIER GEWINNT

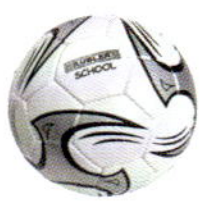
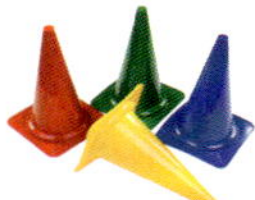
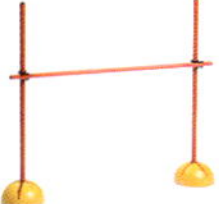

Zielverteidigung	Offensivspiel		II

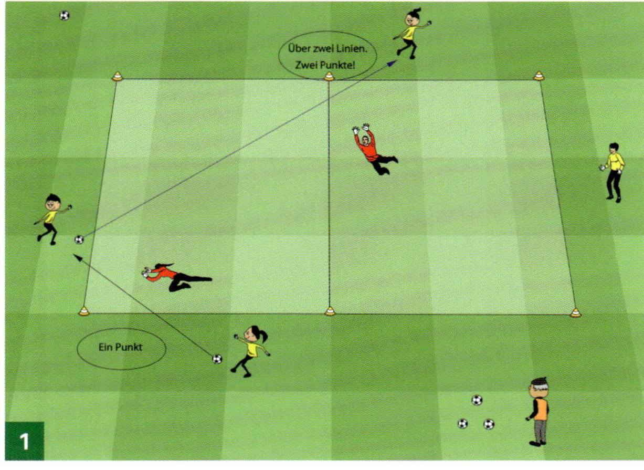

SPIELIDEE / ÜBUNGSLAUF

Das gelbe Team spielt im „4 gegen 2" gegen zwei Torhüter in der Mitte, die jeweils in ihrem zugeteilten Feld (ca. 6 x 5 Meter) bleiben (gesamte Feldgröße demnach ca. 6 x 10 Meter). Die vier äußeren Spieler dürfen sich frei bewegen und versuchen, sich untereinander den Ball durch das Feld zuzupassen, was die beiden Torhüter in der Mitte verhindern sollen. Jeder erfolgreiche Pass zu einem Mitspieler über zwei Linien bringt einen Punkt, über drei Linien zwei Punkte. Wenn das gelbe Team 20 Punkte erzielt hat, wechseln zwei Spieler des gelben Teams als Torwart in das Feld. Welches Torhüter-Paar hat die meisten Bälle abgefangen?

HINWEISE

- Ersatzbälle bereithalten

VARIATIONEN

III Hinter den äußeren Spielern sind jeweils Hütchen- oder Stangentore positioniert. Gelingt es einem Torwart in der Mitte, einen Zielschuss festzuhalten oder so abzuwehren, dass er in seinem Teilfeld liegen bleibt, darf er versuchen, per Abwurf, im Dribbling „1 gegen 1", per Torschuss oder per Abschlag aus der Hand einen Treffer zu erzielen, was den Punktestand um einen Zähler reduziert. Wehrt er den Ball in das Feld seines Partners ab, darf dieser einen Treffer erzielen

FIFTY FIFTY

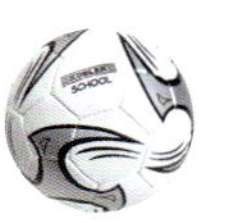

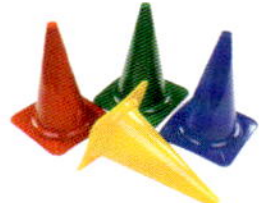

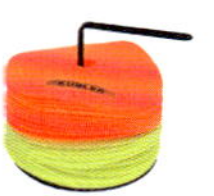

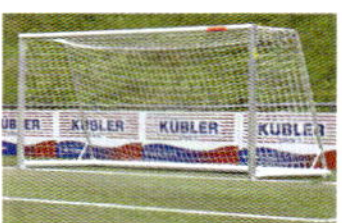

Zielverteidigung	Offensivspiel		II

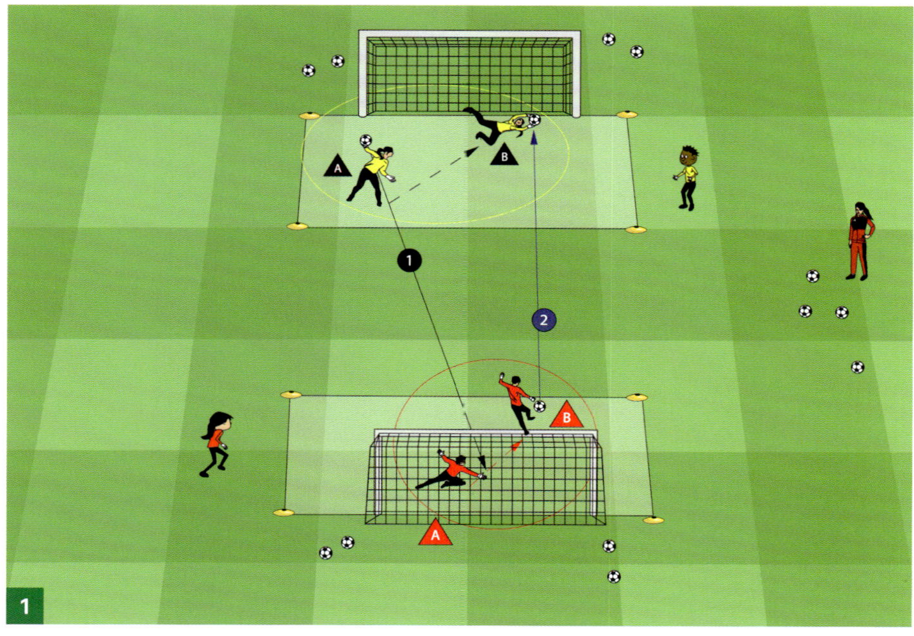

SPIELIDEE / ÜBUNGSLAUF

Zwei Torwartduos stehen sich gegenüber (Abstand ca. 16 Meter; z. B. Grundlinie – Strafraumlinie). Vor beiden Toren wird ein Schutzraum abgesteckt (ca. 8 x 5 Meter), innerhalb dessen der Torwart versucht, den Ball zu sichern bzw. seinen Gegenangriff zu starten. Die Torhüter eines Duos teilen sich ein E-Jugendtor, wobei immer nur ein Torwart für eine Doppelaktion (Torangriff bzw. -verteidigung) aktiv ist und danach mit seinem Partner fortlaufend wechselt. Ein gelber Torwart beginnt das Spiel mit einem Abwurf (gegebenenfalls mit dem Rollen des Balles) oder einem Torschuss auf das gegnerische Tor. Wird der Ball vom Torwart des anderen Teams gehalten, darf dieser versuchen, einen Treffer zu erzielen. Dazu soll er schnellstmöglich den Gegenangriff einleiten (per Abwurftechnik oder Schuss vom Boden). Fälscht ein Torwart den Angriffsball neben oder über das Tor ab, gilt der Ball als gehalten und es kommt ein Ersatzball zum Einsatz. Lässt der verteidigende Torwart den Ball so abprallen, dass er aus dem 5 Meter-Raum herausrollt, darf der inaktive Torwart von gegenüber „anstürmen" und per Direktschuss einen Treffer erzielen. Dies ist ebenso der Fall, wenn der Ball vom Pfosten oder der Latte zurück ins Feld springt. Wirft oder schießt ein Torwart neben oder über das Tor, muss er schnellstmöglich eine Strafrunde um das eigene Tor absolvieren, da in dieser Zeit das Spiel für beide Seiten weiterläuft! Wie ist der Spielstand nach ca. 5 bis 7 Minuten? **(Grafik 1)**

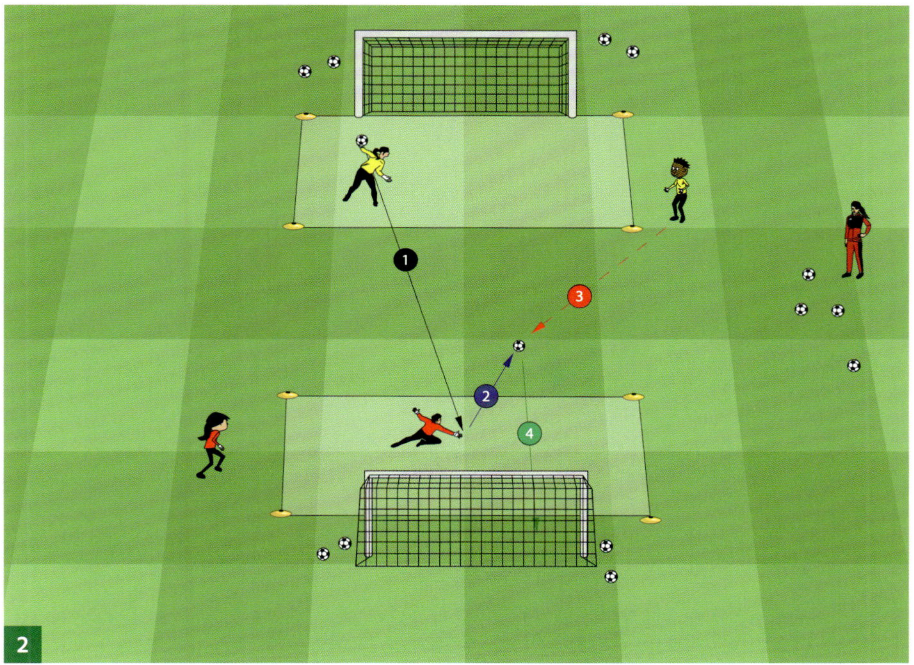

VARIATIONEN

II Die Bälle werden nach einer Parade wie folgt auf das gegnerische Tor geschossen: Wenn ein Ball festgehalten wird, soll er – wie beim Abschlag – schnell volley aus der Hand auf das andere Tor geschossen werden. Lässt ein Torwart den Ball abprallen, schießt er vom Boden

III Ein Torhüter der beiden Duos hält sich innerhalb des Schutzraumes des anderen Teams auf und lauert auf Abpraller **(Grafik 2)**. Er darf dem Torwart aber nicht die Sicht versperren und seinen Gegenangriff nicht behindern

HINWEISE

- Der Abstand der Tore kann dem Leistungsstand der Kinder angepasst werden
- Viele Bälle bereithalten!

DIREKTES DUELL

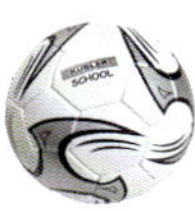
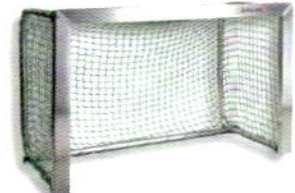
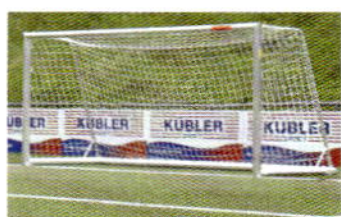

Zielverteidigung II

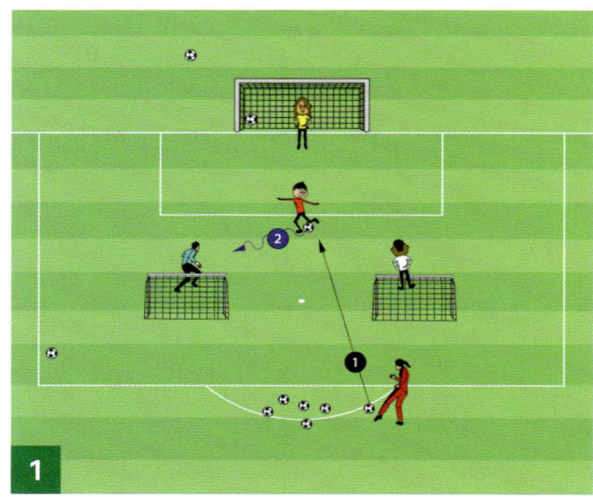
1

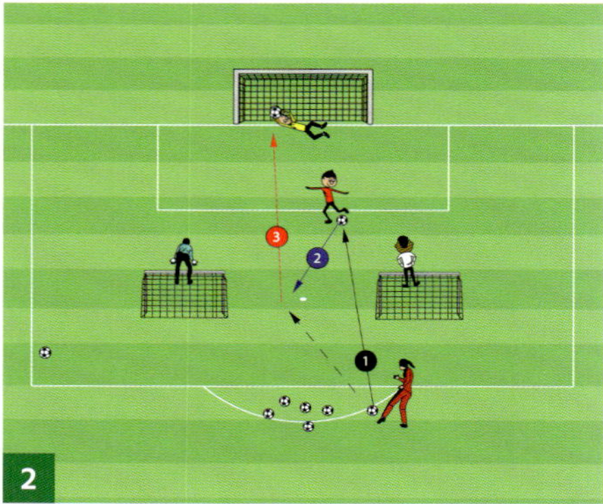
2

SPIELIDEE / ÜBUNGSLAUF

Ein Torhüter besetzt das E-Jugendtor, zwei weitere befinden sich vor den beiden Mini-Toren. Der vierte „stürmende" Torwart steht etwa 5 Meter zentral mittig vor den drei Toren. Der Trainer spielt den Stürmer an, der zwei Optionen hat: Er kann auf eines der drei Tore im „1 gegen den Torwart" auf den jeweiligen Torwart gehen **(Grafik 1)**, so dass sich alle Torhüter bereithalten müssen. Oder er kann den Ball nach dem Trainerkommando „Klatsch" zurück zum Trainer prallen lassen, der dann direkt auf das E-Jugendtor schießt **(Grafik 2)**. Welcher Torwart erhält in einer vorgegebenen Zeit die wenigsten Gegentreffer?

HINWEISE

- Als Trainer sollte man auf ein ausgewogenes Verhältnis achten, so dass alle Torhüter in etwa die gleiche Anzahl an Bällen aufs Tor bekommen haben
- Das Spielfeld kann vergrößert werden, damit die Kinder zum Ball hechten müssen

VARIATIONEN

II Der stürmende Torwart darf sein Dribbling in Richtung eines Tores auch abbrechen und überraschend ein anderes Tor ansteuern

III Der Trainer spielt einen Flugball auf den stürmenden Torwart, der zuerst den Ball fangen muss und danach losdribbeln darf bzw. beim Kommando „Klatsch" den Ball dem Trainer entgegenrollt

SCHWEIZER KÄSE

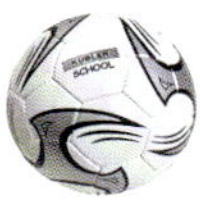

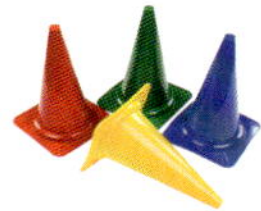

Zielverteidigung	Offensivspiel		III

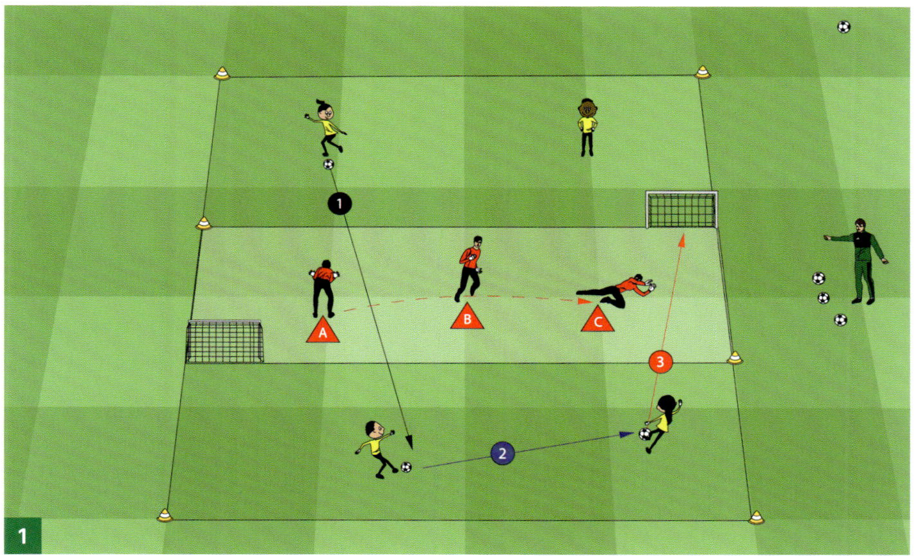

SPIELIDEE / ÜBUNGSLAUF

Das Spielfeld ist ein ca. 8 x 15 Meter großes Rechteck, das in drei Teilfelder (je 8 x 5 Meter) aufgegliedert wird. In der mittleren Zone agiert ein Torwart. Die gelben Spieler versuchen, durch die Zone des Torwarts zu ihren Mitspielern zu passen. Nach zwei erfolgreichen Pässen durch die „Torwartzone“ dürfen die gelben Spieler auf eines der beiden Mini-Tore abschließen. Der Torwart versucht, sowohl die Pässe durch seine Zone, als auch danach die Treffer in die Mini-Tore zu verhindern. Jeder erfolgreiche Pass/Treffer ergibt einen Punkt. Spieldauer ca. 2 Minuten. Welcher Torwart lässt die wenigsten Punkte zu?

VARIATIONEN

- **II** Die Bälle werden durch die Mittelzone bzw. in das Mini-Tor gerollt bzw. geworfen
- **III** Die gelben Spieler haben jederzeit die Wahl, zu ihrem Mitspieler zu passen oder einen Treffer in ein Mini-Tor zu erzielen (Erschwerung für den Torwart in der Mittelzone)
- **III** Treffer in ein Mini-Tor können – nach einem erfolgreichen Pass durch die Mittelzone – nur noch direkt erzielt werden (Erschwerung für die außen spielenden Torhüter)

HEXENKESSEL

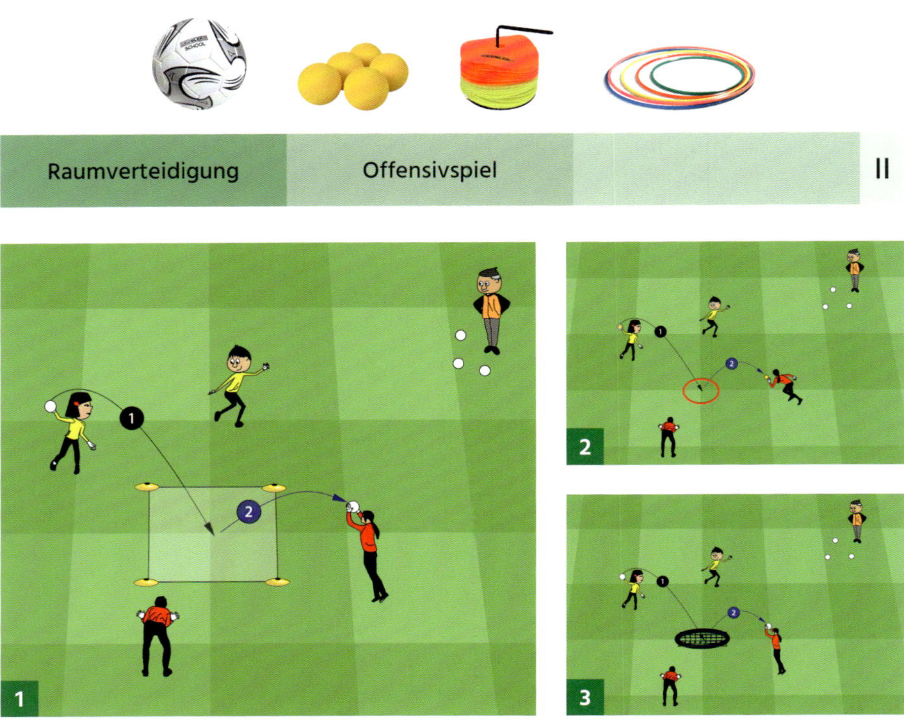

SPIELIDEE / ÜBUNGSLAUF

Es wird „2 gegen 2" mit einem Ball gespielt. Die Spieler stehen um das aufgebaute Hütchenquadrat (Seitenlänge ca. 2 Meter) und bewegen sich frei um diesen Bereich herum. Mit dem Ball darf dabei allerdings nicht gelaufen werden. Ein Team hat Anspiel und wirft den Ball so in das Hütchenquadrat, dass er darin aufspringt und wieder herausfliegt. Ein Torwart des anderen Duos muss den Ball fangen, bevor er wieder den Boden berührt. Fängt der Torwart den Ball in einer ungünstigen Position zum Hütchenquadrat, darf er seinen Partner anspielen, der dann von seiner Position den Gegenangriff einleitet. Wertung: das angreifende Team erhält einen Punkt, wenn der Torwart den Ball nicht fängt, das abwehrende, wenn der Ball nach dem Abwurf ein zweites Mal im Hütchenquadrat aufspringt und es nicht verlässt **(Grafik 1)**.

HINWEISE

- Zu Beginn mit weichen Bällen spielen
- Falls vorhanden, kann auch ein Round-Net oder Minitrampolin eingesetzt werden **(Grafik 3)**

VARIATIONEN

- II Ein Gymnastikreifen dient als Zielbereich und es wird mit einem (Soft-)Tennisball gespielt, der nur einhändig gefangen werden darf **(Grafik 2)**

OFFENES VISIER

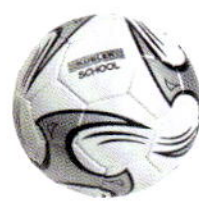
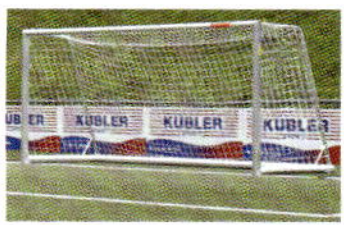

Raumverteidigung	Offensivspiel		II

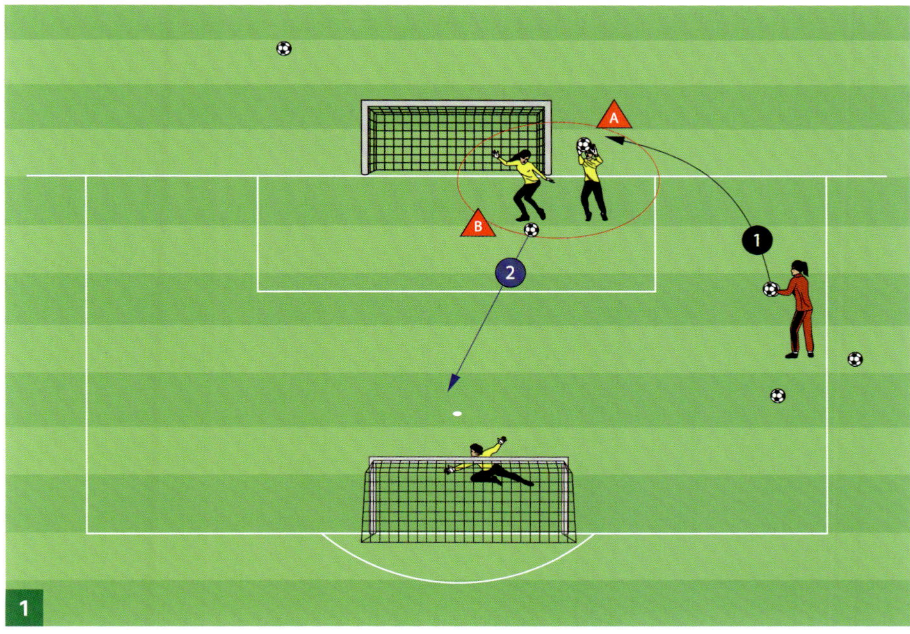

1

SPIELIDEE / ÜBUNGSLAUF

Zwei Torhüter stehen sich in ihrem E-Jugendtor gegenüber (Abstand ca. 16 Meter; z. B. Grundlinie – Strafraumlinie). Der Trainer wirft einen einfachen hohen Ball (Flankenball) vor das Tor von Torwart 1, der ihn in der Luft fängt, kurz vor sich rollt und danach auf das Tor von Torwart 2 schießt. Beim nächsten Ball wechseln die Aufgaben, d. h. der Trainer wirft Torwart 2 den Ball zu. Spielzeit ca. 5 Minuten. Welcher Torwart muss weniger Gegentreffer hinnehmen?

VARIATIONEN

II Den gefangenen Flankenball aufs generische Tor rollen oder als Abwurf werfen

III Den Ball volley aus der Hand schießen

HINWEISE

- Einen leichten Einstieg wählen: Die Flugbahn des Balles zu berechnen ist höchst anspruchsvoll für junge Torhüter!
- Viele Bälle bereithalten

TORWART-RODEO

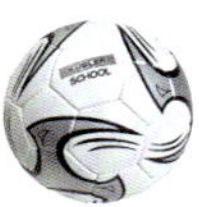
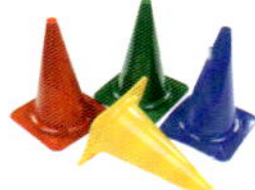
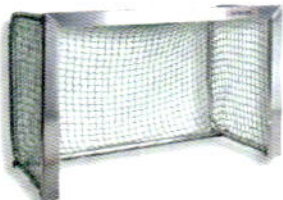

Raumverteidigung	Zielverteidigung		II

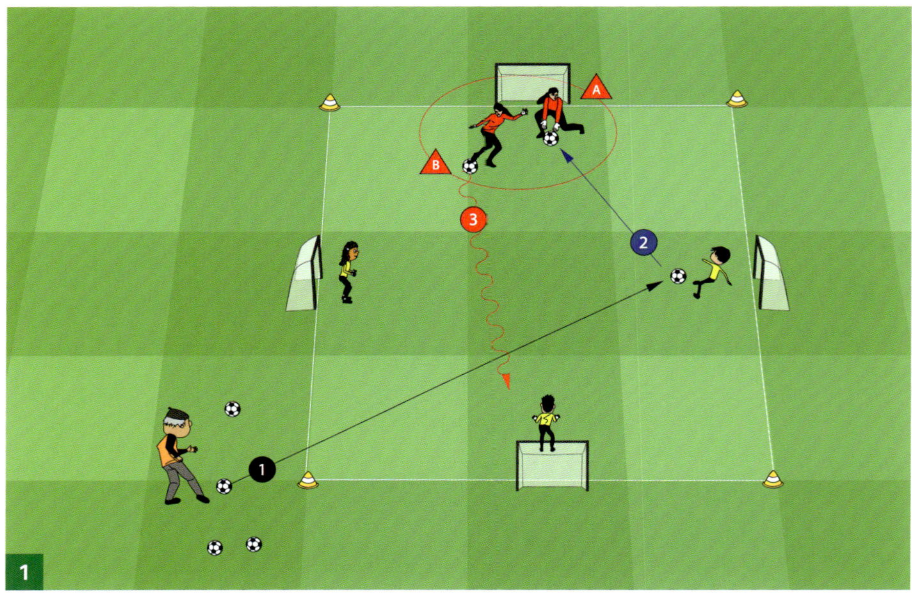

SPIELIDEE / ÜBUNGSLAUF

Das Spielfeld ist ein ca. 6 x 6 Meter großes Quadrat. In der Mitte der vier Seitenlinien steht jeweils ein Mini-Tor, das von einem Torwart verteidigt wird. Der Trainer eröffnet das Spiel mit einem Schuss auf eines der Tore oder er spielt einen Pass in das Feld. Der Torwart, der den Ball hält oder erläuft, darf in einen Angriff „1 gegen 1 (beliebigen) anderen Torwart" gehen. Das Spiel endet erst, wenn der Ball in einem der Tore oder im Aus ist. Der Trainer spielt dann den nächsten Ball von einer anderen Position in das Feld. Welcher Torwart erhält in einer vorgegebenen Zeit die wenigsten Gegentreffer?

HINWEISE

- Wenn keine Mini-Tore vorhanden sind, können auch Hütchen- oder Stangentore genommen werden
- Ersatzbälle bereithalten

VARIATIONEN

III Größere Abstände und Tore verwenden, so dass ein „1 gegen 1", aber auch Fernschüsse möglich sind

LUFTHOHEIT

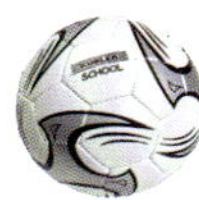

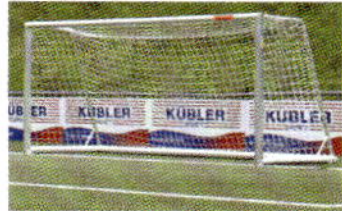

Raumverteidigung	Zielverteidigung		III

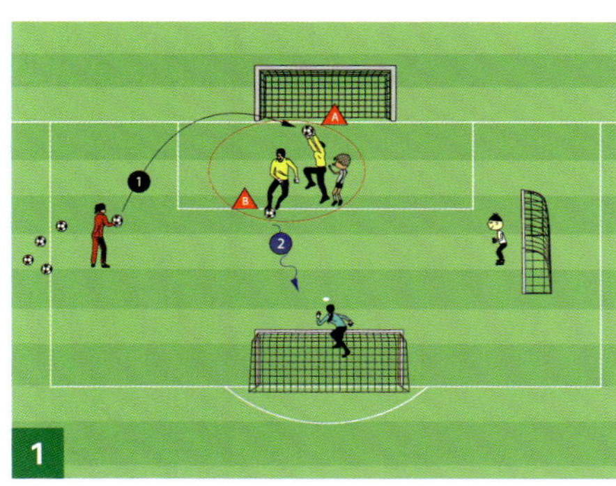

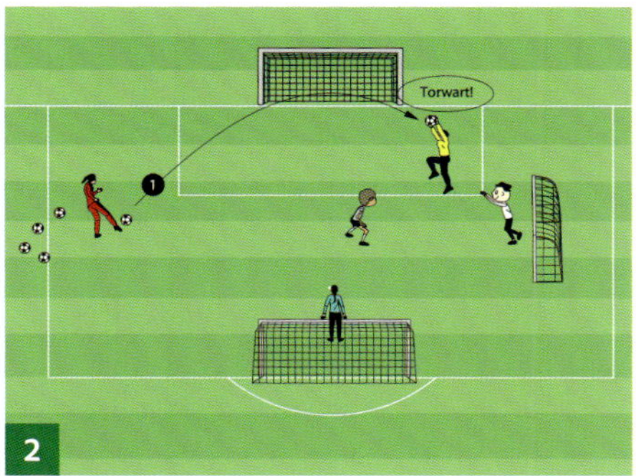

SPIELIDEE / ÜBUNGSLAUF

Drei Torhüter besetzen drei E-Jugendtore, ein vierter Torwart steht als Stürmer im Strafraum. Der Trainer wirft eine Flanke in das Spielfeld in Richtung eines Torwarts, der vom Stürmer gestört wird. Fängt der Torwart den Ball, darf er ins „1 gegen den Torwart" auf ein anderes Tor gehen. Lässt er den Ball fallen, darf der Stürmer versuchen, den Ball zu erobern und ins Tor zu schießen. Welcher Torwart hat am Ende der Spielzeit das beste Torverhältnis? **(Grafik 1)**

VARIATIONEN

- **III** Der Trainer wirft den Ball zwischen zwei Tore und Torhüter. Der Torwart, der zuerst „Torwart" ruft, holt sich den hohen Ball gegen den anderen Torwart, während der Stürmer weiterhin lauert **(Grafik 2)**
- **III** Der Ball kann vom Trainer auch mit dem Fuß als Flugball vom Boden oder als Volleyschuss aus der Hand hoch in den Strafraum gespielt werden

HINWEISE

- Den Abstand zwischen den Toren und zum Trainer dem Können der Kinder anpassen
- Es kann auch ohne den Stürmer oder nur auf zwei Tore gespielt werden

PASS IN DIE TIEFE

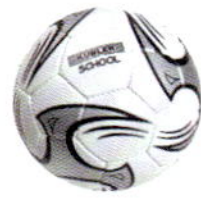

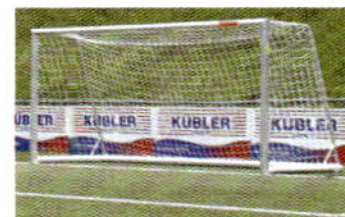

Raumverteidigung	Zielverteidigung		III

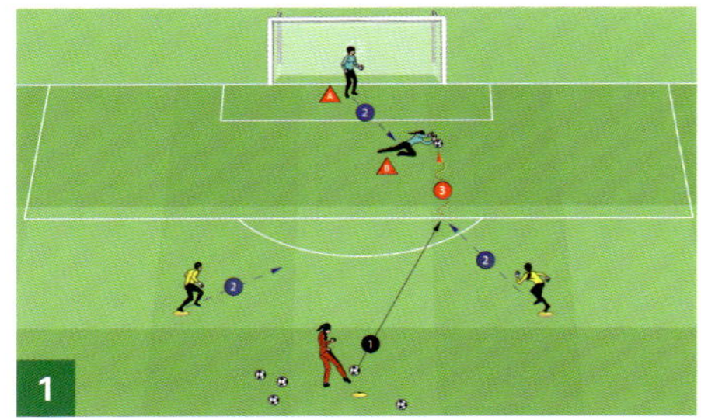

1

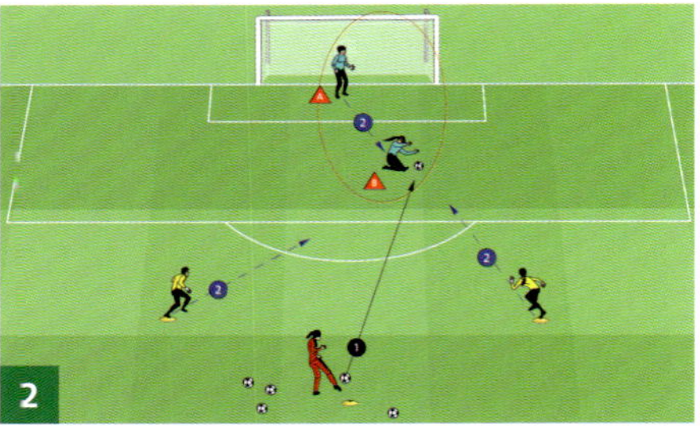

2

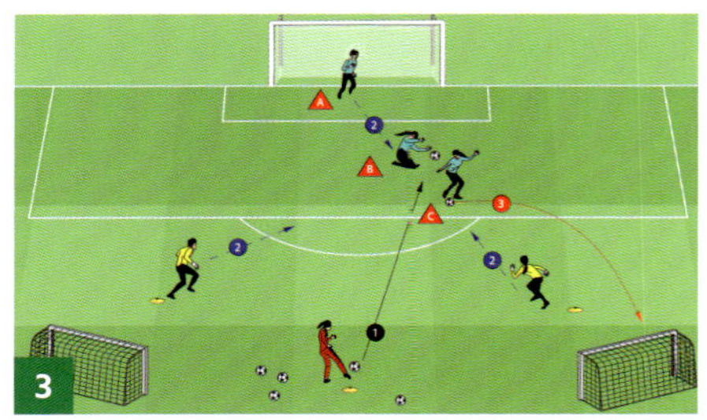

3

SPIELIDEE / ÜBUNGSLAUF

Der Trainer spielt einen Pass in die Tiefe. Wenn möglich kommt der Torwart heraus und fängt den Pass ab **(Grafik 1)**. Gleichzeitig starten zwei weitere Torhüter als Stürmer zum Ball des Trainers und versuchen ebenfalls, ihn zu erlaufen und dann ein Tor zu erzielen **(Grafik 2)**.

HINWEISE

- Auf einen ausreichenden Abstand zwischen Torwart und Stürmern achten
- Die Bälle so spielen, dass der Torwart eine realistische Chance hat, aber vor eine Handlungsentscheidung gestellt wird
- Hoher Schwierigkeitsgrad für den Torwart!

VARIATIONEN

III Der Ball kann auch hoch zugespielt werden

III Jeder stürmende Torhüter hat hinter sich ebenfalls ein Tor positioniert, auf das der Torwart einen Treffer erzielen darf (per Abwurf, Volleyschuss oder im „1 gegen den Torwart“; **Grafik 3**)

TORWART-TENNIS

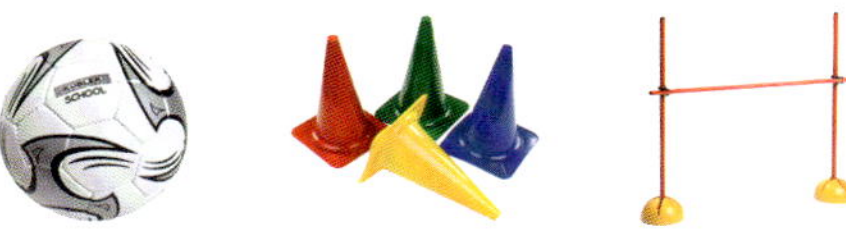

Offensivspiel	Zielverteidigung		II

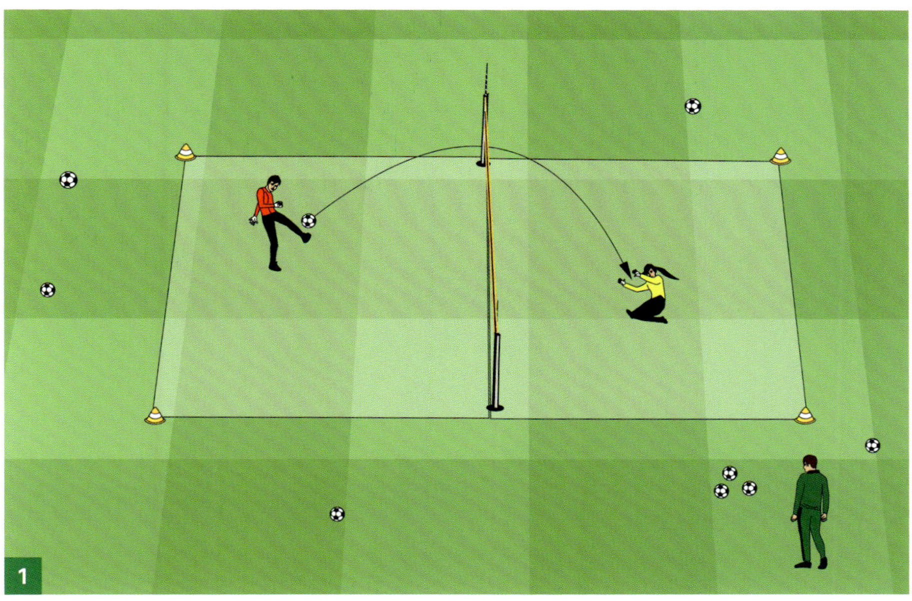

SPIELIDEE / ÜBUNGSLAUF

Das Spielfeld ist je nach Können der Torhüter ca. 4 x 2 Meter groß. In der Mitte wird quer zum Feld ein Absperrband zwischen zwei Stangen gespannt. In jeder Feldhälfte befindet sich ein Spieler. Ziel ist es, dass der geschossene Ball (Volley bzw. Dropkick) im Feld des Gegenübers den Boden berührt. Jede Bodenberührung im gegnerischen Feld ergibt einen Punkt. Mit dem Ball darf nicht gelaufen werden. Wer kassiert weniger Treffer?

VARIATIONEN

- I Der Ball kann auch von unten geworfen werden
- III Hat ein Torwart den Ball gefangen, hat er ca. 5 Sekunden Zeit, sich durch Täuschungen, Laufwege und Richtungswechsel einen Vorteil zu verschaffen

HINWEISE

- Das Spielfeld kann vergrößert werden, damit die Kinder zum Ball hechten müssen

KRAKENBALL

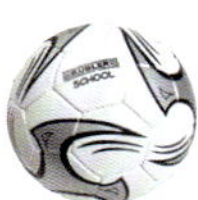
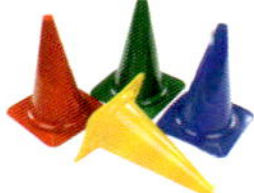
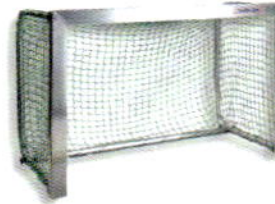

Offensivspiel | Zielverteidigung | II

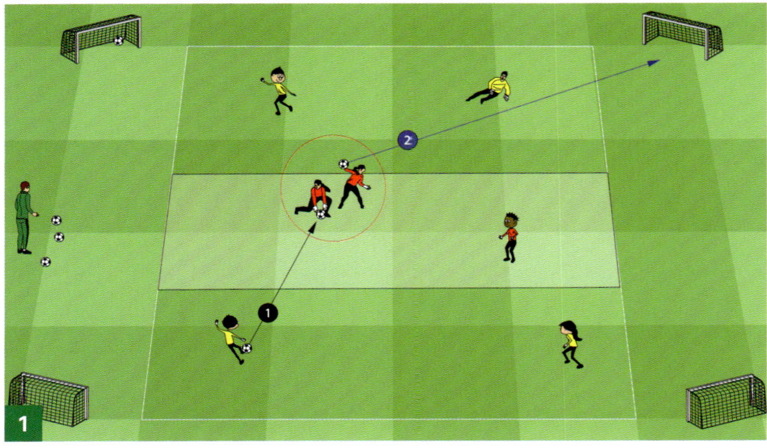

SPIELIDEE / ÜBUNGSLAUF

Das Spielfeld ist ein 10 x 15 Meter großes Rechteck, das in drei gleichgroße Teilfelder aufgegliedert ist (jeweils 10 x 5 Meter), in denen jeweils zwei Torhüter agieren. Kein Spieler darf seine Zone verlassen. Die gelben Torhüter dürfen innerhalb ihrer Zone dribbeln und sich den Ball zupassen, um eine Lücke für einen Pass durch die Mittelzone zum anderen gelben Duo zu finden. Die beiden Torhüter versuchen, die Bälle abzufangen. Flugbälle über die Mittelzone hinweg sind nicht erlaubt. Jeder abgefangene Ball gibt einen Punkt für die Torhüter in der Mittelzone. Es gibt einen Zusatzpunkt, wenn man es schafft, in der direkten Folgeaktion den Ball in eines der vier Mini-Tore zu befördern (per Hand oder mit dem Fuß). Welches Torwartpaar schafft in zwei Minuten die meisten Treffer?

HINWEISE

- Ausreichend Bälle bereithalten

VARIATIONEN

- II Die Spieler können den Ball auch durch die Mittelzone rollen oder werfen
- III Mit zwei Bällen spielen – Erschwerung für die Torhüter in der Mittelzone
- III Das Spiel kann mit einer Kontaktbegrenzung gespielt werden (zwei oder drei Kontakte bzw. nur direktes Spiel) – Erschwerung für die äußeren Torhüter

AUFSETZER

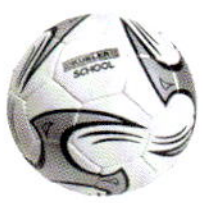
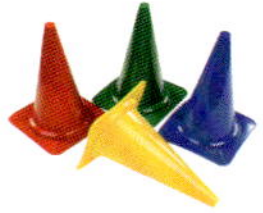

Offensivspiel	Zielverteidigung		II

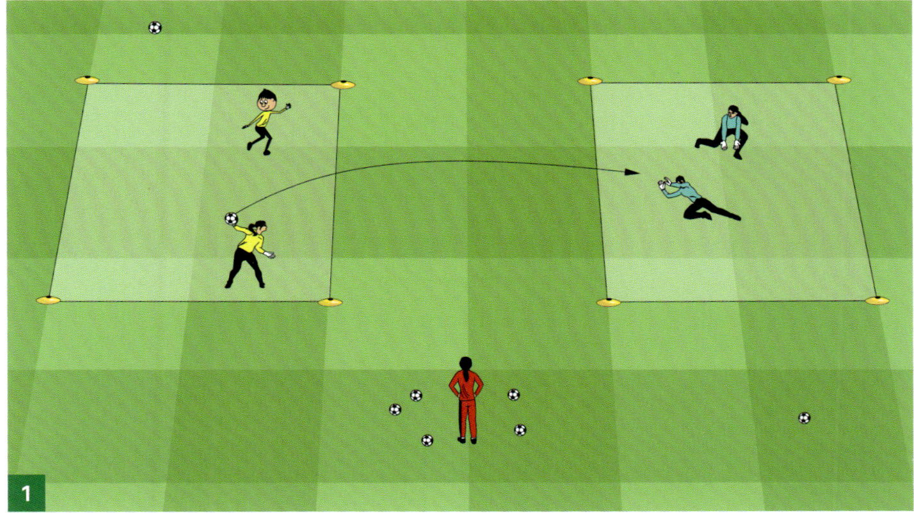

SPIELIDEE / ÜBUNGSLAUF

Zwei 7 x 7 Meter-Quadrate werden im Abstand von 5 bis 8 Metern aufgebaut. Es befinden sich je zwei Torhüter in einem Quadrat. Ziel ist es, den Ball so zu werfen, dass er im gegnerischen Feld den Boden berührt. Die Torhüter im gegenüberliegenden Feld müssen dies verhindern, indem sie den Ball aus der Luft fangen und danach ihrerseits das gegnerische Feld mit ihrem Abwurf angreifen. Der Ball wird jeweils von der „Fangposition" aus in das andere Feld geworfen. Welches Torwartduo lässt weniger Gegentreffer zu?

VARIATIONEN

- III Laufspiele der Torhüter und auch Zuspiele untereinander sind erlaubt, um das andere Torwartduo zu verwirren
- III Der Ball kann als Volley/Hüftdrehstoß gespielt werden (sehr anspruchsvoll)
- III Das gezielte Ablenken des Balles aus dem Feld kann als Verhindern des Bodenkontaktes gewertet werden

HINWEISE

- Die Größe des Feldes hängt von dem Leistungsvermögen der Kinder ab. Ziel ist es, dass die Torhüter zum Ball hechten sollen
- Es ist sinnvoll, Reservebälle bereitzulegen

MAGISCHES DREIECK

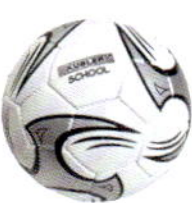

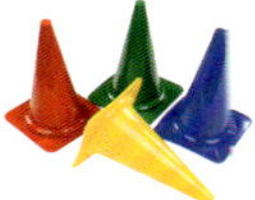

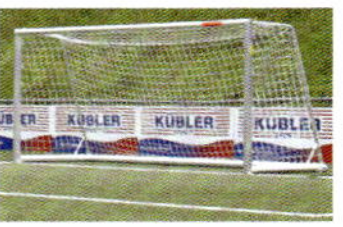

Offensivspiel	Zielverteidigung		III

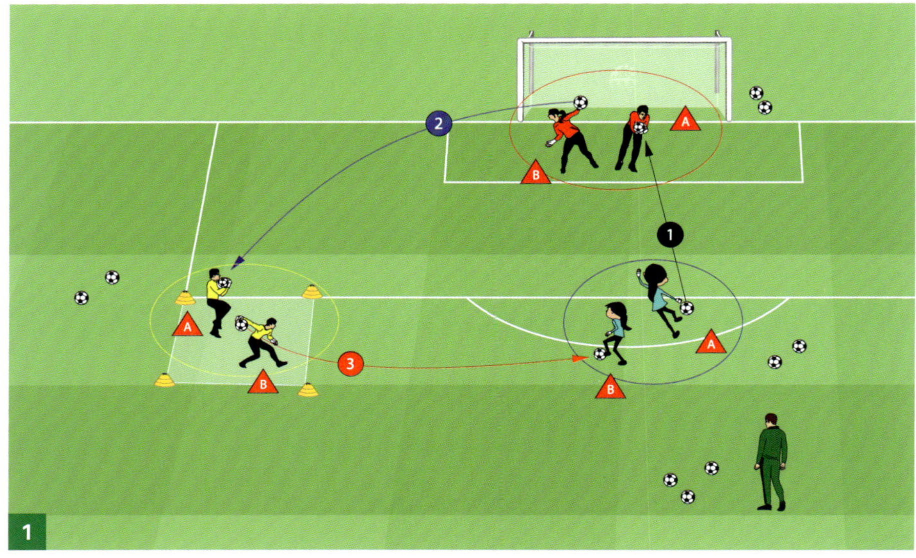

SPIELIDEE / ÜBUNGSLAUF

Es handelt sich um eine Kombinationsübung aus Torschuss, Ball halten und Abwurf bzw. Ballfangen und weiterleiten. Zu Beginn schießt ein Torwart (blaues Trikot) von der Mitte der Strafraumgrenze auf das E-Jugendtor. Der Torwart im E-Jugendtor (rotes Trikot) hält den Ball und befördert ihn per Abwurf zum seitlich im Zielfeld positionierten Torwart (gelbes Trikot), der dann den Ball fußballtypisch annimmt und zum blauen Torwart weiterleitet.

HINWEISE

- Die Entfernungen sind dem Leistungsvermögen der Kinder anzupassen
- Es ist wichtig, Reservebälle bereitzulegen

VARIATIONEN

- III Je nach Entfernung kann der Ball vom roten Torwart auch in das Zielfeld gerollt werden.
- III Das Spiel kann mit einem vierten Torwart als Rundlauf gespielt werden, bei dem die Kinder nach ihrer Aktion eine Position weiterrücken

LITERATUR

Baker, J., Cobley, S. & Fraser-Thomas, J. (2009). „What do we know about early sport specialization? Not much!". **High Ability Studies, 20,** 77–89.

Balyi, I., Way, R. & Higgs, C. (2013). **Long-Term Athlete Development Follows Seven Stages.** Champaign: Human Kinetics.

Barth, M. & Emrich, E. (2020). Talententwicklung im Fördersystem des Nachwuchsleistungssports. In C. Breuer, C. Joisten & W. Schmidt (Hrsg.), **Vierter Deutscher Kinder- und Jugendsportbericht** (S. 225–248). Schorndorf: Hofmann.

Beck, F. (2013). **Dopaminsport – Hirnforschung zur Optimierung des sportlichen Trainings und Förderung kognitiver Leistung für Schule und Verein.** Unveröffentlichtes Manuskript.

Beck, F. & Beckmann, J. (2010). Die Bedeutung striataler Plastizitätsvorgänge und unerwarteten Bewegungserfolgs für sportmotorisches Lernen. **Sportwissenschaft,10,** 19–25.

Coté, J., Baker, J. & Abernethy, B. (2003). From play to practice: A developmental framework for the acquisition of expertise in team sports. In J. L. Stakes & K. A. Ericsson (Eds.), **Recent Advances in Research on Sport Expertise** (S. 89–110). Champaign: Human Kinetics.

Coté, J., Horton, S., MacDonald, D. & Wilkes, S. (2009). The benefits of sampling sport during childhood. **Physical and Health Education Journal, 74,** 6–11.

Daugs, R., Blischke, K., Olivier, N. & Marschall, F. (1991). **Beiträge zum visuomotorischen Lernen im Sport.** Schorndorf: Hofmann.

Deutscher Olympischer Sportbund (Hrsg.) (2020). **Bestandserhebung 2019.** Zugriff am 15.09.2020 unter https://cdn.dosb.de/user_upload/www.dosb.de/medien/BE/BE-Heft_2019.pdf

Ericsson, K. A., Krampe, R. T. & Tesch-Romer, C. (1993). The role of deliberate practice in the acquisition of expert performance. **Psychological Review, 100,** 393–394.

Güllich, A. (2017). International medallists and non-medallists development sport activities – a matched-pairs analysis. **Journal of Sports Sciences, 35,** 2281–2288.

Güllich, A. & Emrich, E. (2014). Considering long-term sustainability in the development of world class success. European **Journal of Sports Sciences, 14,** S1, 383–397.

Haverkamp, N. & Roth, K. (2006). **Untersuchungen zur Familienähnlichkeit der Sportspiele.** Bielefeld/Heidelberg: Universität.

Hoffmann, J. (1993). **Vorhersage und Erkenntnis.** Göttingen: Hogrefe.

Lloyd, R., Oliver, J., Faigenbaum, A., Howard, R., De Ste Croix, M., Williams, C., Best, T., Alvar, B., Micheli, L., Thomas, P., Hatfield, D., Cronin, J. & Myer, G. (2015). Long-term athletic development part 1: a pathway for all youth. **Journal of Strength and Conditioning Research, 29** (5), 1439–1450.

Maurer, P. (2020). **Ballschule Fußball: Eine Expertenbefragung zur Bausteinstruktur für ein Übergangskonzept von einer sportspielübergreifenden zu einer sportspielspezifischen Anfängerausbildung.** Unveröffentlichte Masterarbeit. Heidelberg: ISSW.

Memmert, D. (2007). **Kreativität im Sportspiel.** Unveröffentlichte Synopse im Rahmen einer publikationsgestützten Habilitation. Heidelberg: ISSW.

Memmert, D. & Roth, K. (2007). Teaching games for beginners: the effects of nonspecific and specific concepts on tactical creativity. **Journal of Sports Sciences, 25,** 1423–1432.

Neumaier, A. & Mechling, H. (1995). Taugt das Konzept koordinativer Fähigkeiten als Grundlage für sportartspezifisches Koordinationstraining? In P. Blaser, K. Witte & C. Stucke (Hrsg.), **Steuer- und Regelvorgänge der menschlichen Motorik** (S. 207–212). St. Augustin: Academia.

O'Sullivan, J. (2019). **Is It Wise to Specialize? What Every Parent Needs to Know About Early Sports Specialization and its Effect Upon Your Child's Athletic Performance.** Middletown: DE.

Reinsberger, C. (2020). **Kopfbälle im Fußball (2.0).** Paderborn: Universität.

Roth, K. (1982). **Strukturanalyse koordinativer Fähigkeiten.** Bad Homburg: Limpert.

Roth, K. (2014). Begriffliche und theoretische Grundlagen der Koordinationsschulung. In C. Kröger & K. Roth, **Koordinationsschulung im Kindes- und Jugendalter** (S. 6–34). Schorndorf: Hofmann.

Roth, K. (2015). Konzept der Ballschule: Ein ABC für Spielanfänger. In K. Roth & C. Kröger, **Ballschule – Ein ABC für Spielanfänger** (5. Aufl.) (S. 7–44). Schorndorf: Hofmann.

Roth, K., Damm, T., Pieper, M. & Roth, C. (2014). **Ballschule in der Primarstufe. Sportstunde Grundschule.** Schorndorf: Hofmann.

Roth, K. & Kröger, C. (2015). **Ballschule – Ein ABC für Spielanfänger** (5. Aufl.). Schorndorf: Hofmann.

Roth, K., Raab, M. & Greco, P. (2000). **Das Modell der inzidentellen Inkubation: eine Überprüfung der Kreativitätsentwicklung brasilianischer und deutscher Sportspieler.** Unveröffentlichter Projektbericht. Heidelberg: ISSW.

Runco, M. A. (2007). **Creativity – Theories and Themes: Research, Development, and Practice.** Amsterdam: Elsevier.

Sean Cochran Sports Performance (2020). **Early Sports Specialization.** Zugriff am 15. 09.2020 unter https://seancochran. com/early-sports-specialization/

Sternberg, R. J. (Ed.). (1999). **Handbook of Creativity.** Cambridge: University Press.

Uhlig, J. (2007). **Klassifikation der Sportspiele: Empirische Untersuchungen zur Familienähnlichkeit der Spiele Fußball, Hockey, Eishockey und Rugby.** Berlin: Winter-Industries.